JN006678

# 〈みる/みられる〉のメディア論

● 理論・技術・表象・社会から考える視覚関係

Media Studies of Looking and Being-looked-at-ness

高馬京子
Kyoko Koma
松本健太郎
Kentaro Matsumoto
編

ナカニシヤ出版

# はじめに――〈みる／みられる〉からみえるものを考える

かつて様々なテクストや事象を分析の俎上に載せたロラン・バルトは、記号学者である自らが執筆した「すべての作品の交差するところに、おそらく演劇（Théâtre）がある」と述懐したが、本書を切り出すにあたってまず、彼が当該概念をめぐって遺した示唆的な言葉を引用しておこう。

演劇とはまさしく、事物の見られる場所を計算に入れる実践（pratique qui calcule la place *regardée* des choses）である。私が仮にここで芝居をすれば、観客はそれを見るだろう。仮によそで芝居をすれば、彼らはそれを見ないであろう。（Barthes 1994: 1591）

たしかにバルトが語るように、演劇とは「事物の見られる場所を計算に入れる実践」として位置づけうるのかもしれない。役者は、舞台上でどう発声すればそれがオーディエンスの耳にどう聞こえ、あるいは、どう演じればそれがオーディエンスの目にどう映るのかをあらかじめ想定しつつ、みずからの演技を遂行することになる。つまるところ彼／彼女は、他者のまなざしを想定しながら、自己の演技を再帰的に構築していく必要があるのだ。

むろん上述のとおり、バルトは「演劇」に限定してそう主張したわけではない。というのも彼は、彼が執筆した「すべての作品」――たとえば「コノテーション」「フィクション」「イマジネール」「東洋」「暴力」「イデオロギー」などを扱ったテクスト――のなかに、「演劇」というテーマ、およびそれに随伴する視覚関係の「計算」が伏在していると回顧してみせるからである。

考えてもみれば、バルトが指摘する「事物の見られる場所を計算に入れる実践」とは、演劇的な舞台のうえのみならず、あらゆる社会的な「舞台」のうえで認められる営為である、といいうるかもしれない。たとえば現代人はSNSという舞台のうえで、他者からのまなざしを意識しつつ、みられたい自己像をデザインしたり、あるいは特定のキャラを演じわけたりする。また、ツーリストとしてどこかの観光地を訪れた際、たんに有名なランドマークを間近に眺めるだけでなく、そこに住む人びとの生活を「裏舞台」として覗き見たいと欲望したりする。つまり見方によっては〈みる／みられる〉というパフォーマンス、およびそれに付随する「計算」が社会の至るところで散見されるのである。そして強調しておくべきは、こんにちにおけるデジタルメディアやソーシャルメディアの技術的な進展にともなって、その社会的な「舞台」の様相が従来と比してより錯綜したものになりつつある、という点である。つまり視覚関係をめぐるパフォーマンスの「舞台」が格段にアップデートされつつあるのだ。

よくいわれるように、現代は映像過剰・視覚偏重の時代である。近年、ますます多様化するデジタル映像テクノロジーは人びとに膨大な情報をもたらし、社会構造のみならず、個々人がもちうる欲望や身体観までをも再編する事態に達している。このような状況を多角的に照射するため、本書ではまず、「みる」という行為に着眼してみたい。

いうまでもなく、本書の主題たる「みる」という言葉には、日本語では「見る」「視る」「観る」「診る」「看る」など、様々な漢字があてられる。風景を見る、被災地を視る、芝居を観る、患者を診る、子供を看るといった例が喚起する構図を含めて、本書がその主題とする〈みる／みられる〉とは、「視線」や「まなざし」をめぐる種々の関係性が生起する場となる。そこには、視線を介した人と人、人とモノ、人と表象、人と文化、人と社会など、様々な関係性が織り込まれているのだ。

本書を紐解いてみると、じっさい各章で論じられる〈みる／みられる〉の関係は、じつに多様であることがわかる。たとえばその関係性は、歴史とともに変容する「メディア論的なパラダイム」にも制約されるし（第一章）、社会における「承認」の問題にも関与する（第二章）。あるいは、「ジェンダー」をめぐる関係性にもかかわるし（第三章）、「観光のまなざし」にもかかわる（第四章）。またそれ以後の章に関しても、「AIによる画像認識」（第五章）、「顔認証」

（第六章）、「マルチアングル機能」（第七章）、「ワイドショー」（第八章）、「インスタグラム」（第九章）、「オランダ風俗画」（第一〇章）、「私小説」（第一一章）、「情報公開法」（第一二章）、「テーマパーク」（第一三章）、「ストリートアート」（第一四章）、「口コミ」（第一五章）などが議論の俎上に載せられており、〈みる／みられる〉の関係性とそれをめぐる考察は、人間社会のありとあらゆる次元に及ぶことがわかる。〈みる／みられる〉の関係性は、テクノロジー、コミュニケーション、権力など様々な要素と結びつきながら、私たちの社会を捉えなおすための視点を与えてくれる。そして付け加えておくならば、それら〈みる／みられる〉の関係性とその基盤として介在する社会の仕組みは、時代とともに刻々と変化しつつあるものともいえよう。

私が高馬京子氏とともに本書の編集をすすめていた二〇二〇年、未曽有の出来事が世界を襲った。COVID-19とその感染拡大である。当初、武漢を中心に中国国内での流行をみせていたそのウイルスは、次第に日本を含む世界各地へと飛び火し、感染者数と死者数が急増することになった。各国では渡航禁止や国境閉鎖、都市封鎖や自粛要請などの政策がとられる一方、日本では新型インフルエンザ等対策特別措置法にもとづき緊急事態宣言が発令され、外出の自粛や施設の休業が要請された。なかば「動かない生活」を強いられる状況にあって、人びとのメディア接触の様態、および「みる」ことをめぐる経験の質は大きく変化することになる。ビデオリサーチによる二〇二〇年五月の「コロナ禍」における生活者意識調査[1]によると、回答者のうち八五・六％が新型コロナウイルスにより生活が変化したと答え、「テレビをリアルタイムで見る」、「ネットで動画を見る時間（無料）」、「ネットでブラウジングをする時間」、「ビデオ・ブルーレイ・DVDを見る時間」、「テレビゲームをする時間」などが増えていることがわかる。視覚的な認知の対象がいかなるコンテンツであるにせよ、このデータが示唆するのは、コロナ禍が私たちの「みる」ことをめぐる経験に大きく影響した事実である。

［1］ https://www.videor.co.jp/files/pdf/200618release_acr.pdf（最終確認日：二〇二一年三月二五日）

たしかに当時、多種多様なニュースが報じられたが、それらのうちいくつかを見出しだけ紹介しても、たとえば「Netflix と Snapchat、新型コロナの〝巣ごもり需要〟で予測を上回る増収増ユーザー」[2]であるとか、あるいは「いま、世界は「あつまれ どうぶつの森」を求めている」[3]であるとか、人びとによるメディア接触の変容を示唆する話題が様々に出回っていた。有線／無線を問わずインターネットへの接続が常時可能な現代、私たちはオンラインとオフラインが重畳された「セカンドオフライン」[4]的状況を生きているわけだが、新型コロナウイルス感染症がもたらしたものは、端的にいって「オンライン／オフライン比率」の変容とでもいうべきものである。そしてコロナ禍における新たな文脈のなかで、〈みる〉ことをめぐる社会的／技術的な様態も急速に変容しつつあるのだ。

さて、以下では構成について手短に触れておこう。本書は「第Ⅰ部 理論的言説から考える〈みる／みられる〉」、「第Ⅱ部 メディア・テクノロジーから考える〈みる／みられる〉」、「第Ⅲ部 表象空間から考える〈みる／みられる〉」、「第Ⅳ部 社会関係から考える〈みる／みられる〉」の四部構成によって成り立っているが、以下それらに含まれる各章の概要を素描しておきたい。

「第Ⅰ部 理論的言説から考える〈みる／みられる〉」の各章について簡単に紹介しておくと、まずその第一章の「〈ネット－ワーク〉の感覚配合比率――視覚中心主義の終焉」（大黒岳彦）では、マーシャル・マクルーハンのメディア論的な思想を取りあげつつ、活字メディアのパラダイムにおける〈截断〉／電気メディアもしくはテレビ的なパラダイムにおける〈融合〉と〈包摂〉を比較したうえで、「データ中心主義」とも指呼される現代の情報社会における視覚中心主義の終焉を考察の俎上に載せることになる。つづく第二章の「「見える」／「見えない」の社会理論――まなざしの前提としての社会的承認をめぐって」（宮本真也）では、すでにある先入観によって、他人のことが「きちんと見えなくなる」という状況をとりあげながら、それをアクセル・ホネットによる社会的承認論の視座から分析していくことになる。そして認識の作用に還元しえない「見えない」ということをめぐる社会的な病理を可視化するために、私たちのコミュニケーションにおける「承認」を多角的に分析していくことになる。また、第三章の

「みる／みられるのポリティクス――視線・監視・ジェンダー」（田中洋美）では、ミシェル・フーコー、ローラ・マルヴィらの言説をとりあげながら、ジェンダー研究に影響を与えた主要な視線論を批判的に検証していくことになる。そのうえでフェミニスト監視研究の動向を紹介するなどしながら、現代社会の理解において「視線」と「ジェンダー」の問題とその考察が重要である点を明らかにしていく。さらに第四章の「観光は「見る」ことである／ない――「観光のまなざし」をめぐって」（高岡文章）ではブーアスティン、フーコー、アーリなど、様々な論者の言説を援用しつつ、「観光は見ることである」という命題を起点として、観光をとおして「見る、わかる、する、見ない、見られる、撮る、シェアする」といった、「見ること」のさまざまな変奏を考察していくことになる。

「第Ⅱ部 メディア・テクノロジーから考える〈みる／みられる〉」の各章について紹介しておくと、その第五章の「人工知能は「見る」ことができるのか――ＡＩにできる／できないことと、人間にしかできないこととは何か」（和田伸一郎）では、マクルーハンの感覚論（とくに「諸感覚の相互作用」をめぐる考え方）を援用するなどしながら、ＡＩによって可能なこと／不可能なことを精査しつつ、「知能」と呼びうるものはどこからはじまるのか、あるいは、ＡＩによる画像認識と人間による視覚的経験はどのように異なるのかを考察していくことになる。つづく第六章の「データヴェイランス――観察者不在の監視システム」（山口達男）では、監視研究の代表的な論者、デイヴィッド・ライアンが論及した「データ監視（ヴェイランス）」（Dataveillance：*data* + *surveillance*）をとりあげながら、ビッグデータをもとにしたそれが今日の社会において、いかにして視線なき監視を台頭させつつあるのかを論じていくことになる。また、第

［2］https://www.itmedia.co.jp/news/articles/2004/22/news053.html（最終確認日：二〇二一年三月二五日）
［3］https://wired.jp/2020/04/22/rave-animal-crossing-new-horizons/（最終確認日：二〇二一年三月二五日）
［4］富田英典の解説によると、「リアルな空間にバーチャルな情報が重畳されている状態、人々が日常生活において常にネット上の情報を常時参照しているオフラインをセカンドオフラインと呼ぶ」（富田 二〇一六：二）。

七章の「アイドルコンテンツ視聴をめぐるスコピック・レジーム――マルチアングル機能とＶＲ機能が見せるもの」〈塙幸枝〉では、アイドルのライブＤＶＤなどのコンテンツで採用されているマルチアングル機能をとりあげながら、それが「見せるもの／見せないもの」を検討していく。そのうえで、近年台頭しつつあるＶＲ機能のような視覚テクノロジーにも言及しながら、映像を見るという行為における視線の変容を探っていくことになる。さらに第八章の「テレビのなかの身体――リモート元年のワイドショー世界の構造転換を読み解く」〈石田佐恵子〉では、番組ジャンルとしての「ワイドショー」とそのフォーマットやスタジオ構造の変遷を通観しながら、あるいは、ウンベルト・エーコの「パレオＴＶ／ネオＴＶ」概念を援用するなどしながら、アフターテレビジョンの時代を見通す視座を追求する。

「第Ⅲ部 表象空間から考える〈みる／みられる〉」の各章について紹介しておくと、その第九章の「デジタルファッションメディア空間における視線と言説――インスタグラム、ファッション、規範的女性像」〈高馬京子〉では、『ELLE JAPON』および『ELLE France』の公式インスタグラム・アカウント空間を事例として、編集者と読者＝フォロワーの交差する視線により構築されているファッション、さらには規範的女性性について検討していく。つづく第一〇章の「視線の両義性――一七世紀オランダ風俗画にみる検尿の騙し絵」〈柿田秀樹〉では、オランダ風俗画における重要な主題である「検尿」に着眼し、ゴッドフリード・シャールキンによる『医者の診療』〈一六九〇〉といった絵画作品を読み解くなどしながら、医療にまつわる文化的実践に焦点をあてることになる。また、第一一章の「視覚中心主義としての〈私小説〉――超越的な「私」の誕生」〈大久保美花〉では、日本近代文学における「私小説」に着目したうえで、柄谷行人による言説、あるいは、芥川龍之介や横光利一による作品をとりあげるなどしながら、私小説における「私」と、「みる／みられる」という知覚のあり方との関係を議論の俎上に載せることになる。

「第Ⅳ部 社会関係から考える〈みる／みられる〉」の各章について紹介しておくと、第一二章の「みる／みられる自由・権利・義務――それらに関わる法と現在」〈山田奨治〉では、民主的な社会を維持していくために必要なものとして、「知る権利」の前提として「みる権利」を想定したうえで、「行政機関の保有する情報の公開に関する法律」

（情報公開法）の概略を紹介しつつ、それらがどのような方向に向かいつつあるのかを考えていくことになる。つづく第一三章の「メディアミックス的なネットワークに組み込まれる人びとの身体——サンリオピューロランドにおけるテーマ性／テーマパーク性の流動化」（松本健太郎＋黒澤優太）では、多摩センターに所在するサンリオピューロランドの歴史を振り返ったうえで、ピューロランド周辺をめぐる空間消費の現状をとりあげながら、それを「テーマパーク」概念との関係性のなかで捉えなおしてみたい。また、第一四章の「観光の「みる／みられる」が再編するアート——マレーシア・ペナンにおけるストリートアートの増殖と観光の論理」（鍋倉咲希）では、マレーシア、ペナン州の州都ジョージタウンの事例をとりあげながら、観光という〈みる／みられる〉の力に注目することで、ストリートアートの新たな展開と脱領域的な状況を論じることになる。さらに第一五章の「口コミを観る／観られる——爆買いを解き明かす口コミ理論を考える」（伊藤直哉）では、訪日中国人消費者の爆買い消費行動をとりあげながら、ネット時代を背後で支配している「一般的」消費者の消費行動理論を解明する。とくに発信者と受信者が入れ替わるインターネット時代の「能動的受信者」を、「ネット上の情報＝口コミ」を出発点として、能動的受信者の口コミ説得コミュニケーション効果分析を試みることになる。

緒言を終えるにあたって、本書の刊行に御尽力いただいたすべての方々、とりわけ、執筆者の先生方、そして、厳しいスケジュールのなかでの編集作業に御協力いただいた編集者、米谷龍幸氏に心よりお礼を申し上げたい。

編者を代表して　松本健太郎

## ◉引用・参考文献

富田英典（二〇一六）「メディア状況の概観とセカンドオフライン——モバイル社会の現在」富田英典［編］『ポスト・モバイル社会——

セカンドオフラインの時代へ』世界思想社
Barthes, R.（1994）. *Roland Barthes, Œuvres complètes, Tome II 1966-1973*. Éditions du Seuil.

# 目次

## 第Ⅱ部　メディア・テクノロジーから考える〈みる／みられる〉

# 第 I 部

## 理論的言説から考える〈みる／みられる〉

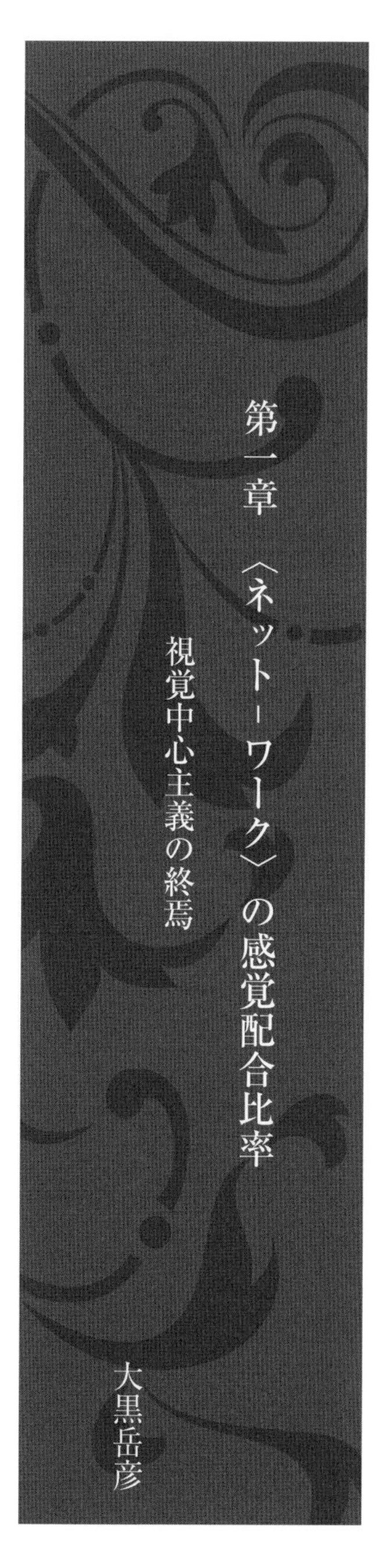

# 第一章　〈ネットーワーク〉の感覚配合比率

## 視覚中心主義の終焉

大黒岳彦

## 第一節　はじめに

読者が本書の統一テーマである「みる／みられる」という語対に接することでまず喚起されるのは、おそらくミシェル・フーコーによる権力論の枠組み、あるいは、もう少し古い世代であればサルトルの権力的「眼差し（ルガール）」(regard) 論の枠組みであろうと忖度する。だが、本章が扱うのは、権力関係をひとまず括弧に入れた「ある主観が何らかの客観を見る」、あるいは「ある客観が某か（なにがし）の主観によって見られる」という、認識論的な場面においてごく一般的にみられる事態である。主観と客観との間に取り結ばれるこうした単純極まりない「見る／見られる」という認識の構図は、有史以来時代を超えて、そして視覚器官を有するあらゆる有機体で種を越えて、妥当すると誰しもが思っている。だが一見単純そうに見えるこの構図には、すでに特定の――ということはつまり歴史的に相対的な――メディア論的構造が入り込んでいる。どういうことか。

「見る／見られる」という認識の構図は、「見る主観」と「見られる客観」との分立、という存在の構図と相即している。つまり「見る主観」がこちらにあり、「見られる客観」があちらにあるという存在関係があらかじめ成立しているからこそ、「見る」という認識関係がそこに生じうる（「見られる」場合もmutatis mutandis（必要な変更を加えることで）同じ）と、そこでは思いなされている。ここで存在と認識の先後関係は逆転してもかまわない。人によっては「見る」という主体的な認識行為が起きることではじめて、「見る主体」と「見られる客体」とが分立する、そう捉えるかもしれない。事態としては同じであって、ここでの焦点は「見る／見られる」という認識関係の対と、「主観（主体）／客観（客体）」の分立という存在関係の対が、切り離しがたくカップリングされているという事実である。つまり「見る／見られる」という認識論上の行為ないし事態は、「主観（主体）／客観（客体）」の分立という存在関係の対とともに、一つの閉じた世界観を構成しているのである。そして、この〈認識＝存在〉のカップリング（＝世界観）は、時代時代の主導的メディアによって形成され維持されている、そうメディア論は考える。

「見る／見られる」の事例に即しつつ具体的にいえば、「見る／見られる」「主観（主体）／客観（客体）」という双対は、たかだか〈活字〉というメディアに固有の特殊な世界観に過ぎず、歴史的な相対性を免れない。したがって、こうした構図は時代や種を越えて妥当などしない。にもかかわらず、近代という時代を主導してきた〈活字〉メディアの自明性に埋没しつつそこに生きる人びとは、上に示した双対が構成する世界観の歴史的相対性に気づくことなく、それを〈普遍＝不変〉的なものとみなす。

メディア論は、主導的〈メディア〉の推移と、それにともなう〈メディア〉パラダイムの歴史的変遷の全体を射程に収めることで、「見る／見られる」「主観（主体）／客観（客体）」という二つの構図の相対化を図る。というよりむしろ、メディア論というディシプリン自体が、〈活字〉メディアのパラダイムである「見る／見られる」「主観／客観」の双対からなる世界了解を克服、終焉せしめ、そのオルタナティブを提示すべく誕生したともいえるのである。本章では、トロント学派のメディア論、なかんづくマーシャル・マクルーハンが、「見る／見られる」「主観／客観」の双対を実質とした、〈活字〉が主導する既存の〝自明〟な世界了解（こうした世界了解を本章では、次々節で導入する「視覚中心主義」の語で呼ぶ）を相対化し、乗り越えようとした企図の去就を見定めるとともに、マクルーハン死後四〇年を経た現行情報社会における「見る／見られる」パラダイム（それは同時に「主観／客観」パラダイムでもある）の変容の実態を見定めていきたい。

## 第二節　〈メディア〉史観と感覚配合比率

さて、ハロルド・イニス、マクルーハン、エリック・A・ハヴロック、ウォルター・J・オングの四人によって展開されたトロント学派メディア論の基幹をなすのは、各時代の主導的なメディア技術が、人間や社会の枠組みを決定するとする〈メディア〉史観である。なかでもマクルーハンは、主導的〈メディア〉の別によって人類史を四区分した上で、それぞれの主導的メディアをコアとして編制されるメディア諸技術の星座的布置、メディアの〝生態系〟を〈銀河系（ギャラクシー）〉と名付ける（マクルーハン 一九八六）。このメディア〝生態系〟としての〈銀河系（ギャラクシー）〉を、そこで再生産される固有の〈認識＝存在〉関係を軸に捉え返しつつ、本章では〈メディア〉パラダイムと呼ぶことにしたい。

主導的メディアの別によって四区分された〈メディア〉パラダイムは、〈声〉→〈（手書き）文字〉→〈活字〉→〈電気＝テレビ〉と推移するが、これら〈メディア〉パラダイムは相互に閉じており、したがって各パラダイムは共約性をいっさい欠いた、可能的（ディスポズィショナル）な体験の体制＝〈環境（エンヴァイロンメント）〉をそれぞれに創りだす。重要なことは一五世紀のグーテンベルクによる活版印刷術の発明を嚆矢とし、一六世紀のペトルス・ラムスによる印刷教科書を使用した教育改革（ラムス主義（ラミズム））を起爆剤として、〈活字〉パラダイム、マクルーハンの用語系でいえば〈グーテンベルクの銀河系〉が近現代を支配してきたという事実である。先ほど触れたように、マクルーハンを含め、トロント学派は並（な）べてこの〈活字〉パラダイムを呪詛し敵視する。その理由については後述するが、彼らが〈活字〉パラダイムに対置し、理想視するのが古典古代の〈声〉のパラダイムである。

先に〈メディア〉パラダイムは、そこでの〈認識＝存在〉関係を技術的に決定する旨を述べたが、その技術的決定において枢要な役割を演じるのが感覚配合比率（sense ratio）である。感覚配合比率はアリストテレス＝トマスの、いわゆる「共通感覚」（sensus communis）をマクルーハンがメディア論的に〈解釈＝改釈〉し、換骨奪胎した概念であって、眼・耳・鼻・舌・身の五官、視・聴・嗅・味・触の五感の間に成立している感覚体験における可塑的平衡系の謂である。この感覚的な平衡系は主導的メディアを基礎としつつ、その拘束下にあり、したがって主導的メディアは感覚配合比率を介してそのパラダイムにおける感覚体験の大枠を決定づける。一方、主導的メディアが交代すると感覚配合比率は組み替わり、新たな感覚的平衡系が編制されることで、感覚体験の質そのものもゲシュタルトチェンジを遂げることとなる。

問題は、トロント学派が嫌忌する〈活字〉パラダイムと、彼らが理想視する〈声〉パラダイムがそれぞれいかなる感覚配合比率を構成するかである。

## 第三節　視覚主義vs触覚主義

マクルーハンは〈活字〉パラダイムにおいては、視覚が突出した感覚配合比率＝感覚の平衡的定常系が編制されると考え、この体制を「視覚強調的」（visually stressed）あるいは「視覚偏向的」（visually biased）と特徴付ける（マクルーハン 一九八六）。ここで誤解してはならないのは、この場合の視覚（vision）とは、単なる「見ること」ではない点である。ある論者は、〈声〉のパラダイムにおいても視覚は重要であるから、〈活字〉パラダイムを「視覚中心」と特徴付けるのは間違いであるなどという、自らの読解の浅さを告白するがごとき頓珍漢な、ほとんど揚げ足取りといってよい水準のマクルーハン〝理解〟を恥ずかしげもなく披瀝しているが、マクルーハンが「視覚中心」の語で指摘しているのは、〈活字〉パラダイムが一言でいって〈截断〉ないし〈疎隔〉のパラダイムである、ということである。〈活字〉とは表象化の〈メディア〉である。フリードリヒ・キットラーの卓抜な表現を借りれば、〈活字〉を読むことによって、人びとは物体の輪郭や色彩、人物の肌触りや声色《こわね》、料理の味や芳香を眼前に想い描くのであり、それはいわば「アナログのヴァーチャル・リアリティー装置」である（Kittler 1985）。すなわち〈活字〉は五〈官＝感〉の対象すべてを想像的〝視覚〟すなわち〈表　象《フォアシュテルンク》〉（Vorstellung）ないし〈代理存在《レプリゼンテーション》〉（representation）のなかで再現・構成する〈メディア〉なのである。そして〈表象〉は、私たちの「前に《フォア》」（vor）「立て《シュテレン》」（stellen）られた想像上の〝スクリーン〟のなかで展開され、見られる対象と見る主体との間に割り込んで入る対象の「代　理　物《レプリゼンテーション》」（representation）であるがゆえに、〈見る者〉と〈見られる物〉、〈主観（主体）〉と〈客観（客体）〉との間に明確な分割線を引き、両者を〈截断〉〈疎隔〉する。かくして冒頭で指摘した「見る／見られる」、「主観（主体）／客観（客体）」の双対が〈活字〉パラダイムにおいて成就する。

〈活字〉メディアのこうした視覚中心主義《オキュラセントリズム》（ocularcentrism）もしくは心像主義《ヴィジュアリズム》（visualism）は、〈表象〉編制《モンタージュ》の原理として、マクルーハンが「線形性《リニアリティ》」（linearity）と総称する首尾一貫した「論理」（logic）や閉じた「作品世界」（artwork）を産みだすと同時に、〈截断〉と〈疎隔〉を方法論化することで対象の無際限で緻密な解析・記述へと向かう分析的精神を涵養する。それはハイデッガーのいう「世界像《ヴェルトビルト》」（Weltbild）と異なるものではない（ハイデッガー　一九六二）。さらに、〈截断〉と〈分離〉は客体としての対象のみならず、主体としての人間にも当然向かう。そのとき人間は〈表象〉を介してしか互いにアクセスが不可能な分断され孤立した「個人」（individual）となる他ない。共同体主義的なカトリシズムの信条を立論のバックボーンとして有するトロント学派、とりわけ個人主義的なプロテスタントの教義を嫌忌して成人後にカトリックに改宗したマクルーハンにとって、〈活字〉パラダイムが惹起する共同体の毀損とその個人への解体は到底座視に耐えない。ここにおいて、〈活字〉の視覚中心主義の対極に位置する〈声〉の触覚中心主義が視界に浮上してくる。

〈活字〉パラダイムが、〈截断〉と〈疎隔〉によって特徴付けられるのに対して、〈声〉パラダイムは〈融合〉と〈包摂〉をその本質とする。それがなぜ触覚中心主義と呼ばれるかといえば、触覚においては、視覚においてのように〈表象〉が介在することなく、触れるものと触れられるものとが直接に触れ合うからである。さらに、接触面において触れるものと触れられるものとは反転・交替し、両者は融合一体化する。五〈官＝感〉にあって〈視覚〉と爾余の〈聴覚〉〈触覚〉〈味覚〉〈嗅覚〉とは鋭い対立関係を構成するのであって、〈視覚〉のみが〈表象〉を介した〈截断〉的、〈疎隔〉的な間接的知覚体験をもたらす。それに対して、爾余の感覚はいずれも触れるものと触れられるものとの直接的な密着体験であって、その意味で広義の〝触覚〟のヴァリアントである。マクルーハンが〈声〉パラダイムを「触覚中心」と性格づけるのは、彼が聴・触・味・嗅の四感覚に如上の〈触覚〉性を共通に認めたうえで、〈文字〉発明以前の〈声〉メディアが〈いま・ここ〉（hic et nunc）にある知覚現場の諸物を有機的全体に統括・包摂してゆく体制であることを洞察したからに他ならない。それゆえに彼は〈声〉パラダイムを「聴‐触覚的」（audible-tactile）と特徴付ける（マクルーハン 一九八六）。

重要なことは、〈声〉パラダイムの原理である〈融合〉と〈包摂〉は、触れるものと触れられるものとの区別をそれらの交替と反転によって取り消し、主体と客体との境界を曖昧化させてゆくことである。そればかりではない。〈声〉パラダイムの二つの原理は当然人間にも及び、〈声〉パラダイムに生きる成員を同じ一つの共同体に浸し込み、有機体にも擬えられる地縁的共同体の分肢となす。マクルーハンはじめカトリシズムを奉ずるトロント学派の面々が〈声〉パラダイムを理想視するのは、このパラダイムが、原始キリスト教において典型的に見られた如き調和的共同体を実現する〈融合〉と〈包摂〉とをパラダイム存立の根本原理とするからである。

## 第四節　触覚主義復権の様々な試み

マクルーハンは、一九六〇年代から急速な普及を遂げた〈電気〉メディア、すなわちテレビに〈声〉パラダイム復活の兆しを認めるとともに、著書『グーテンベルクの銀河系』によって〈活字〉パラダイムに引導を渡したのだった。さらに彼は、テレビが〈声〉の電気的増幅装置であるという解釈にもとづき、〈電気〉パラダイムにおいては〈融合〉と〈包摂〉の両原理が、〈声〉パラダイムにおける村落共同体の規模を越えて地球大に拡張されると予想して、惑星規模の共同体、すなわち「地球村」（global village）誕生の未来図をすら描き出した。

マクルーハンに典型的にみられるこうした反視覚主義＝触覚主義は、必ずしもトロント学派に固有のオブセッションではない。たとえば、一九三〇年代から四〇年代にかけてヨーロッパで猛威をふるったナチスの〈血と土〉（ブルート・ウント・ボーデン）（Blut und Boden）や〈鋼鉄のロマン主義〉（シュテーレルネ・ロマンティーク）（stählerne Romantik）のスローガンは、誤った生物学主義にもとづいてはいるものの、やはり〈声〉による共同体復活の企図であって、マクルーハニズムに先駆けて近代的個人主義を反近代的な共同体原理によって乗り越えようとするものである。わが国における同時期の日本浪曼派や悪名高い〈近代の超克〉論もまた同工異曲のイデオロギーとみてよい。一般にロマン（浪漫）主義は〈声〉パラダイムの復興を標榜しはするものの、結局はそれを〈活字〉パラダイムの〈メディア〉に頼る他、再現の術（すべ）を持たない点で、予め挫折を運命付けられている。それは〝失われたエデンの園（ロスト・パラダイス）〟の再来を夢見ながら自己欺瞞的な人工楽園の建設に邁進する疑似触覚主義、というより似而非（えせ）触覚主義に過ぎない。

もちろん触覚主義的な企図はなにも民族主義者の専売特許ではなく、ナチスと同時代の批評家ヴァルター・ベンヤミンの〈アウラ〉（Aura）および、ボードレール由来の〈万物呼応〉（コレスポンダーンス）（correspondance）の概念に触覚主義的発想が認められるし、戦後も哲学者のメルロ＝ポンティが現象学的な手法で独自の触覚主義的な身体的知覚の哲学を展開している。ベンヤミンやメルロ＝ポンティの触覚主義がロマン派のそれと決定的に異なるのは、後者が既存の〈活字〉パラダイムを、擬似的な〈声〉の諸装置（演説・ダンス・体操・儀式・式典そして近代兵器による戦闘！）を駆使することで物理的、強制的、人為的に〈声〉パラダイムに造り替えようとした多分に政治的な企図であるのに対して、前者が〈活字〉パラダイムの基底部でいまなお働いている〈声〉パラダイムの〈融合〉〈包摂〉原理の残滓を掘り起こしてゆくことで、触覚主義の歴史貫通的な普遍性を強調する点である。特にメルロ＝ポンティは、視覚を触覚の延長と捉える構案を打ち出しさえする（メルロ＝ポンティ　一九六六）。

前世紀におけるこうした触覚主義の系譜に照らすとき、マクルーハンの触覚中心主義が、〈活字〉パラダイムからルーハンの触覚中心主義は、二つの流れが交差する点に位置づけうる。という点で、むしろベンヤミンやメルロ=ポンティのラインに近いことが留意されなければならない。その意味でマク実践するのではなく、身体を軸とする主導的〈メディア〉の構造分析によってパラダイム推転の必然性を洞見すると〈増幅された〉〈声〉パラダイムへの推転を唱える点ではロマン主義と意想を共有しつつも、その推転を威力行使的に

## 第五節　情報社会における視覚中心主義の終焉

マクルーハンによる、テレビを主導的メディアとする〈電気〉パラダイムを、筆者は〈マスメディア〉ないし〈放 - 送〉(ブロード・カースト)パラダイムとして捉え返すが、[1] このパラダイムでは彼が待望した触覚中心主義の復権と、〈声〉による地球規模の共同体、すなわち〈地球村〉の出現は成就しなかった。それは、マクルーハンの見立てとは異なり、このパラダイムがけっして〈融合〉と〈包摂〉を原理とするものではなかったからである。〈放 - 送〉は〝双方向性〟を演出する（ラジオのディスクジョッキー、テレビの視聴者参加番組、新聞の投書欄）ことで一見〈声〉との親近性を私たちに使嗾(しそう)する。だが、その裏側には特権的権威（放送局・新聞社）を頂点とするヒエラルキカルな情報頒布構造が控えており、権威と大衆とはこの構造によって〈截断〉〈疎隔〉される。権威的構造という点では〈放 - 送〉パラダイムはむしろ、著者を頂点とし読者を底面とした〈截断〉〈疎隔〉的な円錐構造を構成する〈活字〉パラダイムに近い。すなわちそれは依然、視覚中心的なのである。

今世紀に入って、インターネットの二次元的なコミュニケーション・ネットワークを軸とする〈ネット - ワーク〉パラダイムがその覇権を確立したが、このパラダイムではネットワークを構成する各ノードは原則的に匿名の不定的存在者であるがゆえに相互に同格であって、したがって〈活字〉〈放 - 送〉の両パラダイムとは異なり、そこには特権的な場所がない。またそこでは、各ノードが匿名的個人であることもあって、コミュニケーションが具体的な内実

を欠いた、その時々の情動の発露の行き交いとなる傾向が強い。そして発露された情動をコアにして、ノードはクラスター化を遂げていく（いわゆる「サイバー・カスケード」）。こうして、〈ネット－ワーク〉パラダイムにおいて新たな〝部族主義〟が誕生し、それと軌を一にしつつ視覚中心主義の〈截断〉〈疎隔〉原理は終焉へと向かう。

さて、問題はここからである。二〇世紀末から二一世紀初めにかけて、〈地球村〉はテレビによってではなくインターネットによって実現される、と主張するマクルーハニズムのリバイバル現象がみられた。この説にしたがえば、〈ネット－ワーク〉パラダイムは触覚中心主義の再来であることになる。たしかに情報社会は、分析や論理を貶下し、情動を軸に新たな〝部族主義〟を復活させつつある。だが、その事実をもって〈ネット－ワーク〉パラダイムの本質を触覚中心主義と認定するのには十分慎重でなければならない。

〈ネット－ワーク〉下の〝部族主義〟（ネトウヨ、ヘイトスピーチ、自国中心主義、白人至上主義）はマクルーハンが夢想・憧憬した〈声〉パラダイムの理想的共同体とは似ても似つかない。そのことは〈ネット－ワーク〉パラダイムの感覚配合比率が、爾余のパラダイムのそれと本質的に異質である点に関わる。これまでの感覚配合比率は、それが触覚中心であれ視覚中心であれ、いずれも五〈官＝感〉の共通の座として「人間」が据えられていた。そのことはマクルーハンの著書の副タイトル（サブ）からもはっきり見て取れる（「活字人間の誕生」「人間の拡張」）。ところが、〈ネット－ワーク〉においては感覚を束ねる座としての「人間」が不在なのである。なぜか。〈ネット－ワーク〉パラダイム内の感覚は、デジタル化され、また日々更新・蓄積されながらネットワーク内をビッグデータとして流通する、本質的に非人称的な、情報社会の〈資源〉（リソース）と化しているからである。視覚や触覚を含めた私たちの原初的体験＝原基的所与

---

［1］この点についての詳細は、拙著『情報社会の〈哲学〉――グーグル・ビッグデータ・人工知能』（勁草書房）を参照。

［2］〈情報体〉については拙著『ヴァーチャル社会の〈哲学〉――ビットコイン・VR・ポストトゥルース』（青土社）、第六章「VR革命とリアリティの〈展相〉」を参照。

は、〈ネットワーク〉のなかで潜在的〈資源〉に変じ、〝監視〟や〈制御〉そしてパターン抽出の対象となる。その際、〝監視〟、〈制御〉、パターン抽出を行うのは「人間」ではない。人工知能である。

こうして、〈ネットワーク〉パラダイムは感覚データの自己言及的な〈自立＝自律〉システムとなる。そこにおいては「人間」は、データによって二次的に構成される「データの効果」でしかあり得ない。〈活字〉パラダイムの感覚配合比率があらゆる感覚を〈表象〉へと一元化する「視覚中心主義」であるならば、〈ネットワーク〉パラダイムのそれは、あらゆる感覚を非人称的な〈データ〉へと一元化する「データ中心主義」である。データ中心主義において、感覚は並べて非人称的で断片的な〈情報体〉と化し、[2]〈ネットワーク〉内をビッグデータとして流通する。そして、この〈情報体〉が情報社会の「現実」を構成する〈素材〉となる。繰り返すが、このとき「現実」を構成するのは「人間」ではなく「人工知能」である。また、デジタル化された感覚である〈情報体〉の座も、もはや「人間」ではない、「社会」である。以上の意味で、情報社会の感覚配合比率は、フーコーが言及したのとはまた別の意味で「人間の終焉」を暗示している（フーコー 一九七四）。

### ◉引用・参考文献

大黒岳彦（二〇一六）『情報社会の〈哲学〉――グーグル・ビッグデータ・人工知能』勁草書房

大黒岳彦（二〇一八）『ヴァーチャル社会の〈哲学〉――ビットコイン・VR・ポストトゥルース』青土社

ハイデッガー、M／桑木 務［訳］（一九六二）『世界像の時代』理想社（Heidegger, M. (1950). Die Zeit des Weltbildes. In *Holzwege*. Klostermann.）

フーコー、M／渡辺一民・佐々木明［訳］（一九七四）『言葉と物――人文科学の考古学』新潮社（Foucault, M. (1966). *Les mots et les choses: Une archéologie des sciences humaines*. Gallimard.）

マクルーハン、M／森 常治［訳］（一九八六）『グーテンベルクの銀河系――活字人間の形成』みすず書房（McLuhan, M. (1962). *The*

*Gutenberg galaxy: The making of typographic man.* University of Toronto Press.）

メルロ=ポンティ、M／滝浦静雄・木田 元［訳］（一九六六）『眼と精神』みすず書房（Merleau-Ponty, M.（1964）. *Éloge de la philosophie: L'œil et l'esprit.* Gallimard.）

Kittler, F.（1985）. *Aufschreibesysteme 1800/1900.* Fink.

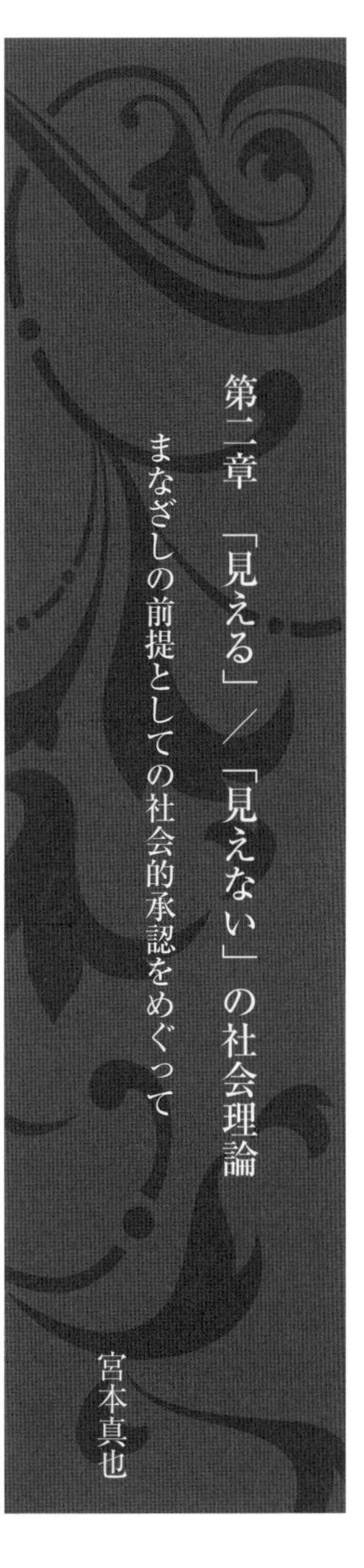

# 第二章　「見える」／「見えない」の社会理論

## まなざしの前提としての社会的承認をめぐって

宮本真也

## 第一節　はじめに：「見えない」ことと「きちんと見ない」こと

私たちは社会生活の様々な場面で、それが自分のまなざしであれ、他者のまなざしであれ、気にならずにはいられない。まなざしが向けられているから困ることもあれば、向けられていないから不愉快に感じることもある。そのため、哲学的な議論において「まなざし」や「視線」がテーマとなることは珍しくはない。それらに特徴的なのは、やはり、まなざしや視線が対象に向けたり、対象からそらしたりすることができ、その動きが他者からもわかる、ということである。これらの特性には「見る」側の、「見られる」側にとっては不愉快な意図も推察されることもある。

本章でとくに注意を払いたいのは「見る」ことではなく、「見ない」ことであり、その結果として人が「見えない」場合である。一方で「見る」ことは、それが挑発的態度や礼を欠いた好奇心の表現としてとらえられるがゆえに、日常的にトラブルの原因となりやすい。しかし他方で、人が「見えない」状態は、「見る」側によって、「見えているのに見えないかのように振る舞われる」か、すでにある先入観によって「きちんと見えなくなる」場合に、不快で、礼儀を欠いていたり、なにかが損なわれていたりするような印象を引き起こす。すなわち、他者による私の扱い――

「見えない振りをする」または「きちんと見ない」――には、私の人格へのなんらかの否定が含まれているのである。そして、その否定は「見えない」場合により徹底しており、全面的であるといえよう。このことにしたがうならば、ある人物や事物が「見える」からこそ私たちは「見る」ことができ、それらが「見えない」からこそ私たちはそれらを「見ない」ということが自明ではないことがわかる。私たちは、ある人物や事物に否定的であるからこそ、「見ない」という事態が生じるのである。[1]

こうした「見えないこと」をめぐる問題を、本章では社会的承認論という立場から分析・考察を加えてみたい。これらの問題の背景には、社会空間における私たちの別の人物への関与という重要な態度と、それらの人物に向けた承認という態度の喪失があると考えられる。

## 第二節　人が「見えない」場合

「見えない」場合については、現代における社会的承認の理論の代表者であるアクセル・ホネットが、いくどとなく議論を展開している。[2] そのなかでも、より具体的な現象を手がかりにしているのが、「見えないこと」と題された論考である（ホネット 二〇一五：七‐三四）。この論考のヒントとなっているのは、アメリカの作家ラルフ・エリスンの『見えない人間』という作品である（エリスン 二〇〇四）。この小説のなかで一人称の「私」は実在の生身の人間であり、人びとは彼をまったく見ようとはしない。人びとは彼を「見えない」ふりをするのであり、見る側の感覚器官になんらかの機能低下や不全があるわけでもない。それゆえに「私」は「透明人間」のような存在として描写されるのだが、物語がすすむにつれて、「私」は一人の黒人男性であり、「人びと」は白人たちであることが明らかになっていく。エリスンによって小説が発表されたのが一九五二年、そして舞台が一九三〇年代のニューヨークであることを踏まえれば、黒人に対する人種差別的蔑視がまだ自明であった時代であったといえよう。

しかし時を経た現代でも、自分や自分たち、あるいはその状況が他者から「見えない場合」に私たちが怒りや不快さ、悲しみを覚えることに変わりはない。社会空間においてこの状況は、今や目の前の物理的な現場だけではなく、マスメディアやインターネットに媒介されたコミュニケーションにも見出せるであろう。メールやメッセージに返事がないこと、「既読無視」、自分と異なる立場や階層の人びとへの配慮の欠如は、ＳＮＳ、掲示板、ブログなどのネット空間でもしばしば問題となる。また、実際の出来事として、本来社会全体として考えるべき問題が起きているにもかかわらず、社会的に周知されにくいことも、「見えない」ことの問題圏に含まれよう。ここには貧困、障害、性をめぐる、社会的な少数派の人びとの不遇な事情がある。

それでは、「見えない」ことが含んでいる、感覚器官としての機能のレベルにはない、社会的意味について考えてみたい。状況によってその精度は異なるものの、ここで問題になっている事態は、ただ「認識しているか／していないか」のレベルにはない。このことを説明するために、特別な意味で「見えない」場合、つまり、物理的な空間内において、見えていないはずがない場合について、参考となるいくつかの例をあげてみたい。すなわち、①それぞれの人種や民族、性別や職業のあいだに差異が感じられる相手、②偶然、路上で出くわしたあまり会いたくない相手、③混雑して身動きできない電車内で体が触れあう距離にある他者、④なにかに没頭するあまりにまなざしを向けない人物などである。

［１］こうした事情を踏まえて、本章では「見る」ことと「見える」ことを一方の極とし、他方の極として「見ない」ことと「見えない」ことを置いて考察を進める。

［２］本章では社会的承認の哲学や思想の歴史上の意味や、アクセル・ホネットの承認論を体系的に詳しく扱うことはできない。ホネットの承認論を体系的にとらえるためには、主著である『承認をめぐる闘争』（ホネット 二〇一四）、あるいは藤野（二〇一六）を参照。また、ホネットはフランクフルト学派という社会哲学上の一つの伝統の継承者でもあるが、このことについても扱うことができない。この潮流については、細見（二〇一四）、または宮本（二〇一六）を参照のこと。

まず①の例については、人種、地位、性別、職業のような、出自をめぐるあからさまな差別意識が背景にある。エリスンの『見えない人間』における、黒人男性が受けた扱いはこれに含まれる。この場合に「見えているにもかかわらず見えないふりをする」ことには、そう振る舞うことで互いのあいだの非対称的、ないしは、対等ではない関係性を意図的に知らしめる意味をもつこともある。ここには蔑視、軽蔑、排除など、人権侵害にまで遡ることもできる、「見る」側の構えや態度があらわれている。

②の場合においては、相手と第三者に「見ていること」を気づかれたくないことが表れている。相手を同定（認識）していること、そして相手とのあいだの社会的関係性を積極的に伝えたくはない場合である。「見えないこと」を、意図的に相手、あるいは第三者に訴えかけるという表現行為である。

③の場合を、社会学者であるアーヴィン・ゴフマンは「儀礼的（市民的）無関心（civil inattention）」と呼んだ。ゴフマンはここで行われることを、「相手をちらっと見ることは見るが、その時の表情は相手の存在を認識したことを［…］表す程度に留める」ことであると説明する。そして「相手に対して特別の好奇心や特別の意図がないことを示す」（ゴフマン一九八〇：九四）。この態度は、基本的には当該の人物が見えないかのような態度を取っているが、実際には見えていて、その人物には配慮していることを表現している。意図的に相手を視野に入れないことで、不快な印象を抱かれないようにするという礼儀的な振る舞いであり、一種の社会規範にしたがっている。

④の場合には、「見る」側の関心がそもそも別のことに向いている。ここでは、相手への特段の否定的な意図はないにせよ、人物としての認識が抜け落ちている。

これらのパターンを「見る／見ない」「見える／見えない」という現象に即して考えてみれば、事実上の意味よりも、比喩上の意味のほうが重要であることがわかる。事実上の場合、その理由が妥当であれば、問題ではない。周囲が暗かったり、出くわしたのが予期せぬ偶然であったりする場合である。深刻であるのは、見えているにもかかわらず、そのことを意図的になかったことにする、比喩的な意味での「見えない場合」である。そして、さらにいえることは、いずれの場合にも、ある人物をその人として認識（同定）することをして「見る」と私たちはいうものの、それらの厳密な意味におさまらないことを私たちは「見る」ことに同時に付け加えているということである。つまり、「見ている／見ていない」ことを一種の表現行為として公的に示しているのである。この点に注意するならば、③の「儀礼的（市民的）無関心」だけが例外であり、それは配慮をともなう「見えないふり」の演技である。そしてそれ以外の「見えない」場合に表現されているのは、「見えること」の様々な程度をともなう拒否である。では、比喩的な意味における「見えないこと」に欠けている要素とはなにか。アクセル・ホネットにしたがうならば、それが「承認」にほかならない。

## 第三節　承認とはなにか

社会的承認といえば、たしかに大げさな印象を抱くかもしれない。日本語で「承認」は「認証」と同様に、役所の言葉のようにも響く。ここで承認を「認める」と読みかえても同じことである。「承認」も「認証」も、どちらも何か一方から申請があって、他方がそれを受け入れるという過程を頭に思い浮かべる人もいるだろう。実際にＳＮＳでは一方からの「リクエスト」に他方が承認してはじめて「友達」になることができる。しかしここでいう承認は、規定や法律で確定された制度上の手続きとしての承認でしかなく、その根底にある相互行為は前もって起きている。ＳＮＳを例にとってみよう。「リクエスト」があったからといって、私たちはためらうことなく機械的に「友達」を増やしていくだろうか。一方で私たちは、すでになんらかの情報を得ていたり、実際に知り合いや友人であったりする人の「リクエスト」を受け入れる。他方で、まったく知らない人の「リクエスト」であれ、その人物のプロフィールやネットやそれ以外の情報源を検討したうえで、「承認」するかどうかの判断をする。この例を一瞥しただけでも理解できるのは、「承認」とは、常に明示的に「はい、承認！」といいながら判を押すような行為に限らず、日常生活において私たちが交わしているインターパーソナルな態度や行為にはじまっているのだ。

さらにわかりやすくいえば、承認とは相手を、社会的に共有されている基準にしたがって、「〜として」受けいれることといってよいだろう。「〜として」の部分には、それぞれの社会空間にふさわしい扱いが相手に示されるのである。たとえば、親密な関係性においては「親友として」「恋人として」「家族として」の基準が介在しうるだろうし、一般的な公的空間であるなら、「（同じ社会に所属する）互いに平等で同じ権利を共有し合う市民として」、「特定の契約で結ばれた利害関係者として」、そして何らかの価値を共有する共同体の、それぞれの基準に照らして「貢献や能力を評価されるメンバーとして」認められるのである。最後のものとしては、具体的には労働の質や量が評価される職場や、固有の伝統や文化を共有され維持される地域文化をあげることができるだろう。承認とは、個人や集団のポジティブな特性を肯定することであり、そしてその特性は質的に三つに分化しており、愛情や友情といった情緒、法的尊重、社会的価値評価をともなって相手を受け入れることである（ホネット 二〇一四：一二四－一七六、ホネット二〇一五：二五、二六）。それゆえ、私たちの日常的な相互行為は、承認する態度と同時に遂行されているといえるのである。

これらの様々な領域において、私たちが誰かを承認することのもっとも明示的な段階は、それを言葉や身振りなどの表現を付け加えることで示すことにある。もちろん、人間相互のコミュニケーションではまず、言語的なやりとりが、もっとも意味を込めることができるように思われる。しかし、ここで表現される内容だけではなく、声のトーンやテンポ、抑揚といった話し方や、まなざしや身体を媒体とした身振りとのあいだで矛盾や、不自然な不一致があれば、私たちはそこで承認されているとは感じえない。逆にいえば、私たちが認められているかどうかを問題とする場合には、言葉の使用が不可欠であるとは限らないのである。発話と身振り、振る舞い、それらの総合から私たちは、承認されているのかどうかを確認するのである。挨拶をしても返してもらえないか、不可解な表情でやり過ごされてしまう場合、発言の途中で遮られる場合、よそよそしく振る舞われたり、いわれなく嘲笑されたり、見下すような表情をされる場合のように、例は尽きることはない。

このように承認という態度や行いが適切な表現的要素を含まなければならないことは、ホネットの承認論にとっては重要な意味をもっている。この表現が欠如することは、表面上にあらわれる道徳的な不正であり、このことによって私たちは承認をめぐる闘争へと動機づけられる。歴史的にも承認の欠如は、人種差別への戦い、民衆の民主主義的な権利をめぐる運動、多様な性現象を公的に認めることをめざす運動などにも理由を与えてきた。[3] しかし、このことを踏まえて「見えないこと」をとらえ直すと、ある問いが生じてくる。本章で取りあげている「見えない」ことが、実際には「見える」にもかかわらず「見えないふり」をし、場合によってはその「ふりをしていること」を、その対象である相手と第三者に公的に表現することであるとすれば、それは、はたしてすでに述べたように分類された承認の欠如と同種のものであるのか、という問いである。「見えないこと」は既述のカテゴリーにどこかにおさまるものなのか、はたして別の次元に位置するものであるのか、という問いである。

## 第四節　承認の基底にあるもの

すでに述べたように、承認という態度と行いは、相互行為の相手をそれぞれの社会空間において適切に「〜として」扱うことを、その行為において明示的に表現する。それゆえ行為遂行的（パフォーマティヴ）であるといえる。そし

［3］ホネットがこの「承認をめぐる闘争」にヘーゲルにならって関心を寄せるのは、この闘争が社会の近代化や合理化といった運動の駆動力となると考えるからである。ホネットはこの闘争によってこそ、すでに制度化した行動や規範の反省がうながされ、最終的には社会のなかで個人の自由を保証する制度が実践的・政治的に実現しうると見なすのである（ホネット 二〇一四：四二-八七）。

てこれらの態度と行いには、行為者に期待してよいとされる諸々の行為や振る舞いの用意が暗示されているのである（ホネット二〇一五：二二）。承認の行為や振る舞いは、それぞれの社会空間においてその適切さの規範にしたがうことが求められ、その承認の質と程度におうじて以降の行為や振る舞いもまた、相手への支持や肯定を含んでいなければならない。こうした事情を踏まえたうえで「見えないこと」から、次のことは容易に推察できる。つまり、そうした否定的な構えを示す相手は、そもそも私を承認するつもりが少しもないのであり、たとえば感情を寄せ合う人物としても、同じ社会に生きる市民としても、職場や共同体のために貢献し合う人物としても、私に好意や尊重を表すつもりが一切ないのである。「認める」過程に入るつもりがないことを、それ以前に私が「見えない」ことで表示するのである。すなわち「見えない」ことをめぐって、第一に私たちが不当なものを感じるとすれば、そこでは、私たちが相手から受ける承認欲求の程度――もっと大事に扱って欲しいとか、えこひいきをやめて欲しいとか、報酬が不十分であるとか――が問題になっているわけではなく、承認の全面的な拒否に怒りや悲しみを感じているのである。端的にいえば、承認が遮断されてしまっているから、見ようとしないのである。

では、承認の遮断という全面的な否定は、いったい何を意味するのだろうか。この遮断は、ホネットによると、より高次の、根源的な承認がなされないことに原因がある。この根源的な承認が欠如しているからこそ、先に述べた人物についての、個別的な三つの承認の形式にしたがって相手と接するに至らないというのである。

この根源的承認の道徳的な核心と結びついているものとして、ホネットはイマニュエル・カントが『人倫の形而上学の基礎づけ』のなかで定式化した尊敬をあげる。カントは、そもそも「尊敬とは私の自己愛を断ち切る価値を思い浮かべること」（カント二〇〇〇：二四）とする。私たちは願望や欲求、意図や先入観をもっており、自己中心的に振る舞うことがある。独りよがりな態度をとったり、相手を都合よく理解したり、その感情や能力を「手段」として利用したりする。これは自己愛が優位にある状態である。しかし私たちが道徳的に振る舞おうとするとき、カントの言い方をもちいるならば、普遍的な道徳法則にしたがう場合には、自分の人格も他のあらゆる人格も「目的として扱い、決して単に手段として扱わないように」（カント 二〇〇〇：七四）しなければならない。逆にいえば、「目的」としてではなく、「手段」として扱われるからこそ、私たちは不正に疑義を寄せ、怒りの感情を抱いたり、異議申し立てを行うのである。そうならずに、私たちが自己愛を自発的に諦め、脱中心化させるのが尊敬にほかならないのであるが、その尊敬の理由こそは、私たちの人間の人格の特性にある。カントによれば、人間は人格として、普遍的な道徳法則を作りだす（立法）と同時に、それに互いにしたがうという、理性的（叡知的）存在者の特性をもつ（カント 二〇〇〇：七八以下）。カントがここでいう尊敬は、この叡知性という特性を正しく価値評価することであり、この特性に気づき、自他を目的として扱うことを意味しているのである。

このようにカントの尊敬をとらえることで、ホネットは分化した承認の三つの形式との繋がりをつける。理性的存在者である人格の叡知性への価値評価がカントによれば尊敬にほかならず、その自発的に起きた反応をきっかけとしてこそ、承認は三つのアスペクトに分化して、主題的に現れ出るのである（ホネット 二〇一五：一二五）。つまり、このカントのいう尊敬の念がまず先行して生じて、愛情や友情、法的尊重、連帯のかたちを取る承認の形式があらわれてくる。それゆえに、この尊敬のあり方を承認という態度と行いよりも優位にある、根源的な承認と定義することができるのである。

## 第五節　承認から社会的な関わりへ

ある人物が「見えなく」なることの社会的な理由は、すでに論じてきたように、根源的な承認が遮断されてしまうことに原因がある。他の人物を前にした最初の段階での否定が「きちんと見る」ことへの動機づけを奪い、相手の人物の様々なアスペクトを、それらにおうじた承認の規範にしたがって評価することを妨げてしまうのである。ある人物への根源的な承認の不在は、その人物にまなざしを向けることを第一に否定する。このことは、「見える／見えない」という、私たちが「中立性」や「客観性」を重視することを促される認識の問題が、そもそも根源的な承認に左右されていることをも指し示す。それは他者理解についても、一種の遮断を引き起こすだろう。二〇世紀の哲学における中立的認識、客観的理解への批判において重要な役割を担ってきた「気がかり」「関与」「関わり」もまた、元来、相手を理性的存在者として承認することから自発的に生じる態度である（ホネット 二〇一一）。承認的態度があってこそ、私たちは他の人物へと関わりをもつように動機づけられ、共通の事態に関心をもち、公共の領域に姿をあらわすのである。この私たちの公共なるものへの関心と参加という点については、インターパーソナルな関係性を越えて、さらなる問題圏へと踏み込む必要がある。そのために稿を改めて論じることにしたい。

## 第六節　結びにかえて

本章において「見える／見えない」ことの重要なポイントとして指摘できることは、「まなざしを向けること」や「注意を払うこと」が、そもそも相手への承認を含んだ、関与する態度の表現として行われるということである。そうした態度の拒否、「見ること」の否定として、社会関係に現れてくる、さらに深層にある理由を、ホネットはアドルノにならって「承認の忘却」と呼んだ。「見ること」に対する承認の優位が損なわれ、承認の忘却が起きることが、いかに深刻な現象の原因となるかについては、ここでは具体的に示すことはしない。しかし、排除や差別の意図をはらんで人物が「見えない」状態になったり、それらの人びとの苦境が社会的に「見えず」に問題として共有されなかったり、特定の人物や集団が「きちんと見られず」、あるいは「見る側」の利害関心の優位のもとで人物の身体や能力が道具化される、そうした背後にこの承認の忘却が潜んでいることは想像に難くないだろう。社会的世界において「見えない」ことには、認識という作用に還元できない理由がある。そして、「見えない」ということをめぐる社会的な病理を可視化し、より高い解像度を得るためには、承認という基底にまで立ち戻らなければならないのである。

## ◉引用・参考文献


エリスン、R／松本 昇［訳］（二〇〇四）『見えない人間（Ⅰ）（Ⅱ）』南雲堂フェニックス（Ellison, R.（［1952］2014）. *Invisible man.* London: Penguin.）

カント、I／坂部 恵・平田利博・伊古田理［訳］（二〇〇〇）『カント全集〈7〉実践理性批判・人倫の形而上学の基礎づけ』岩波書店、一－一一六頁（Kant, I.（［1785］2010）. *Kritik der praktischen Vernunft/Grundlegung zur Metaphysik der Sitten.* Frankfurt am Main: Suhrkamp.）

ゴフマン、E／丸木恵祐・本名信行［訳］（一九八〇）『集まりの構造――新しい日常行動論を求めて（ゴッフマンの社会学 4）』誠信書房（Goffman, E.（［1963］1966）. *Behavior in public places: Notes on the social organization of gatherings.* New York: The Free Press.）

藤野 寛（二〇一六）『「承認」の哲学――他者に認められるとはどういうことか』青土社

細見和之（二〇一四）『フランクフルト学派――ホルクハイマー、アドルノから二一世紀の「批判理論」へ』中央公論新社

ホネット、A／辰巳伸知・宮本真也［訳］（二〇一一）『物象化――承認論からのアプローチ』法政大学出版局（Honneth, A.（［2005］2015）. *Verdinglichung: Eine anerkennungstheoretische Studie.* Berlin: Suhrkamp.）

ホネット、A／山本 啓・直江清隆［訳］（二〇一四）『承認をめぐる闘争――社会的コンフリクトの道徳的文法』法政大学出版局（Honneth, A.（［1992］2003）. *Kampf um Anerkennung: Zur moralischer Grammatik sozialen Konflikte.* Frankfurt am Main: Suhrkamp.）

ホネット、A／宮本真也・日暮雅夫・水上英徳［訳］（二〇一五）『見えないこと――相互主体性理論の諸段階について』法政大学出版局（Honneth, A.（2003）. Unsichtbarkeit. Über die moralische Epistemologie von »Anerkennung«. *Unsichtbarkeit: Stationen einer Theorie der Intersubjektivität.* Frankfurt am Main: Suhrkamp. pp.10–27.）

宮本真也（二〇一六）「フランクフルト社会研究所の現在――制度としての「批判理論」の断絶と継承」『情報コミュニケーション学研究』一六、一七－三〇

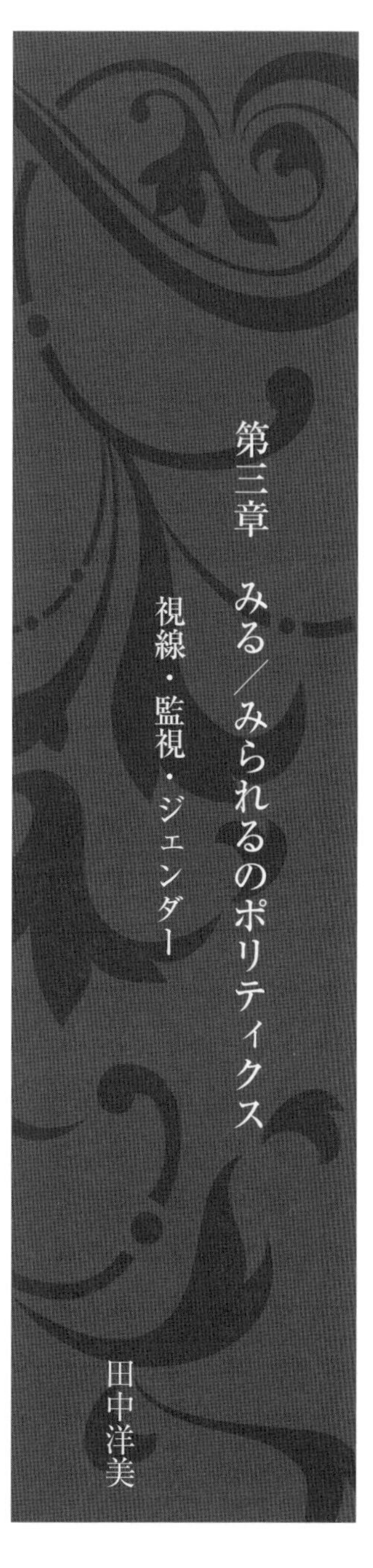

# 第三章　みる／みられるのポリティクス

## 視線・監視・ジェンダー

田中洋美

## 第一節　はじめに

「視線」（gaze）とは、「みる／みられる」という視覚的な社会関係を学術的に論じる際に不可欠な概念だといえる。「まなざし」とも訳されるこの語は二〇世紀後半以降、人文社会科学の諸分野で使われるようになった。とくに視線というものが不均衡な社会関係を帯びていることへの気づきとその批判的検討は、権力論としての視線論の展開をも促してきた。

本章ではそのような視線をめぐる議論についてジェンダーの視点[1]から論じる。なぜなら視線とは、不均衡なジェンダーの社会関係を多分に含んでいるからであり、それゆえにジェンダーの研究者は視線、とりわけそれがはらむ権力の問題について批判的に論じてきたからである。

以下、まずジェンダー研究に影響を与えた主要な視線論を概観する。[2]そのうえで、ジェンダーに関するメディア研究や文化研究を中心にそれらの議論の受容を整理し、いかなる視覚のジェンダー問題がどのように論じられてきたのかを検討する。作業をつうじて、近代・後期近代を特徴づける視線とジェンダーの問題とその考察が現代社会の理解に重要であることが明らかとなるだろう。

## 第二節　視線論：二つの系譜

二〇世紀以降、哲学（サルトル）や精神分析（フロイト、ラカン）、社会学（ゴフマン）、人文学（バージャー、サイード）など、様々な立場による視線論があったが、社会学や文化研究において重要な役割を担ってきたものにフーコーとマルヴィの論考がある。どちらもそれを抜きにして語れないほどジェンダー研究に大きな影響を与えてきた。

### 一　視線と監視：フーコーの視線論

フランスの哲学者ミシェル・フーコー（一九二六–一九八四）は、視線が社会的に構造化されており、その構造化が権力の問題をともなっていることを示した。

フーコーは『臨床医学の誕生』（フーコー 二〇一一）において、近代における臨床医学の誕生が新たな「医学的まなざし」（regard medical）をもたらしたと述べている。近代以前、病というものは人間身体の外にあるものとして認識されていた。だが、人間身体の解剖学的な見取り図が作られると、医者は患者の身体をその見取り図に照らし合わせ、かつ病を身体内部の器官の不具合として捉えるようになる。身体の内部をじっくりと見ることが重要になると同時に、そのまなざしとそれによる観察をつうじて、病や患者の身体は以前とは異なるかたちで語られるようになったという。こうした相互作用において医療言説が形成され、その過程において医者のまなざしが重要な役割を担うようになったわけであるが、そこには診察する側の医者と診察の対象となる患者の間の不均衡な関係が生じることとなった。

このような視線論は、フーコーによる後の研究においてさらなる展開を見せる。彼は『監獄の誕生――監視と処罰』（フーコー 一九七七）において「監視」の概念を導入し、近代において処罰の形態が変化したこと（身体的苦痛から精神的統制へ）、また、新たな形態における監視とそれをつうじた身体統制のあり方を論じたのである。フーコーがここで、ジェレミー・ベンサムの設計によるパノプティコンを題材に説明を展開したことはよく知られている。この全方位的監視装置においては看守のいる建物が中央にあり、その周りに囚人のいる建物が配置される。中央からは全てが見渡せるが、囚人のいる場所からは中央にいる看守の姿は見えない。そのため看守がいようがいまいが、囚人は常に「見られている」という感覚を植えつけられることとなる。他ならぬ囚人自身の意識と実践をつうじて、その身体は常に監視下にあるものとして飼いならされていくことになる。

これは先に述べた医学的まなざしよりも、さらに広い空間で作用する視線と権力の問題が存在することを示す。また、このような自己規律をともなった身体統制や従順な身体（docile body）の形成が近代社会の新たな局面として立ち現れ、刑務所のみならず工場や学校、兵舎、病院といった他の社会制度にまでひろがっており、広く社会において視線・監視をつうじた権力作用の実践・過程がみられるというのである。そして人間は自己規律的理性をつうじた自己放棄というかたちで従属化・主体化されるという主張は、ジェンダー化された社会の抑圧構造における女性の従属

［1］ジェンダーは、性別――すなわち（異性愛・シスジェンダーの）「男」や「女」あるいはそれ以外であること――に関する差異ないしそれに関する認識を指し示す語として使われている。社会学的にはそのような差異や認識を生み出し、再生産・維持するメカニズムにまで言及する。フェミニズムのなかから生まれ、性に関する支配・抑圧、権力の問題を重視する女性学・ジェンダー研究の中心的な概念の一つとなった。ジェンダー概念の導入により、一九七〇年代以降、生物学的生物（セックス）と社会的性別（ジェンダー）を区別する考えが広がったが、一九九〇年代以降は、ポスト構造主義的な議論によりジェンダーだけでなくセックスの社会構築性も指摘されてきた。

［2］本章では、おもに英語による主要な議論を参照している。当然のことながら筆者の関心や専門分野において重要な議論に焦点を当てざるをえない。

とそこからの解放に関心を寄せるフェミニストらをおおいに刺激したのであった。

## 二　男の視線：マルヴィの視線論

フーコー以外にも視線と権力の関係を論じ、ジェンダー研究に大きな影響を与えた研究者がいる。イギリスのフェミニストの映画批評家・理論家ローラ・マルヴィ（一九四一-）である。彼女は一九七五年に発表された論文「視覚的快楽と物語映画（Visual pleasure and narrative cinema）」（マルヴィ 一九九八）によって、一躍知られるところとなった。マルヴィはこの論文で、「みる」という行為を性的欲望と結びつけるフロイトやラカンの精神分析の枠組みを援用し、それが能動的・男性的であり、他方「みられる」ことは受動的・女性的であるとし、こうした不均衡なジェンダー関係を映画における女性の性的モノ化やジェンダーステレオタイプの生成と結びつけて論じた。

マルヴィは映画が「男の視線（male gaze）」をつうじて構造化されており、その構造化には三つの局面があると主張した。第一にカメラワークである。映画の作り手の大半が男性であることに触れ、カメラは男性と女性を異なる方法で捉え、女性を（性的に）対象化する。つまりカメラには窃視的役割があるとした。第二に作中でのジェンダー関係において生じる男の視線である。映画のなかで女性（ないしその身体）はスペクタクルとして構成されるが、それはしばしば男性登場人物の視線の対象となる。そして、男性の鑑賞者は男性登場人物に同一化し、画面上の女性を対象として視て、欲望するよう促される。これが第三の局面であり、鑑賞者における男性の視線である。

この論文が発表された一九七〇年代は、第二波フェミニズムが盛りあがり、フェミニズムが学術分野においても急速にひろがった時期である。そのなかでマルヴィによる分析は、西洋社会の父権制の問題をおおいに示唆するものであった。また上述のようにジェンダー化された映画の変革と、そのためのオルタナティヴな映画製作を唱え、自らも映像作品を製作するなど実践的な試みも行なった。

マルヴィの論考は次の点において画期的であった。すなわち精神分析の理論を映画研究に応用し、かつジェンダーの権力関係を論じたことである。精神分析は性差を前提とする意味秩序の世界を論じており、男性優位の社会を考えるきっかけを与えるものではあったが、そこにある権力の問題は論じてこなかった。くわえて、その秩序を極めて静的なものと捉え、変化の可能性を想定してはいなかった。マルヴィはそのような精神分析を性別に関わる権力関係の問題とその変化を求めるフェミニズムと結びつけたのである。映画というものに不均衡なジェンダー関係が構造的に埋め込まれていることを指摘し、かつ、それを変えるための視座を提供しようとした点は極めて斬新であった。また男の視線という概念をもちいて映画鑑賞の体験における観客の同一化の過程について検討したことも、当時の映画研究としては新しいことであった[3]。

## 第三節　視線論の批判的受容

このような視線の権力論に対して、性別やセクシュアリティに関わる権力関係を問題とするフェミニストの研究者たちが関心を持ったのは当然であったといえよう。だが、それは決して無批判な受容ではなく、むしろ批判的受容と呼べるものであった。

### 一　フーコーの視線論に対する批判：ジェンダー・アプローチによる増補

フーコーに対する最大の批判は、ジェンダーに関する「沈黙」であった。フーコーは同性愛などセクシュアリティについては論じたものの、性別についてはほとんど語らぬままであった。性別に関係なく人間身体に作用する視線・

[3] マルヴィによる映画への精神分析の応用についてはラカン派フェミニストによる批判（例えばCopjec 1994）があり、またその批判の論拠についての批判もある（Krips 2010）。

監視・規律もあろうが、社会がジェンダー化されており、そこに権力関係が存在するならば、それを無視することはできないはずである。「沈黙」は「隠蔽」であり、既存の権力構造の持続への加担であると批判された所以である（Bartzky 1988: 64; Diamond & Quinby 1988: xiv; McNay 1992: 11）。

だが、彼の論考は放棄するには惜しいものであった。身体をジェンダーやセクシュアリティをめぐる闘争ないしそれが展開される場として捉える視座は、女性の身体には男性の身体とは異なる様相がみられることを改めて確認することを可能とした。ジェンダー分析の新たな切り口をもたらしたわけであるが、これが現在にまでつづく視線や監視に関するジェンダー分析ないしジェンダーの権力論につながっていった。とくに外見、美しさに関するジェンダー規範やそれに関連する身体実践が批判的考察の対象とされた。たとえば、女性たちによる男性の視線の内面化や、それを通じた自らの身体の自己監視、痩身のための体重管理（Bordo 1988, 2003［1993］）、特定の身体的特徴を獲得するための美容実践（King 2004）などである。心理学を中心に、摂食障害や自己身体への否定的な評価といったメンタルヘルスの問題を指摘する研究も数多く存在している。これらの研究の背景に、フェミニストによるフーコー受容があったことは間違いないだろう（とくに Bordo 1988, 2003［1993］参照）[4]。

## 二　マルヴィの視線論に対する批判：視線と同一性の多様性

他方でマルヴィは、フーコーとは異なり、真っ向からジェンダーの問題を取りあげた。だが、その強固な性別二元論にもとづく分析枠組みの偏狭性は、厳しい批判に晒されることとなった。とくに「男の視線」という概念は、男性の優位性を説明するうえで一定の有効性を持ちつつも、その他の形態の視線の存在可能性や、男性身体もが客体化される可能性を想定していなかったこと、さらには議論の根底にある白人・異性愛中心主義の問題が指摘された。

女の視線についてマルヴィはこう述べている。女性の観客は、異性愛的な男性の視線によって、性的にモノ化される女性登場人物にのみ同一化すると。だが、視覚的欲望を抱くのは男性だけではない。「女の視線（female gaze）」

（女性の観客が女性登場人物に対して抱く異性愛的・同性愛的な視線）や「フェミニズム的快楽（feminist pleasure）」（女性が異性愛的な男性の視線の対象となりつつも、それに抗するような女性の登場人物の描写を楽しむこと）の存在が指摘され、それらが可能にする新たな視聴体験が論じられた（van Zoonen 1994）。

また、様々な映画作品の分析により、異なる同一化の様相も析出された。たとえば二人の女性主人公が登場する作品を例に考えてみた場合、一人の女性がもう一人の女性に対して抱く憧れや同一性がある。このような同性間の差異の理解に対して、マルヴィによる精神分析学的枠組みは役に立たなかった（van Zoonen 1994）。

くわえて性的指向や人種・民族といった、性別以外の差異が鑑賞・視聴体験に与える影響も指摘された。もっぱら白人女性を対象化する男の視線に対する黒人女性の「抵抗的視線（oppositional gaze）」（hooks 1992）やゲイ、レズビアンの視聴者がもちうる同性愛的な視線や同一化が分析されるようになったのである（たとえば Burston & Richardson 1995）。

こうした視線の多様性（varieties of gaze）は、視線の対象の再検討を迫った。女性身体だけでなく男性身体もが視覚的欲望の対象となることが指摘されたのである。背景には一九八〇年代以降の欧米のポピュラーカルチャーにおける男性身体の性化がある（Nixon 2013; Drukman 1995）。これは必ずしも男性と女性の視線の対称性や、男性身体表象と女性身体表象の対称性を意味するものではないが（Ang 1983, 堀 二〇〇九）、男性身体が異性愛的な女の視線や同性愛的な男の視線の対象となりうるとの指摘は、男性身体表象をめぐる変化からすればもっともであった。[5]

こうした議論は、一九八〇年代以降にテレビや広告といった映画以外のメディアの研究でも活発になった。こうした研究についてはメディアの種類による違いを指摘する研究もあったが（van Zoonen 1994）、さらに重要な論点が呈

［4］このような身体統制やメンタルヘルスの問題は特に異性愛女性と同性愛男性に顕著であるが（Wood 2004）、二〇世紀の終わりから現在にかけて異性愛男性の間にもひろがっている（Bordo 1999）。

示された。すなわち「男の視線」に対して、男性以外の属性をもつ人びとの視線を加えるだけでは不十分であるとの批判である。

たとえばキャロライン・エヴァンスとロレイン・ガンマンは、ジュディス・バトラー（バトラー 一九九九）以降の本質主義批判を踏まえ、「男」「女」「ゲイ」「レズビアン」といったカテゴリーごとに視線を論じることに対して注意を喚起している（Evans & Gamman 1995）。そして描かれる人物像には、女性的とみなされる要素と男性的とみなされる要素の両方があり、その人物のジェンダーやセクシュアリティが曖昧に見える画像を例として、視覚イメージには様々な視覚経験を促す可能性があることを指摘している。また、そのような曖昧さをともなった視覚イメージには、みる側の性別や性的指向に関係なく「誰もがクィアな瞬間を持ちうる」（Burston & Richardson 1995: 6）のであり、そこにジェンダーやセクシュアリティに関する確固としたアイデンティティ・カテゴリーを脱構築するための戦略があると主張している（Evans & Gamman 1995: 39）。

以上のような議論を経由するならば、もはやマルヴィのアプローチをそのまま取り入れた研究はほとんどない。とはいえ女性の性的モノ化がつづくなか、「男の視線」という用語はメディアとジェンダーの研究において定着している。また近年では、デジタル技術の導入により新たな問題が生じるなかで、マルヴィとフーコーの視線論は一部合流し、新たな視線と権力の研究へと引き継がれている。

## 第四節　視線とジェンダーの現在：フェミニスト監視研究の登場

二〇世紀の終わりから現在にかけて、監視に関する議論があらためて活発になっている。その背景には、新たなデジタル技術のひろがりと個人データの収集・保存・処理・流通にもとづく新たな監視社会の到来がある（ライアン 二〇〇二）。犯罪・テロリズム防止のためのセキュリティカメラの設置、空港や国境での生体情報を使った全身検査の実施、GAFA[6]の台頭や国家や企業によるインターネットやソーシャルメディアを使った個人情報収集などの現象。さらにはセレブリティのみならず一般人を含めて、日常生活／私生活を見せるリアリティ番組やＳＮＳの人気といった現象をめぐっては、監視の日常化、個人情報保護やプライバシーの問題などが指摘されている。

新たな監視現象には、ネットポルノやサイバーストーキングなどを含め、ジェンダーやセクシュアリティに関するものが見受けられるが、ジェンダーの視点による分析は当初ほとんど存在しなかった。だが、二〇〇〇年頃から少しずつ増え[7]、二〇一〇年代に入ると「フェミニスト監視研究」(Dubrofsky & Magnet 2015a, van der Meulen & Heynen 2016)を名乗る動きも出現している。

この新たなジェンダー研究において、三つほど注目を集める領域がある(van der Meulen & Heynen 2016)。第一に、ＳＮＳなどのデジタルメディアをつうじた監視である。ユーザー参加型メディアでは、ユーザー間のデータ共有の過程で相互的な視線・監視が起きており、このことに気づいた研究者の間では、フーコーの視線・監視・主体化の議論を援用しながらユーザーの積極的な監視への参加における主体形成のあり方が検討されている。とくに注目されているのが、若い女性の間で高まる外見重視の傾向や、自己モノ化・自己性化といった新たな身体実践・身体表象である。もはや視覚データの共有や公開に際して、画像加工アプリの利用がデフォルトになっているが、これはメディア化された身体加工・身体統制と捉えることができる。今や、その実践やアイデンティティ形成、主体化の検討が求められ

［５］日本では女性のオーディエンスが男性同士の関係を楽しむＢＬや腐女子の同人誌がある。こうしたジャンルは、女性むけＡＶやレディースコミック同様、メディア消費における視覚的快楽が男性のものだけではないこと、また男性身体に向けられる女性の視線が異性同士の関係に限定されないことを示している。

［６］グーグル、アマゾン、フェイスブック、アップルの頭文字。いずれも米国を本拠に世界的に活動する主要ＩＴ企業である。

［７］監視研究に関する学術雑誌 *Surveillance & Society* は、二〇〇九年にジェンダー、セクシュアリティ特集を組んだ(第六巻・第四号)。

るのだ（田中 二〇一八）。

第二に、最新技術をつうじた身体化（embodiment）と監視である。二〇世紀末から現在にかけて、遺伝子工学や生体認証の利用がすすんだが、これらの新しい技術は従来にはなかったかたちで人間身体のあり方に介入している。病院や治安機関、空港など様々な場で、人間身体は選別・検査の対象となり、しばしば好ましい身体と不都合な身体とに振り分けられる。たとえば、女性身体に関わる事例に出生前診断がある。これは早い段階で胎児の状態が調べられ、「異常」の早期発見を可能にしているが、胎児の産み分けにつながるとの批判がある。また競技スポーツの世界においては新しい技術をもちいた人間身体の管理・統制が起きている。南アフリカ共和国出身の陸上選手キャスター・セメンヤ氏の性別をめぐる論争はよく知られているが[8]、セメンヤ選手の身体に起きた出来事には新たな技術をつうじた、「真」の女性身体の再定義を見出すことができる。それは身体の新たな分類・評価・ランクづけの生成であり、「標準」ないし「通常」ではない特徴をもった身体のスティグマ化に他ならないのであり、新たな技術の介入によりしばしば「科学的妥当性」が付与されていることも看過できない。

第三に、都市・国家空間における治安維持や国境管理のための監視である。監視する側はしばしば男性であり、伝統的なジェンダー観が監視者の判断や行為に与える影響といった問題もあるが、より複雑な問題も生じている。まず疑わしい人物の特定、守るべき存在の認識、視覚的注意が払われる時間と場所のいずれもがジェンダー化されている。たとえば無難な格好をした高齢の白人女性は、黒人男性や異性装者と比べると、疑義がかけられることは滅多にない（Koskela 2012）。また監視カメラはセキュリティ向上に資するという意味では、社会空間において安心感を抱きにくい女性の生活の質を高めるが、監視カメラを扱うスタッフ（多くの場合、男性である）は、女性が危険や恐れを感じる状況を必ずしも認識していないことがわかっている（Norris & Armstrong 1999）。くわえて、監視は性的ハラスメントを減少させるだけでなく生み出してもいる。監視カメラの悪用例のほとんどが、女性の着替えの撮影など、ジェンダーやセクシュアリティ絡みのものとなっているのだ（Koskela 2012）。

最近では、一般の人びとの間でも監視カメラの使用がひろがっており、性行為など極めて私的な場面の撮影、個人パーティでのその鑑賞やネット上での公開といった新たな人権・プライバシー侵害が起きている。こうした現象も含め、「監視」をめぐる状況が拡散することで、今後も男性中心のままなのか、それとも長らく見られる側に位置づけられてきた女性もが監視する側に回るのか（Koskela 2012）など、「みる／みられる」をめぐるジェンダー関係の行方が気になるところである。

## 第五節　結びにかえて

本章では視線をめぐる不均衡な社会関係のうち、ジェンダーに関するものに焦点を当てた。ソーシャルメディアであれ、監視であれ、新しい技術のひろがりは視覚イメージの重要性をますます高めており、その社会形成において旧来の、また新たなジェンダーやセクシュアリティに関する問題が生産・再生産されている。人間社会のあり方を理解し、批判的に検討し、今後の社会を構想するにあたり、しばらくは視線とそのジェンダー化の分析が求められよう。

［8］二〇一五年、国際陸上連盟はセメンヤ選手に対し、性別検査を実施した。その結果、テストステロン値が女性の平均的な範囲を大きく超えていることが判明した。二〇一九年五月現在、セメンヤ選手はテストステロン値を抑えなければ今後の競技に参加できない状況となり、その是非をめぐって争っている。

### ◉謝　辞

本研究はＪＳＰＳ科研費JP19K12616の助成を受けたものです。

### ◉引用・参考文献

田中洋美（二〇一八）「ジェンダーとメディア研究の再構築に向けて」『国際ジェンダー学会誌』一六、三四-四六

バトラー、Ｊ／竹村和子［訳］（一九九九）『ジェンダー・トラブル――フェミニズムとアイデンティティの攪乱』青土社（Butler, J. P. (1990). *Gender trouble: Feminism and the subversion of identity*. New York: Routledge.）

フーコー、Ｍ／田村　俶［訳］（一九七七）『監獄の誕生――監視と処罰』新潮社（Foucault, M. (1975). *Surveiller et punir: Naissance de la prison*. Paris: Éditions Gallimard.）

フーコー、Ｍ／神谷美恵子［訳］（二〇一一）『臨床医学の誕生』みすず書房（Foucault, M. (1963). *Naissance de la clinique: Une archéologie du regard médical*. Paris: Presses Universitaires de France.）

堀あきこ（二〇〇九）『欲望のコード――マンガにみるセクシュアリティの男女差』臨川書店

マルヴィ、Ｌ／斉藤綾子［訳］（一九九八）「視覚的快楽と物語映画」岩本憲児・斉藤綾子・武田　潔［編］『「新」映画理論集成１　歴史／人種／ジェンダー』フィルムアート社、一二六-一三九頁（Mulvey, L. (1975). Visual pleasure and narrative cinema. *Screen, 16*(3): 6-18.）

ライアン、Ｄ／河村一郎［訳］（二〇〇二）『監視社会』青土社（Lyon, D. (2001). *Surveillance society: Monitoring everyday life*. Buckingham, UK: Open University Press.）

Ang, I. (1983). Mannen op zicht: vrouwelijk voyeurism. *Tijdschrift voor Vrouwenstudies, 4*(3): 418-435.

Bartzky, S. (1988). Foucault, femininity, and the modernization of patriarchal power. In I. Diamond, & L. Quinby (eds.), *Feminism & Foucault: Reflections on resistance*. Boston: Northeastern University Press, pp.61-86.

Bordo, S. (1988). Anorexia nervosa: Psychopathology as the crystallization of culture. In I. Diamond, & L. Quinby (eds.), *Feminism & Foucault: Reflections on resistance*. Boston: Northeastern University Press, pp.87-118.

Bordo, S. (1999). *The male body: A new look at men in public and in private*. New York: Farrar, Straus and Giroux.

Bordo, S. (2003[1993]). *Unbearable weight: Feminism, Western culture and the body.* Berkeley: University of California Press.

Burston, P., & Richardson, C. (1995). Introduction. In P. Burston, & C. Richardson (eds.), *A queer romance: Lesbians, gay men and popular culture.* New York: Routledge, pp.1–9.

Copjec, J. (1994). *Read my desire: Lacan against the historicists.* Harvard: MIT Press.

Diamond, I., & Quinby, L. (eds.) (1988). *Feminism & Foucault: Reflections on reistance.* Boston: Northeastern University Press.

Drukman, S. (1995). The gay gaze, or why I want my MTV. In P. Burston, & C. Richardson (eds.), *A queer romance: Lesbians, gay men and popular culture.* New York: Routledge, pp.81–95.

Dubrofsky, R. E., & Magnet, S. A. (eds.) (2015a). *Feminist surveillance studies.* Durham: Duke University Press.

Dubrofsky, R. E., & Magnet, S. A. (2015b). Feminist surveillance studies: Critical interventions. In R. E. Dubrofsky, & S. A. Magnet (eds.), *Feminist surveillance studies.* Durham: Duke University Press.

Evans, C., & Gamman, L. (1995). The gaze revisited, or reviewing queer viewing. In P. Burston & C. Richardson (eds.), *A queer romance: Lesbians, gay men and popular culture.* London: Routledge, pp.13–56.

Heynen, R., & van der Meulen, E. (2016). Gendered visions: Reimagining surveillance studies. In E. van der Meulen, & R. Heynen (eds.), *Expanding the gaze: Gender and the polotics of surveillance.* Toronto: University of Toronto Press.

hooks, b. (1992). *Black looks: Race and representation.* Boston: South End Press.

King, A. (2004). The prisoner of gender: Foucault and the disciplining of the female body. *Journal of International Women's Studies, 5*(2): 29–39.

Koskela, H. (2012). "You shouldn't wear that body": The problematic of surveillance and gender. In K. Ball, K. D. Haggerty, & D. Lyon (eds.), *Routledge handbook of surveillance studies.* New York: Routledge, pp.49–56.

Krips, H. (2010). The politics of the gaze: Foucault, Lacan and Žižek. *Culture Unbound, 2:* 91–102. 〈http://www.cultureunbound.ep.liu.se/article/view/1917（最終確認日：二〇二二年三月二五日）〉

McNay, L. (1992). *Foucault and Feminism: Power, gender, and the self.* Cambridge, UK: Polity.

Nixon, S. (2013). Exhibiting masculinity. In S. Hall, J. Evans, & S. Nixon (eds.), *Representation* (Second Edition). London: Sage, pp.288–325.

Norris, C., & Armstrong, G. (1999). *The maximum surveillance society.* Oxford: Berg.

van der Meulen, E., & Heynen, R. (eds.) (2016). *Expanding the gaze*. Toronto: University of Toronto Press.

van Zoonen, L. (1994). *Feminist media studies*. London: Sage.

Wood, M. J. (2004). The gay male gaze: Body image disturbance and gender oppression among gay men. *Journal of Gay & Lesbian Social Services*, *17*(2): 43–62.

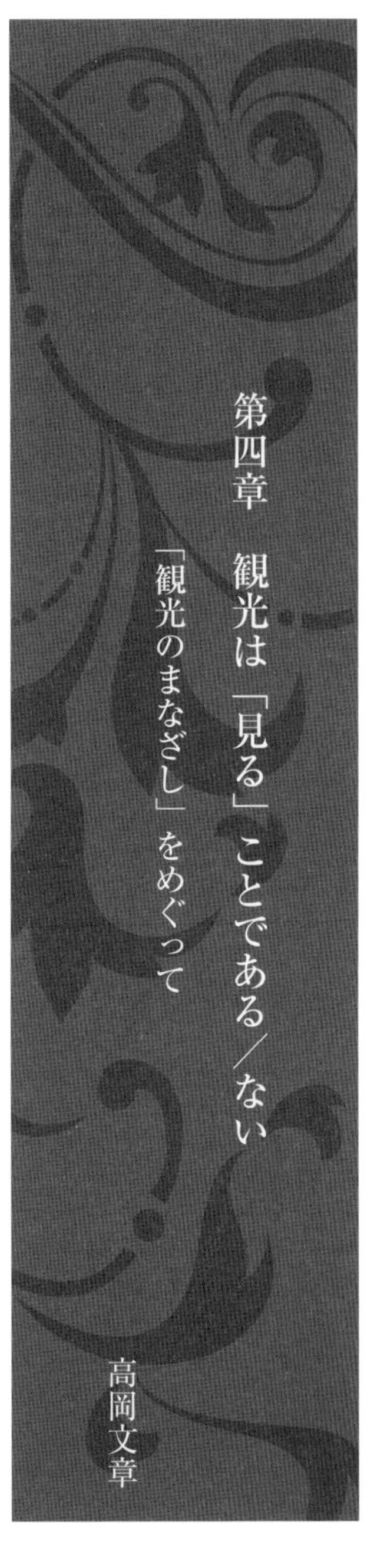

# 第四章　観光は「見る」ことである／ない
## 「観光のまなざし」をめぐって

高岡文章

## 第一節　はじめに

京都祇園の花見小路通は、現代観光のフロンティアである。重要伝統的建造物群保存地区に指定され美しく修景された歴史的町並みを、レンタル着物に着替えた若者たちが闊歩し、その多くは中国を中心とする海外からの観光客だ。着物はユニフォーム、町並みは舞台、そして観光客はさながらパフォーマーである。彼らは京都の景観をまなざすだけでなく、自身が地元住民や他の観光客からのまなざしの対象でもある。ここではゲスト（観光者）とホスト（地元住民）、ウチとソト、見る主体と見られる客体といったこれまでの区分が大きくねじれ、反転している。

本章では「観光」をとりあげよう。これまでの定説にしたがえば、観光は「見ること」である。しかし、それはほんとうだろうか。こんにちでも観光は見ることだとすると、それはいかなる意味においてそうなのだろう。観光とまなざしについて、社会学的に考察してみよう。

## 第二節　「見ること」と「わかること」

### 一　観光の語源

観光という日本語は、中国の古典『易経』の一節「観国之光、利用賓于王」に由来し、明治以降に現在の意味で使われるようになった（田渕 一九九七：二）。観光学を専攻している大学生でも、たまに間違って「観行」と表記することがあり、教える立場としては微笑ましくもあり悩ましくもある。かつてテレビ番組で、高名な芸人が観光は「行く」のだから「観行」のほうがむしろ正しいのだと力説していて、それはそれで一理あると思えないでもない。いずれにしてもここで確認しておきたいのは、「観光」であろうと「観行」であろうと、それは「観（み）」に行く行為であるという点だ。

英語でも（行為としての）観光は sightseeing であり、景色（sight）を「見る（see）」ことこそが観光なのだ。ちなみに、歴史家で観光研究の泰斗でもあるダニエル・ブーアスティンによれば、英語圏において sightseeing の語がもちいられたのは、こんにち確認できる限りでは一八四七年が最も古いのだという（ブーアスティン 一九六四：九七）。観光が見ることであるのは近代以降の話というわけだ。もっとも、ブーアスティンによれば（現象としての）観光すなわち tourism そのものがそもそも近代の産物なのだが。

ともあれ、観光は見ることである。こんにちでは当たり前とも思えるその事実をはじめて明確に指摘したのは、イギリスの社会学者ジョン・アーリであった。アーリの観光論に立ち入る前に、少し遠回りをしておこう。

### 二　近代社会と「見ること」

フランスの哲学者ミシェル・フーコーは、知・権力・主体などの概念によって近代社会の構造や問題性を鋭く分析し、後続の人文・社会科学に多大な影響を及ぼしてきた。フーコーは『臨床医学の誕生』において、一九世紀における近代医学の発展が診察（＝まなざし）によって支えられていたと主張した（フーコー 一九六九）。フーコーによれば医学は近代科学の基礎であり、近代以降の私たちの認識そのものが「見る」ことを中心として編成されている。「見る」ことは「知る」ことであり「わかる」ことである。そういえば「わかりましたよ」を英語ではこういうのだった。I see.

歴史学者ヴォルフガング・シヴェルブシュはその主著『鉄道旅行の歴史』のなかで、一九世紀最大の発明ともいうべき鉄道が人間の認識にもたらした大いなる変容について述べている（シヴェルブシュ 一九八二）。昔の旅人は通り過ぎていく風景と「関係を保っていた」のに対し、鉄道はその空間を一瞬のうちに駆け抜ける。かつての旅の体験や認識を形づくっていた奥行や前景は失われ、車窓からのめくるめく風景のみが圧倒的な密度で残される。これを彼は「パノラマ的知覚」と名づけた。シヴェルブシュは慧眼にも、このような知覚の変容がただ列車内でのみ起こったのではなく、すべての世界がパノラマ的知覚によってまなざされると指摘し、それを「世界のパノラマ化」（シヴェルブシュ 一九八二：七九）と呼んだ。

シヴェルブシュは鉄道決定論を注意深く避け、鉄道に先立つパノラマショーやジオラマの流行（それは鉄道の普及とともに下火になるのだが）、一九世紀パリの都市大改造、一八五二年に創業した世界初の百貨店ボン・マルシェなどをあげながら、知覚、消費、都市空間において「見る」ことが決定的に重要となった経緯を歴史的に明らかにした。彼によればパノラマ的知覚とは「対象をその刹那的性格のゆえに、逆に魅力あるものと見なす知覚」（シヴェルブシュ 一九八二：二三七）なのである。

## 第三節　観光と「見ること」

### 一　観光のまなざし

まなざしによって人は世界を対象化する、というフーコー的＝シヴェルブシュ的な着想を観光研究に導入したのがアーリである。フーコーの『臨床医学の誕生』からの引用ではじまる『観光のまなざし』は一九九〇年に出版され、こんにちでは彼の主著であり観光研究における最重要文献の一つと目されている（アーリ 一九九五）。そのタイトルとは裏腹に、実際には「まなざし」や「見る」ことへのこだわりは弱く、「観光」と「まなざし」の関係が明晰に論じられているとはいいがたい。アーリの主眼は「観光は見ることである」と主張するよりも、観光者のまなざしが（医学のまなざしがそうであるように）「社会的に構造化され組織化」（アーリ 一九九五：二）されていることを示す点にあったようにも思える。そのための補助線にすぎなかった「まなざし」が書名に掲げられていることもあってか、アーリの議論は強い影響力をもった。後続の研究者たちは肯定的であれ否定的であれ、まなざし概念を抜きにして観光を論じることはできなくなった。だから、ひとまずはこう述べておく必要がある。観光とは見ることである。それはさながら呪文のようでもある。

アーリの説を支持する事例を現代日本に見出すのは難しいことではない。東京都立川市にあるタチヒビーチは立川とタヒチをかけあわせて命名されたビーチだが、ここでは「見る」ことだけが観光を成り立たせている。駅から歩いてすぐにフェイクビーチが現れ、もちろんそこに海はない。トラックで運ばれてきた大量の白砂と、亜熱帯植物と、そして青い青い海と空を映した巨大な写真パネル。タヒチのビーチを訪れたかのように「見える」だけのレジャー施設。突飛とも錯乱ともいえるこの空間は、観光の本質、つまり「見る」ことが徹底的に重要であるという事実をわかりやすく伝えている。

## 二　まなざしという暴れ馬

アーリは「文化的なメガネ」（アーリ 一九九五：三）という卓抜な表現をもちいて、見ることの社会性を明るみにだしている。まなざしの枠組は規範や様式といった社会／文化的な制度によって規定されているのであって、決して個人が自由に個性的に対象をまなざしている訳ではない。鈴木涼太郎によれば、ベトナムを訪れる日本人が観光みやげとして好むのは「ベトナムの伝統文化」を表象する手作り雑貨であるのに対し、欧米からの観光客は「東洋文化」を表象する美術品としての大型の壺を求めるという（鈴木 二〇一一）。ここでは観光者が所属する社会によって、訪問地へのまなざしが異なっているのだ。

山口誠はグアムを訪れる日本人観光客の多くが楽園やリゾートといったグアム的記号にあふれたタモン湾から一歩も出ず、その周囲にひろがる多様な現実への想像力から目を背けていると指摘する（山口 二〇〇七）。人はフレームをとおしてものを見る。何かを「見る」ことは、他の何かを「見ない」ことでもある。まなざしには常に選別がともなっている。

まなざしの線引きをおこなっているのはゲストだけではない。橋本和也は観光者が期待する（押しつける）イメージに適合的な役割を観光地住民が再演することは、観光という荒波から自らの生活文化を守るためのホスト側の「戦略」でもあるという（橋本 一九九九）。

「刹那的」であると同時に（であるがゆえに）対象に魅力を感じるという観光のまなざしの暴力性はとどまるところがない。一九世紀から二〇世紀にかけて世界各地でおこなわれた万国博覧会では、植民地住民の「展示」がおこなわれた。悪名高い「人間動物園」である。見る主体（多くは西洋の男性）と見られる客体（多くは非西洋の女性）のあいだには乗り越えがたい線が引かれていて、まなざしは境界線の恣意性を見えづらくし、その権力性を再生産する役割を果たす。

近代以前の刑罰は多くの場合、見せしめのためにおこなわれ、それは格好の「見世物」であった。現代でもダークツーリズムと名を変えて、おぞましいものへの欲望が観光（の一部）を支えている。それゆえ観光地住民の「戦略」は常に綱渡りである。アメリカの社会学者ディーン・マキャーネルが『ザ・ツーリスト』で指摘したように、観光者は「演出」に飽き足らずその「舞台裏」を見たがるのだから（マキャーネル 二〇一二）。ありのままを見せる生活観光は、出口の見えない隘路でもあるだろう。そこでは観光のまなざしが全域化していく。

## 第四節　「見ること」と「すること」

### 一　見ることの（無）価値

観光において「見る」ことは問題含みであるだけでなく、とくに「する」こととの対比において、価値のないものとみなされてもきた。

見る主体と見られる客体という、乗り越えがたい（ようにみえた）関係性は、意外な形で反転する。観光者がまなざすのは、たいてい（自分以外の）人びとの生活実践やその痕跡である。偉大な芸術、壮大な遺跡、珍しい風習、初めて出会う食文化などなど。観光の場面において彼らは「見るだけ」のよそ者だ。ここでは見られる側、つまり生活「する」側が主役であり、それを「見る」側は観客にすぎない。文化人類学や地域社会学、環境社会学による地域研究／観光研究は、生活者の視点にウエイトを置く。その土地に暮らし働く人びとこそが当事者なのであり、彼らの生活や文化を覗くために訪れて、そそくさと立ち去っていく観光者たちは招かれざる客として位置づけられてきた。

観光のまなざしにおける消費主義や薄っぺらさを鋭く批判したのはブーアスティンだった（ブーアスティン一九六四）。一九世紀のなかばに旅行が変容したと彼は述べる。かつての旅人（トラベラー）が没落したかわりに観光客（ツーリスト）が台頭した。それは、旅行が「自分のからだを動かすスポーツから、見るスポーツへと変化した」ことを意味していた。「する」から「見る」への転換。旅は能動的で命がけの行為から、購入するだけのお気楽な商品へと、「無意味」で「空虚」なものへと成りさがったと彼は考えたのだった。

ブーアスティンの嘆きを時代錯誤と笑うことはたやすい。彼の観光論は、あたかも理想的で「ほんとうの」旅がどこかに存在するかのような幻想にさいなまれているというのが、後続の観光研究におけるお定まりの批判なのであるが、ことはそれほど単純でもない。

## 二　「見る」から「する」へ

表層的な観光のありかたへの飽き足らなさや批判は、現実に観光の形を大きく変えてきた。従来の大衆観光が観光地社会への無理解や無関心といった特徴を帯びていたのに対して、二〇〇〇年以降、新しい観光／オルタナティヴ・ツーリズムが提唱され実践されてきたのだ。キーワードは「体験」「交流」「学習」である。地元住民の案内によって現地を歩きながら「ほんもの」の歴史や文化を学んだり、農村や漁村の民家に宿泊して「その土地ならでは」の生活を体験したりするような、活動的なプログラムが提供されている。「見る」観光から「する」観光への転換は、個人旅行のみならず、こんにちでは修学旅行をはじめとする団体旅行においてすら主要なメニューとなりつつある。冒頭に述べた京都祇園の着物観光は、このような動向の延長線上においてこそ、よりよく理解することができるだろう。

近年、観光現象だけでなく観光研究の視座までもが更新を迫られるようになった。研究対象としての観光が「見る」から「する」へと変化しただけではない。そもそも観光は、はたしてほんとうに「見る」ことだったのかという根本的な問いが突きつけられている。たとえばアルン・サルダンハはアーリのまなざし論を批判して、「観光者は、泳がないのか、山へ登らないのか、散策しないのか、スキーをしないのか」（Saldanha 2002: 43）との疑問を呈した。

観光研究は、アーリのまなざし論を乗り越えるべく理論的な発展を試みてきた。観光における身体性やふるまいを重視する視点を「パフォーマンス的転回」と呼ぶ。視覚のみならず嗅覚や聴覚、触覚、味覚など多様な感覚との連関において観光をとらえたり、観光者の身体性やしぐさ、パフォーマンスに分析の力点を傾けたりするような研究が積み重ねられてきた。アーリ自身もヨーナス・ラースンの助力をえて改訂した『観光のまなざし』第三版にパフォーマンスをめぐる章を設け、観光（研究）におけるパフォーマンス概念の重要性に注意を促すにいたっている（アーリ＆ラースン 二〇一四）。

## 第五節　「見ること」と「見られること」

### 一　「見ること」と身体

観光はもはや「見る」ことだけで説明できるほど素朴な行為ではない。とはいえ、アーリとラースンは、視覚でどこまで説明できるかといえば「それには限界がある」（アーリ＆ラースン 二〇一四：二一二）と認めつつも、「視覚が観光体験の中心にある」（アーリ＆ラースン 二〇一四：二四〇）と食い下がる。彼らにしたがえば「見る」か「する」かの二者択一は不毛なのであって、まなざしとパフォーマンスは「ともに踊る」（アーリ＆ラースン 二〇一四：二九三）関係なのだ。観光のまなざし論はパフォーマンス的転回によって一掃されたのではなく、それを取り込みつつ生き長らえる。

かつて、人類学者たちは調査地に観光客が訪れることを毛嫌いしてきた。「文明に毒されていない」「未踏の」伝統文化こそを欲望するまなざしは、下世話な観光客たちを巧妙に排除してきたのだ。「観光者を見ない技術」は私たちにも心当たりがあるだろう。海外で出会う日本人観光客をあえて見ないふりをしたり、「誰もない風景」をカメラにおさめるために観光客が通り過ぎるのを待ち続けたりといった経験をしたことはないだろうか。ここでは、アーヴィング・ゴフマンのいう「儀礼的無関心」が駆使されていて、互いが互いの観光を邪魔しないよう高度なコミュニケーションが交わされている。

他方、「観光者を見る技術」も巧みにもちいられている。アーリは、山の頂上や森の奥など、他の観光者がいないことがその場所の観光的価値を高めるような状況を「ロマン主義的まなざし」と呼び、それに対して、他の観光者も同じ場所に来ているという事実がその場所の観光的価値を高める状況を「集合的まなざし」と呼んだ（アーリ　一九九五）。後者においては、他者の存在が愉快さ、祝祭的気分、活況を与える。

他者を排除するまなざしにしても、それを取り込むまなざしにしても、ここでは他者の身体性が問題となっている。吉見俊哉は『都市のドラマトゥルギー』のなかで、都市を歩く人の身体性にいち早く言及していた（吉見　一九八七）。一九七三年にパルコが渋谷・公園通りに開店した際のキャッチコピーは「すれ違う人が美しい」であった。パルコは渋谷という都市を舞台、そこを歩く人びとを主役と見立てて都市空間を演出した。渋谷を訪れる若者たちがまなざしたのは、資本が演出する記号のみならず、それらと「ともに踊る」身体なのであった。吉見によれば、都市は「見ること」と「見られること」を媒介する役割」（吉見　一九八七：二九九）を果たしていた。

ゲストは他のゲストからだけでなくホストからも「見られ」ている。ダリヤ・マオズは観光者が地元住民をまなざすとともに地元住民も観光者をまなざすのだと述べて、それを「相互のまなざし」と名づけた（Maoz 2006）。こんにち、京都でバルセロナでヴェネツィアで、オーバーツーリズムの張本人として観光者は冷たい視線を浴びせられている。新型コロナウイルス感染症の流行は、観光者をこの世界で最も忌まわしい存在とみなした。

観光における「見る／見られる」を考えるうえで、サファリパークは示唆的である。動物のリアルな生態に肉迫するべく、人びとは車に乗り込んで特等席を確保する。動物たちは車に群がり、物欲しげに人間をまなざす。人間はふたたび動物園の檻に閉じ込められて、まなざしの対象となる。かつての万国博覧会とは違って、彼らを見ているのはもはや人間ではない。

## 二　「見ること」の変奏

こんにち、「観光は見ることである」という言明は私たちの実感からますます遠いものになっている。なぜなら多くの場合、私たちは観光地において「見る」ことよりもはるかに「撮る」ことに傾注しているのだから。デジタルカメラやスマートフォンで撮影した旅先の写真や動画を見返してはじめて、その地で見たことや経験したことの感慨を再認識するという経験を誰もがもっているだろう。

アーリとラースンは、写真を撮ることがいかにして観光における中心的な欲望となったのかを明らかにしている（アーリ＆ラースン二〇一四）。写真は永続的、劇場的であり、鮮明なため、「人間の視覚よりも勝って見える」（アーリ＆ラースン二〇一四：二七〇）。アメリカのフィルムメーカーであるコダックが人びとにものの見方、家族との休暇の過ごし方、愛し方を教えたとして、彼らはそれを「コダック化」（アーリ＆ラースン二〇一四：二六四）と呼ぶ。写真は所与の対象を客観的に切り取るのではない。写真は世界を展示物のように対象化し、観光のまなざしのためにお膳立てしていく。それは「世界を作りあげる技術」（アーリ＆ラースン二〇一四：二五九）なのだ。

Web2.0と総称される現代のメディア状況にあって、事態はさらに進展していく。観光は「見る」ことであり、「撮る」ことでもありながら、インスタグラム（Instagram）やフェイスブック（facebook）などのＳＮＳの爆発的な普及によって、こんにちでは「シェアする」ことでもある。ＳＮＳに投稿するために旅に出る。投稿するためだけに旅に出る。イメージはストーリー機能によって共有され、短時間で消滅していく。かつて写真はその永続性のゆえに希求されたわけだが、もはや映像や画像は儚さこそを特徴としている。東京・新大久保の路地に捨てられたハットグや、金沢・近江町市場でゴミになった海鮮丼の白米は、この世界がもはや「映え」の残り滓でしかないのかもしれないと静かに教えてくれる。

山口誠は、前期近代において観光のまなざしの対象となったのは、外部にひろがる「世界」（名所旧跡、風景、建造物、文化、そして人）であったと述べる（山口二〇一七）。しかし、絶景観光やセルフィを事例としてあげながら、後期近代では観光者は世界に背を向けながら／世界を舞台にして「自己」をまなざすのだという。

確かに観光者は「世界」を見ていない。彼らは見られ、撮られ、承認される。彼らが見ているのはレンズであり、いいね／Like の数であり、自分自身なのかもしれない。しかし観光者とSNS上でつながる「友達」やフォロワーはどうだろう。旅の投稿を見ながら、フォロワーの目には「世界」が映る。投稿者を媒介として、投稿者の後ろに、彼らは「世界」を見る。それは旅の代用品でもあり、現実の旅への契機でもあるだろう。このとき、観光者とは、「友達」がまなざしによって世界を所有するのを手助けするために各地へと派遣された使者なのかもしれない。そう、あたかも「ぬいぐるみの旅」（遠藤 二〇一九）のぬいぐるみのように。

## 第六節　おわりに

本章では「観光は見ることである」という呪文めいた命題の行き詰まりやひろがりをめぐって考察をすすめてきた。観光をとおして、見る、わかる、する、見ない、見られる、撮る、シェアするといった、「見ること」のさまざまな変奏に耳を傾けてきた。さしあたって私たちがたどり着いたのは、Web2.0 以降の社会では、観光は依然として「見る」ことであるという見覚えのある地平であった。私たちはこうして今日もまた、呪文から解き放たれることにことごとく失敗するのだ。

### ◉引用・参考文献


アーリ、Ｊ／加太宏邦［訳］（一九九五）『観光のまなざし――現代社会におけるレジャーと旅行』法政大学出版局（Urry, J.（1990）. *The tourist gaze: Leisure and travel in contemporary societies*. London: Sage.）

アーリ、Ｊ＆ラースン、Ｊ／加太宏邦［訳］（二〇一四）『観光のまなざし〔増補改訂版〕』法政大学出版局（Urry, J. & Larsen, J.（2011）. *The tourist gaze 3.0*. London: Sage.）

遠藤英樹（二〇一九）「観光をめぐる「社会空間」としてのデジタル・メディア――メディア研究の移動論的転回」『観光学評論』七（一）、

五一–六五
シヴェルブシュ、W／加藤二郎［訳］（一九八二）『鉄道旅行の歴史——一九世紀における空間と時間の工業化』法政大学出版局（Schivelbusch, W. (1977). *Geschichte der Eisenbahnreise: zur Industrialisierung von Raum und Zeit im 19, Jahrhundert*. Hanser Verlag.）
鈴木涼太郎（二〇一一）「ベトナム——文化の商品化」安村克己・堀野正人・遠藤英樹・寺岡伸悟［編］『よくわかる観光社会学』ミネルヴァ書房、一九〇–一九一
田渕幸親（一九九七）「『易経』」長谷政弘［編］『観光学辞典』同文舘出版、二頁
橋本和也（一九九九）『観光人類学の戦略——文化の売り方・売られ方』世界思想社
ブーアスティン、D／星野郁美・後藤和彦［訳］（一九六四）『幻影の時代——マスコミが製造する事実』東京創元社（Boorstin, D. (1962). *The image: Or, what happened to the American dream*. New York: Atheneum.）
フーコー、M／神谷美恵子［訳］（一九六九）『臨床医学の誕生——医学的まなざしの考古学』みすず書房（Foucault, M. (1963). *Naissance de la clinique: Une archéologie du regard medical*. Paris: Presses Universitaires de France.）
マキァーネル、D／安村克己ほか［訳］（二〇一二）『ザ・ツーリスト——高度近代社会の構造分析』学文社
山口　誠（二〇〇七）『グアムと日本人——戦争を埋立てた楽園』岩波書店
山口　誠（二〇一七）「「観光のまなざし」の先にあるもの——後期観光と集合的自己をめぐる試論」『観光学評論』五（一）、一一一–一二五
吉見俊哉（一九八七）『都市のドラマトゥルギー——東京・盛り場の社会史』弘文堂
Maoz, D. (2006). The mutual gaze. *Annals of Tourism Research*, 33(1): 221-239.
Saldanha, A. (2002). Music tourism and factions of bodies in Goa. *Tourism studies*, 2(1): 43-62.

# 第Ⅱ部

# メディア・テクノロジーから考える〈みる／みられる〉

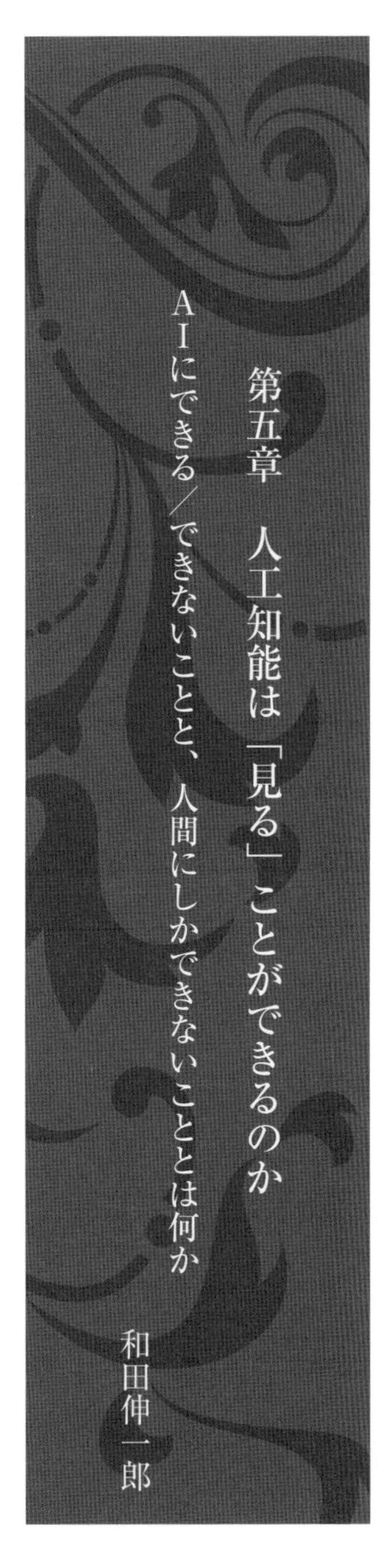

# 第五章　人工知能は「見る」ことができるのか

## ＡＩにできる／できないことと、人間にしかできないこととは何か

和田伸一郎

## 第一節　はじめに

人工知能（以下、ＡＩと略記）は、今後、実世界に大きな影響を及ぼす強力なテクノロジーとして注目されている。それにともない、ＡＩについての様々な議論が数多く行われている。大きくは、肯定派、懐疑派に分けることができる。懐疑派の論拠として主だったものは、ＡＩが雇用を奪う、ＡＩの軍事化への懸念といったものなどがある。肯定派の主張としては、社会に実装されると利便性があがり、作業工程が効率化され、人間が人間にしかできないことに専念できるという点で、懐疑派と異なり、むしろ新たな雇用が創出されるといった主張などがある。ＡＩが人間の知能を超えるかどうかという論点については、肯定派、懐疑派、両方からの議論がある。肯定派としては、ＡＩが人間の知能を超える閾値である「シンギュラリティ」に達するとする主張（レイ・カーツワイル）があり、懐疑派としては、人間が機械に支配されるといった黙示録的なものまで、いずれも宗教めいたところがある。

視覚の分野にも、様々な場面で、ＡＩの研究開発が行われている。現在のＡＩの興隆の元となった技術、「ディープラーニング」の生みの親であるトロント大学のジェフリー・ヒントン教授（二〇一九年にコンピュータサイエンス分野のノーベル賞として知られるチューリング賞を受賞）[1]が率いるグループが、二〇一二年に画像認識コンテストで、ニューラルネットワーク[2]をもちいた技術で圧勝して以降、様々な取り組みが行われるようになった。有名なものだけをあげると、自動車の車載ＡＩカメラによって、人や車をリアルタイムで認識ができるようになりつつあることから自動運転の可能性がでてきたこと、Amazon Go などの小売店で、買い物客が手に取った商品をＡＩカメラがリアルタイムで認識し、自動決済するシステム構築が行われつつあることなどがある。

こういったことが行われるにつれて、画像認識の分野でもＡＩ、ディープラーニングへの注目が高まりつつある。なかでも、ＣＮＮ（コンボーショナル（畳み込み）ニューラルネットワーク）の考案により、画像認識の精度が格段にあがったといわれる。これによって、ＡＩのコンピュータビジョンは、人間の見ることに近づいているといった意見すらでている。しかし二〇一九年の時点では、完全な自動運転車の販売は行われていないし、Amazon Go の店舗も試験段階にあるにすぎない。本章では、ＡＩの過剰評価の裏側で問う必要のある、ＡＩ、画像認識技術でいまできることはどこまでなのか、また、「知能」といえるものはどこからはじまるのかについてを、ＡＩの画像認識技術と、人間の見るという感覚的経験との差異として考えてみたい。

## 第二節　そもそもＡＩとは何か

二〇一九年現在におけるＡＩがどういうものなのかについては、機械学習、ディープラーニングの歴史を簡単に遡るだけでみえてくるいくつかの事実がある。ＩＢＭのワトソンの原型を開発した、現ＭＩＴの研究者であるボリス・カッツは *MIT Technology Review* の記事「機械学習で「真の知性」を持つ機械は作れない、元ワトソン開発者」のなかで、以下のように述べている。

> 機械学習の進歩に目を向けると、アイデアのほとんどは二〇年から二五年前に生まれたものです。結局のところ、エンジニアたちがすばらしい仕事でそのアイデアを現実化したというだけです。(Knight 2019)

米 *The Atlantic* や米 *The New Yorker* などで記者として執筆し、かつプログラマでもあるジェームズ・ソマーズが書いた *MIT Technology Review* の「人工知能バブル　三度目の冬はやってくるのか」という記事によれば、先述した、画像認識を向上させたCNNも「昔ながらの古典的条件付けの実験をして、動物がどうやって試行錯誤しながら学んでいくかをモデル化して生まれたもの」であり、理論としては、二〇年ほど前に考案された旧いものである。この二〇年ほどの間、眠っていた理論がコンピュータの性能の飛躍的向上と、エンジニアやプログラマの努力によって突然開花し、AI研究の長い「二度の冬」が乗り越えられたのである。

また、ディープラーニングのベースをなすニューラルネットワークと呼ばれる技術について、その名前から一般的に、それが神経組織や脳を模したものとしばしばいわれる。しかしこれは正確ではない。これについては、二〇一七年に行われたジェフリー・ヒントンへのインタビューで、彼自身が次のように述べている――「いまのところ、ニューラルネットワークは脳とは比べものになりません」(松尾 二〇一九：一七八)。このインタビューを行なった、日本における人工知能研究の第一人者の一人、松尾豊がこの点について、もう少し詳しく説明している。

> ニューラルネットワークの研究は、脳の構造を模したモデルを作るところから始まりました。[中略] しかしい

[1] ヒントンとともに、この賞が贈られたのは、一時期トロント大学のヒントンの研究室に所属していたヤン・ルカン(現在はニューヨーク大学に所属)、モントリオール大学のヨシュア・ベンジオであり、彼らは「カナディアン・マフィア」とも呼ばれている。
[2] 脳の神経回路の一部を模した数理モデル。

まや、ニューラルネットワークと脳は相当かけ離れたものになっています。ニューラルネットワークを構成する層の数も非常に多いですし、入力されたデータが出力されるプロセスにおいて大きな意味を持つ活性化関数も、もはやニューロンの挙動とは関係なく、よりシンプルな性質のものが使われています。〔中略〕ですから、私は、ディープラーニングは深いニューラルネットワークを使った技術だと説明するよりも〔中略〕、「深い関数」を使った技術だと説明したほうがいいと思っています。（松尾 二〇一九：五八-五九）

また、これについてよりはっきりと断言しているものとして、先に参照したジェームズ・ソマーズの記事を引用しておこう。

深層学習の発展の過程で生まれた大きな飛躍には、ほとんどの場合、神経科学についての新しい知見がほとんど含まれていない。飛躍は技術の改良によるものであり、長年にわたる数学と工学の研究によって達成されたものだ。（Somers 2017）

以上のごく基本的な事実を確認するだけでも、ＡＩがまだまだ発展途中の技術であり、知能とはいえないレベルにあることが推測できよう。

## 第三節　研究開発資金の背後にある金融経済

また、ＡＩの経済的な背景として、この分野は、アメリカの Silicon Valley にある大手テック企業（GAFA）や、中国の大手テック企業（BATH）が[3]、研究開発を行なっているということがある。これらの企業は、金融経済、投機経済によって支えられているため、しばしばＡＩの将来性、実現可能性や信頼性を現実のものよりも水増しし、ときにはメディアを巻き込みながら、喧伝することに専心している。というのも、それらを高めることが、これらの企業の時価総額をあげ、ＡＩ研究開発の資金調達につながるからである（二〇一九年現在、世界時価総額ランキングの上位をこれらの企業のほとんどが占めている）。ここから必然的に、以下のような事態がもたらされている。すなわち、ＡＩの研究開発に関して、都合の悪い情報がでにくくなっているということが実際に起きている。

ＩＢＭでかつてWatsonプロジェクトを率いた、現ＡＩシステムベンダーElemental Cognitionの創業者兼ＣＥＯ（最高経営責任者）デイヴ・フェルッチは、英*Financial Times*の記事のなかで以下のように述べている。

> 自律走行のようにディープラーニングの重要な希望の一つが見当違いであることが判明した場合、ＡＩの分野全体が、人気と資金の両面で、急速に低迷する可能性がある。（Waters 2018）

冒頭に述べたＡＩへの過剰な評価のいくつかが[4]、こうしたいわば「不都合な真実」を隠したうえで成立していることについては、すでに、ＶＲ技術の「父」と呼ばれるジャロン・ラニアーによって、その予兆がすでに出はじめていた二〇一〇年に書かれた本のなかで述べられている。

---

［３］GAFAは、Google、Apple、Facebook、Amazonの略。BATHは、Baidu、Alibaba、Tencent、Huaweiの略。

［４］冒頭に述べた、懐疑派が懸念するＡＩの軍事化についても、過剰評価が行われている。というのも、たとえ殺人ロボットがつくられるとしても、まだ画像認識の精度が低い限りにおいて、味方を敵と誤認する可能性がある。そのリスクがある限り、戦場に投入される可能性は低い。このリスクがないものにされていることにおいて、ここにもＡＩへの過剰評価が働いている。雇用が奪われるという論点については後述する。

コンピューターが知性を持つと考える際、必ず起きていることがある。コンピューターが対応できない点を考慮から外すため、対象が持つ特性の一部を無視しているのだ。（ラニアー 二〇一〇：七二）

ラニアーは、この、ＡＩの欠陥の無視以上に重要な、ＡＩへの過剰評価が起きる前提について以下のように述べている。

マシンがスマートになったのか、それとも、マシンがスマートに見えるほど人間が知性の基準を引き下げたのか——どちらなのかを知る術はない。［中略］人は、マシンがスマートに見えるように自分を貶めてばかりいる。［中略］検索エンジンは自分が欲しいものをわかってくれているのか、それとも、こちらが基準を検索エンジンのレベルまで引き下げているから賢く見えるのか？（ラニアー 二〇一〇：六五‐六六 強調は引用者による）

人間には、高度な能力、知性が備わっている。しかし、昨今起きているＡＩへの過剰評価は、その欠陥を無視することだけでなく、人間の高度な能力を過剰に低く評価していることの上に成立している。したがって、以下では、ＡＩに欠けているものは何か、そして、ＡＩが当分到達しえないものとしての人間の能力とはどういうものかについて考えてみたい。

## 第四節　ＡＩには「常識」が欠けている

先述したように、人間が見ることに近づいているという意見があるが、画像認識技術が行なっているのは、いわゆる「パターン認識」にすぎず、これを人間の見ることとを同一視することはできない。それでも、大量のデータ（ビッグデータ）とたくさんのCPUとGPUがあれば、精度はその分あがるといわれている。しかしながら、認識の精度は、AIに与えるデータを適正化（「データ拡張」、つまり画像に変換処理を加えることで、いわばデータを水増しする）しても、元データにちょっとしたノイズが入っているだけで、認識に失敗することが指摘されている。先に引用した記事のなかで、ジェームズ・ソマーズはこのことについて以下のように書いている。

> ニューラルネットワークは思考のない、ただのもやもやした（ファジーな）パターンの認識装置に過ぎない。ファジーパターン認識機としては非常に役に立つので、誰もがこぞってあらゆるソフトウェアに搭載しようとするが、ニューラルネットワークはよく言っても、簡単に騙せる、制限付きの知性でしかない。画像認識の深層ニューラルネットワーク（引用者註：ディープラーニングのこと）は、ピクセルを一つ変えたり、人間には知覚できない画像ノイズを加えるだけで立ち往生してしまう。［中略］本当の知能であれば、解決しようとしている問題の条件を多少変えても混乱を起こさない。（Somers 2017）

人間には知覚できないノイズを検出するという点では、認識の精度が高いといえるかもしれない。しかし、人間は自分にとって意味がないものを「無視する能力」を持っている。ノイズとは、この無意味なものであり、これを無意味だとする判断は、子どもでもできることである。ここにAIが「常識の壁」にぶつかるという問題が立ち現れる。先に引用した記事のなかで、フェルッチはこの点について、以下のように述べている。

> （AIの）地平における巨大な問題は、AIプログラムに常識common senseを与えることです。小さな子供さえ常識を持っていますが、ディープラーニングプログラムはそうではありません。（Waters 2018）

ノイズが見分けられないAIは、「常識」を欠いているのだ。では、AIに「常識」を与えるとはどういうことか。また、人間にとってそもそも「常識」とは何か。これについて、はこだて未来大学の松原仁を中心としたAIに小説を書かせるプロジェクトを例に、ゲームAI開発者でもある森川幸人が「常識」とは何かを分かりやすく解説しているので引用しておきたい。

> 現時点では、小説を書くということでは、AIは人間に遠く及びません。たとえば雨が降っているシーンを書く場合、AIに「家の中では雨を降らさない」ことは常識として教えなくてはなりません。家には屋根があり、外が雨でも家の中には雨は降らないということは、人間なら考えるまでもなくわかっています。しかし、そのような**「常識」を与えなければ、AIは家の中でも雨を降らせてしまう可能性がある**ということです。一つ一つの状況に対してそこから始めなければならないので、まだ課題は多く、先は長いといえます。子どもが言葉や常識を獲得していくプロセスでは、いちいち親から「雨の日でも室内には雨は降らないのですよ」と教えられるわけではなく、生活する中で自分で気づいたり、大人から注意されたりしながら、無意識に覚えていきます。AIも人間と暮らして数十年すれば膨大な常識を獲得できるだろうと考えられています。人と実時間で暮らす中で体験を積んでいく方法しか取りようがない、ということでもあります。（森川 二〇一九：一〇七－一〇八 強調は引用者による）

ここでの重要な点は、常識が「人間なら考えるまでもなくわかっていること」とされているところにある。つまり、常識は知能以前、あるいは、少なくとも知能とは別のレベルにある。このAIに常識を与える必要があるという文脈は、ディープラーニングの分野で、まだまだ考慮に入れられず抜け落ちている領域が存在している可能性があることを示唆している。

ところで常識は、英語ではcommon senseとなり、文脈が異なり哲学になると「共通感覚」と訳される。ここで、一九六二年に出版された『グーテンベルクの銀河系』の著者、当時、カナダのトロント大学の教授だったマーシャル・マクルーハンの感覚論を参照しておきたい。というのも、「メディア論の祖」と呼ばれる彼の感覚論の主軸になっているのが、「共通感覚」（彼の言い方でいえば、「感覚比率 sense ratio」）[5]だからであり、ディープラーニングの仕組みと比較しつつ、人間の感覚の特性とはどういうものかについて、彼の理論から示唆を得ることができるからである。

## 第五節　マクルーハンの感覚論

マクルーハンは、人間の五感は、互いの間で相互作用を行うものであることを、古代・中世・現代をつうじて、哲学などの分野で議論されてきた「共通感覚」の概念を参照しながら、概念整理をした。彼の主著『グーテンベルクの銀河系』で、言葉、文字の歴史として、古代の口頭文化、中世の写本文化、現代の活字文化の三つに分類し、現代の活字文化において、五感のなかでも視覚が中心の文化が到来したと論じている。なぜ活字文化が視覚中心の文化なのか。その前の写本文化の場合、第一に、手書きゆえ、筆致にくせがあるということがある。その分、書かれた文字は読み手からすれば読みにくく、読むスピードが遅くなる。これに対し、活字はフォントがまったく同じになり、文字が視覚的に画一化されるため、読み手の眼は、流し読み、さらには速読というように、いわば紙面をスキャンする方向に向かう。第二に、写本文化では、音読することが日常的だった。ここにおいて、眼を使って文字を見ながら声に出すことで、喉の筋肉や唇や舌の感覚が刺激されることに加え、自分の口から発された声を自分の耳を使って聴く、という多感覚的な活動が起きることになる。この複数の感覚が動員される多感覚的連携がなされるがゆえにこそ、読

［5］「感覚比率」概念の詳細については、拙論「マクルーハンの《感覚比率》概念について」（和田二〇〇三）を参照。

むという体験は強度のあるものとなり、同時に、写本文化時代の人びとは、読んだ本についての記憶力がよかったのである。

以上の、マクルーハンの感覚の理論の重要性について確認しておきたいのは、この理論が、以下に述べるように、人間の主観的経験を規定するシステムについての理論であることだ。人間の感覚的経験は、感覚の受容性によって「受動的」に獲得された感覚情報だけでは不十分であり、それらだけで成り立っているわけではない。視覚の場合だと、単に見えているもの、感覚データがそれ自体で経験がなされるわけではない。それだけでは不十分である。

単一の感覚器官によって外部から「受動的に」与えられた感覚データは、主観自身がそれを自らに対して内的に与える「能動的な」働き、言い換えれば、主観自らによる、見ているものを見えるようにする構成的な働きがなければ、経験一般として生成されない。マクルーハンはこの働きを諸感覚（五感）の「相互作用 the interplay」と呼んだ。先述したように、眼という単一の感覚器官によって「受動的に」受容された、それ自体では不十分な感覚データは、聴覚や触覚、嗅覚といった他の複数の感覚との間で行われる「相互作用」によって他の感覚データと照らし合わされながら補填され、整序され、そうしてはじめて完全化される。

この「諸感覚の相互作用」という概念の要点は、人間の認識能力、経験能力において二つの働きが区別されるところ、すなわち、単一の感覚器官による受容能力から、感覚データを総合し完全化する高次の能動的な働きが峻別されたうえで、後者が重要視されるところにある。[6] この後者の重視は、諸感覚はそれぞれ他から独立して単独で働くことはない、という見解にまで至り、諸感覚が「専門分化」され、あたかもそれぞれ独立した機能を持つというような考え方そのものに対する批判となっている。

ＡＩの分野における画像認識の精度がいくらあがっても、それが感覚的経験、言い換えれば、知能をもった認識になりえないとする理由の一つをここに見出すことができる。というのも、ＡＩは、すくなくとも現時点では、この高次の能動的な総合する能力を欠いているからである。以上をふまえたうえで次節では、能動的な総合する能力（あるいは五感の相互作用）によって主観的経験が生成されるということについて、具体的事例に沿いながら考えてみたい。

## 第六節　共通感覚／常識

こんにち、液晶パネルは高精細度化しており、二〇一九年現在、8Kテレビが市場にでている。また、私たちはテレビだけでなく、スマートフォンやPCモニタの画像の高精細度に慣れてしまっているため、低精細度の映像の視覚的経験との差異が分かりにくくなっているかもしれない。ここで、筆者が二〇〇〇年初頭に、ハイヴィジョンテレビを見たとき、その精細度に驚いたときに感じたことから、五感の「相互作用」について考えてみたい。

そのとき画面に映しだされていたのは、山奥の渓流のせせらぎだった。青々とした苔に覆われた岩々の間を、冷たそうで澄んだ水が流れていた。テレビ画面の枠を取り払えば、すぐ目の前にその光景が存在しているかのように思ったほどである。しかし、その画面を見つめていて感じたある種の違和感があった。ここには、おそらく三つの段階がある。

一つ目はハイヴィジョンテレビという当時の技術的達成の水準である。たしかに画像の精細度があがり、これによって鮮明に見える水の流れるさまに、見る者は冷たさを思い起こしたりするだろう。ここでは、すでに第二の段階に入っている。つまりその視覚は、過去の自分がどこか似たような川を見たり、水の中に入ったりして、そのなかで感じ取った記憶を思い起こして、その記憶によって今の視覚の感覚が補填されているということである。つまり、ハ

［6］なお、ここでの感覚の受容性と、能動的な知的努力の区別について哲学史で有名なのは、イマニュエル・カントによる感性、悟性、理性、あるいは構想力（想像力）という区別である。だが、ここではこれに深く立ち入らない。詳しくはカントの『純粋理性批判』（例えばカント（一九六一〔上〕：一二五））を参照。

イヴィジョンの映像がリアルに見えるのは、単に画面の精細度があがったから、という技術的理由だけで説明されるものではない。それは、その画像の視覚が、水のせせらぐ音（聴覚）、水の冷たさの感覚（触覚）、木々の香りについての嗅覚などの五感の相互作用に入り、これによって記憶が補填され、経験が補完され、生成されるからである。

いくら液晶パネルの解像度があがっても、それをリアルと感じるには、この相互作用による補完作用がなければならない。マクルーハンによれば、（それが単独である場合に限り）メディアは身体の機能のどれか一つを刺激するが、視覚メディアは、視覚、眼という身体器官のみを刺激する。このことは、視覚が組み込まれていた五感の「相互作用」から、視覚を分離させ、視覚を特化する。このことが意味するのは、人間の経験が、それ以前はその制御機構として中心をなしていた「相互作用」から、ずれたところである「閉じられた系 closed systems」（マクルーハン 一九八六：九）に制限されるようになるということである。

そしてまさしく、ＡＩによる画像認識、コンピュータビジョンが学習しているのは、この「閉じられた系」のなかではないかということが本章で主張したいことである。先述した記事でＭＩＴのボリス・カッツは、ＡＩ研究が抱える大きな困難について、奇しくもマクルーハンのいう「相互作用」と、「閉じた系」の概念に似た論理を使って説明している。

> 人間は何かを見たとき、それを言語で表現します。誰かが何かについて話すのを耳にすると、その人が説明した物や出来事が実際どのように見えるのか想像します。人間は視覚的、触覚的、言語的な感覚入力に満ちた物理的環境で暮らしています。この感覚入力が持つ冗長で補完的な性質によって、人間の子どもは世の中を理解し、同時に言語を学習します。そういうモダリティを切り離して、単独で研究することによって、問題を簡単にするどころか、さらに難しくしているのかもしれません。（Knight 2019：強調は引用者による）

つまり、画像データだけをＡＩに大量に学習させ、賢くさせようとする画像認識技術は、いわば五感の相互作用から視覚を分離し、閉じられた系のなかで画像データを学習させるため、賢くなるどころかそのぶん、五感の相互作用、言い換えれば、「共通感覚」つまり「常識」をいつになっても獲得することができない、ということになる。しかし裏返せば、制約の少ない、クローズドな環境であれば、後述するＡＩ棋士 Alpha Go のように、人間を上回ることもありうる（ただしこれは正確には「知能」ではない）。

## 第七節　語られることの少ないＡＩの失敗例、成功例の裏側

以上に述べてきたのは、ＡＩの分野において、抜け落ちている領域についての議論が、哲学といった他の学問分野側ではまだ少ないということである。[7] また、これが理由の一つとなって、ＡＩについての理解が滞っている可能性がある。ここから必然的に派生してくる事態として考えられるのが、ＡＩについての論文にしても、それを用いたデモにしても、成功例だけが報告されると、それを額面通りに受け取った人びとが誤解をもってしまうことである。ディープラーニングを使った技術のいくつかの失敗を公開した、東ロボ（東大の入試に合格させるためのＡＩの研究開発）プロジェクトを率いてきた国立情報学研究所の新井紀子は、このことに警鐘を鳴らしている。

でもあなたの会社にとって有用なのは成功の情報だけでしょうか。どれだけ投資してもディープラーニングはう

［７］Ａ Ｉ研究と哲学との架橋を行なっている日本の事例として、ゲームＡＩ研究開発の第一人者の一人である三宅陽一郎の『人工知能のための哲学塾』（三宅 二〇一六）、また、ベルクソン哲学とＡＩとの架橋を議論している谷淳、三宅陽一郎、平井靖史との対談（平井靖史・藤田尚志・安孫子信編（二〇一八）『ベルクソン『物質と記憶』を再起動する』（所収）を参照。

まくいかない、という情報こそが今まさに喉から手が出るほど必要なのではありませんか。東ロボはあなたの代わりに、身を切ってそれを実証して公開したのです。（新井 二〇一八：一〇五）

では、それはどういう失敗だったのか。

英語チームが東ロボくんに学習させた英文は、最終的には一五〇億文に上がりました。それでも、英会話完成のたかだか四択問題の正答率すら画期的に向上させることはできませんでした。英語チームはディープラーニングの活用に貪欲でした。しかし、英会話生成のみならず、論旨要約など試したすべての問題において、ディープラーニングは既存の手法よりも出来が悪かったのです。全力を尽くした英語チームがディープラーニングの限界を目撃した瞬間でした。東ロボの価値はまさにここにあるのです。英語チームが経験したような「失敗」は論文に掲載されることはありません。ニュースで取り上げられることもありません。取り上げられるのは、ディープラーニングがうまくいったときだけです。（新井 二〇一八：一〇四‐一〇五）

また、これとは逆に、成功例についてもその裏側に仕掛けがあることについて、ヒューマノイドロボットが冷蔵庫から缶ジュースを取りだして人に渡すデモ動画を例に、新井紀子が説明している。

そのようなデモを成功させるには、裏で多くの「人」が待機して、「想定外」のことが起こらないように、手に汗を握って見守っているのです。言い換えると、こうしたデモには、緻密に作られたシナリオがあるのです。撮影に使う冷蔵庫やそのドアはどのような形状か、どうすれば開くのか、あらかじめプログラムされています。しかも、冷蔵庫の中に入っているのは、多くの場合、缶ジュース一本だけです。応用問題として、ビールとコーラとジュースが間隔を空けて置いてある場合もあるかもしれません。けれども、冷蔵庫が牛乳や野菜や使いかけのドレッシングでぎゅうぎゅうというようなことはありません。つまり、**非常に限定された条件で**なければ、ロボットには冷蔵庫から缶ジュースを取り出すということさえ、簡単ではないということです。（新井 二〇一八：九六 強調は引用者による）

こうしたデモ動画は、実際、ことあるごとにテック企業によって数多く公開され、そのたびにＡＩへの期待が高まる。先の例以外にも、自動運転車のデモ動画があり、例えば、イーロン・マスクがＣＥＯを務めているテスラ社が二〇一六年に公開した動画がある。[8] この動画は「運転席に人が座っているのは、法律上の理由からでしかありません。彼は何もしていません。車自身が運転しています」というキャプションからはじまる。車内に取り付けられたドライブレコーダーによって、ハンドルにまったく手をかけない運転手が座っている状態で、ＡＩが自動運転している様子が録画されたものを見ることができる。数キロの道路を、ときに一時停止ラインで、また、赤信号で静かに停車し、右折、左折を何度かくり返し、最後に運転手が車を降りた後、駐車場で空いているスペースを自ら見つけ、自動的に車道脇の駐車スペース（前後に車が駐車されている）に、何度かハンドルをきりバック、前進を繰り返して駐車が行われるシーンで終わる。こうした動画も、先のデモ動画のような裏側があるのかもしれない。こうしたデモ動画が、テスラ社の株価をあげるものであることはいうまでもない。[9]

しかし、数年後には自動運転車が、公道を走るだろうといった根拠のない誇大報道がいまだに多く行われるなかで、現時点でそれについての研究開発が最も進んでいる、Google の親会社 Alphabet の傘下にある Waymo の最高経営責

[8] "Self Driving Tesla Drives It's Owner To Work & Then Finds A Parking Spot", https://www.youtube.com/watch?v=ivTeW4xWQv0（最終確認日：二〇二一年三月二五日）

任者（CEO）、ジョン・クラフシックがWSJのテクノロジコンファレンスで行われたインタビュー（CNETでの記事）で以下のように告白している点は注目に値する。

自動運転車が路上で広く普及するまでには数十年かかるだろう。そして、その時でさえ、特定の条件下では自動運転はできないだろう。［中略］クラフシック氏によると、ドライバー不要の自動車は「確かに実現している」が、まだ広く普及する段階には至っていないという。そして同氏は、この業界が今後、どの季節でも、どんな天気でも、どのような条件下でも運転できる最高レベルの運転技術を達成できるとは考えていない。「実に難しい。実際にそうした状況に身を置いて、やってみようとするまで、自分が分からないことは何なのかも分からない」（クラフシック氏　強調は引用者による）（Tibken 2018）

ここで「最高レベルの運転技術」といわれているのは、自動運転車における「レベル5」の運転、すなわち、ハンドルも運転席もなく、乗車している人間が走行する車の前方に注意を払う必要もない、完全にAIが運転しているレベルのことを指している。また、どの季節、どの天気でも運転できるようになるのは難しいということが指しているのは、雪や大雨の場合、車の周囲の状況をリアルタイムで認識するAIカメラが道路状況を把握できず混乱することである。さらには、凍った道路を運転することが、人間でもきわめて難しいことは誰でも知っている。

ここにある自動運転車への過剰評価は、ラニアーが述べたような「人間を貶めている」という論理とは少し異なる。ここにあるのは、人間が自動車を運転するとき、どれほどの細かい、膨大な「タスク」を走行中にリアルタイムで処理しているか、という人間の高パフォーマンスへの気づきのなさである。後で述べるように、その「タスク」のうちいくつかはAIに任せることができるだろうが、別のものは人間がやらなければ運転は成立しないのだ。

これまで論じてきたのは、AIについて過剰に期待がなされ、評価されすぎており、これからの社会は便利になるといった希望的言説が十分な根拠もなく、知識も共有されないまま流布している、ということだった。そのため、まずは事実確認、リアリティチェックが必要だということだった。つぎにＡＩの分野において、抜け落ちている領域についての議論がまだ少ないということだった。最後に確認しておきたいのは、これらとは反対の側面、すなわち、ＡＩの優れた点と人間の欠点を、それぞれ確認したうえで、互いの組み合わせを最適化するといったことがどういうことかを示すことである。

## 第八節　ＡＩが人間の欠陥を補う

まず、ＡＩが人間の欠陥を補ってくれるというケースを考えてみたい。先述したように、ＡＩは、まだまだ人間の知能に追い付いているとはいえない。とはいえ、すべての人間が、高度な知能をつねに働かせているわけではない。人間は、ときどき感情的で気まぐれになったり、疲労してミス（ヒューマンエラー）を犯したりするという点で、非一貫的で、非合理的なところがある。こうしたエラーを冒さないという点で、ＡＩに期待できる多くのことがある。Google が買収した DeepMind 社によって開発された囲碁ＡＩである Alpha Go が、二〇一六年に世界ランカーのイ・セドル棋士に四勝一敗で勝ったことが報じられ、話題になった。Alpha Go は、プロの棋譜の対局の膨大なデータを学習することによって、人間の棋士を破るまでに成長した（ただし、森川によれば、ＡＩが学習したのは、プロの棋士の

［9］二〇二〇年七月に、テスラ社の株価が高騰し、世界時価総額ランキングで自動車会社としては最も高いランクに位置していたトヨタ自動車を一気に抜いただけでなく、テスラ社はランキングにトップテン入りし、二〇二一年三月時点でもトップテン入りを維持している。ただし、ここでのテスラ社に対する投資家たちの評価は、その自動運転技術についてのものではなく、二〇二〇年あたりから始まった気候変動対策に関わるグリーンテクノロジーへの世界的な投資ブームを背景とする、テスラ社の電気自動車（ＥＶ）技術と蓄電技術についてのものである。

データであったため、「あまりに素人っぽい手やイレギュラーな手を打たれると、予測している状況が一変するため混乱してしまう」（森川 二〇一九：六二）。また、これも簡単な事実確認となるが、この Alpha Go の背後にはビッグデータだけでなく、膨大なコンピュータリソース、すなわち「一二〇二のCPUと一七六のGPU」（Hassabis et al. 2016: 487）[10]が動員されており、その上での勝利だった。

ここでのAIの強みの理由について、森川は次のように述べている――「AIの強さの理由は計算量だけではありません。感情がないということが、実はとても大きいのです」（森川 二〇一九：七〇）。心理戦を含むようなこうした対戦において、AIはプレッシャーを受けない、緊張しない、疲れないといった、人間にとってたいていは自分に不利な状況をもたらす要素をもたない。

## 第九節　人間とAIの協働

つぎに考えたいのは、人間とAIが互いの利点を活かして協働するにはどうすればいいかという論点である。冒頭に述べた、AI懐疑論者のよくある意見のなかに、雇用が奪われるという論点がある。二〇一五年、オックスフォード大のマイケル・A・オズボーンらが「未来の雇用」という論文を発表し、そのなかで一〇年後、アメリカの雇用者の四七％が機械学習の普及によって職を失うと予測し話題になった。その後も類書が多く出版され、いずれなくなる職業のリストといったものがつくられ、関連業界の働き手たちを一喜一憂させている。

しかし今や、AIが職を奪うという単純な見方は意味をなさないということが分かっている。AIが奪うとしても、それは「仕事」そのものではない。なぜなら、カナダ、トロント大学のアグラワル教授のいうように、一つの仕事は数多くの異なる「タスク」からなっているからだ。したがって、奪われるということがあるとしても、それは、それぞれの仕事を構成する様々な「タスク」のうちのいくつかにすぎない。アグラワルは、具体例として小学校の送迎バスが可能性として自動運転車になった場合をあげながら、そのことについて説明している。

バスが自動運転になったとしても、現在のスクールバスの運転手は運転のほかにもたくさんの役割を引き受けている。まず彼らには、大人として大勢の学童の集団を監督する責任があり、バスの外で発生する危険から子どもたちを守らなければならない。同じように重要な役割が、バスのなかの規律を維持することだ。子どもたちを管理して、お互いトラブルを起こさないよう配慮するためには、人間の判断が未だに必要とされる。バスが自動的に動いても、こうした補足的なタスクが消滅するわけではない。むしろ、バスに同乗している大人はこれらのタスクにもっと集中できるようになる。（アグラワルほか二〇一九：一九二）

オズボーンらの研究は、「タスク」を考慮にいれず「仕事」そのものの自動化の可能性のみを予測しようとしたため、そのぶん、今や妥当性を欠いたものとなっている。単に、子どもたちを学校に送るぐらいのことならロボットでもできるといった、いくつかの仕事とその労働者を矮小化し過小評価することが、ＡＩや機械に付される過剰な期待を膨張させている。ここにも、先に述べたラニアーが機械を評価するために、人間が自分自身を貶めるという、ある種の科学技術信仰のようなものを見いだすことができる。これに対し、アグラワルは、ＡＩと人間の協働の計画を以下のように建設的な方向で議論を展開している。

［10］Hassabis et al.（2016）. Mastering the game of Go with deep neural networks and tree search. *Nature*, Vol. 529, 484–503. この難解な論文を分かりやすく解説したものとして、大槻知史／三宅陽一郎監修（二〇一八）『最強囲碁ＡＩアルファ碁解体新書』がある。

> 仕事はタスクの集合体である。ワークフローを細分化した上でＡＩを導入すると、以前は人間が行なっていたタスクの一部は自動化される。さらに、自動化されずに残されたタスクの序列や重心が変化するだけでなく、新しいタスクが創造されるかもしれない。したがって、仕事を構成するタスクの全体像も変化する可能性がある。［中略］ＡＩツールは一部の相対的な見返りに変化を引き起こすので、仕事に最適な人材のタイプにも変化が生じる。（アグラワルほか 二〇一九：一九二）

以上のような、ある仕事に含まれるタスクの再定義と、自動化できるタスクと人間にしかできないタスクをうまく組み合わせるよう仕事を再設計することそれ自体が、今後重要で、新しい雇用を生みだすことになりうると同時に、これまでの労働のあり方のみならず、社会を大きく変える可能性をもっている。

## 第一〇節　人間がＡＩに追いついていないケース

最後の活かすべき教訓としてあげておきたいのは、すでに達成されているディープラーニング、機械学習の手法で得られた重要な知見が、現在の人間のＡＩについての理解が足りていないために、活用されなかったという事例についてである。これについては、米 *The Atlantic* の記者、アレクシス・マドリガルによる記事を参照しておきたい[1]。アメリカ、ミシガン州フリント市は、かつてゼネラルモーターズの工場があり、自動車産業でにぎわった。しかし自動車産業が衰退するにつれ、白人居住者が去り、税金収入が激減した市は、予算削減、学校施設の不備、環境問題など、多くの問題を抱え込むことになった。こうしたいくつもの大きな問題が深刻になるなかで、水道管の腐食問題は後回しにされていたが、その深刻さが理解されるようになったことで、ようやく市は二〇一六年からそれへの取り組みをはじめた。

腐食問題とは、フリント市内の数千の家の水道管が鉛製だったため、水道水に有毒金属が入り込む可能性があることを指している（とくに鉛は子どもに重篤な症状を引き起こす可能性が高い）。これを解決するには、鉛製の水道管を銅製のものに交換しなければならない。しかしフリント市は、どの家の水道管がまだ鉛製なのか、すでに銅製に交換済みなのかについて、不完全で不正確な記録しかとっていなかった。そのため、すべての家の水道管を銅製にするには、すべての家の地面の下を掘り返して確認する必要があるという、膨大な時間と費用が必要となる状況下にあった。

この件については米国内でも報道され、問題視されていた。その状況を見かね、その解決に取り組もうとしたのが、機械学習の専門家たちだった。この状況を解決するためのタスクが、機械学習の得意なタスクであることに気づいたジェイコブ・アバーネシーらミシガン大学のコンピュータサイエンティストたちが、ボランティアでGoogleのファンドをえて、どの家の水道管が鉛製の可能性が高いかを予測するのに役立つ機械学習モデルを設計した。[12] 彼らは、市内の家の何千もの水道水のサンプルを採取しデータ化したことに加え、フリント市が保有している水道管の材料についての情報、様々な市の記録などを組み合わせ、機械学習を行うことによって、どこに鉛製、あるいは銅製の水道管があるかその位置を推定した（その多くは、アフリカ系の貧困層の居住地区に集中していた）。

これによって二〇一七年、作業従事者たちは約八、〇〇〇戸の家を検査し、そのうち約六、〇〇〇の家の水道管を交換することができた。機械学習モデルの精度は七〇％だった。フリント市はこの結果を受けて、二〇一八年に入りこの計画を加速させるべく、国立のエンジニアリング会社、AECOMと五〇〇万ドルの契約を結んだ。

---

[11] なお、この記事については、R言語ベースのデータ分析&ヴィジュアライゼーション・ツールExploratoryの設立者でありかつCEOである西田勘一郎による抄訳がある。https://qiita.com/KanNishida/items/f8197ba0171b4661б417（最終確認日：二〇二一年三月二五日）

[12] Abernethy, J. Chojnacki, A., Farahi, A., Schwartz, E., & Webb, J. "ActiveRemediation: The Search for Lead Pipes in Flint, Michigan", https://arxiv.org/pdf/1806.10692.pdf（最終確認日：二〇二一年三月二五日）

しかしこの請負業者は、二〇一八年をつうじて約一万の家の水道管を調査したが、銅製のものに交換した件数は約一、五〇〇ほどだった。つまり鉛製の水道管を発見した数は一五％にすぎず、二〇一七年の結果を大きく下回った。こうなってしまった理由は二つあった。一つは、AECOMの担当者に、機械学習を理解できる人間がいなかったため、予測のための機械学習モデルが破棄されていたことだった。二つ目として、市長に住民から政治的圧力がかかり、フリント市全域で調査が行われるようになった、ということがあった。政治的圧力のもととなった住民の不満とは、機械学習モデルが鉛製の水道管が集中していると推測した、一部のアフリカ系住民居住地区の地面ばかりが掘り返されていたため、なぜうちの地面は調査してくれないのだ、不公平だといった、他の地域住民側の主張に端を発していた。ここで問題なのは、こうした不満に市側が、機械学習の結果が正確であることを市民に説得できなかったことである。最終的にこの問題は、市、州、AECOM、環境活動家、建設会社などの間での訴訟に発展していくことになった。しかし結局のところ、再度、二〇一七年に使用されていたＡＩの予測モデルにしたがって採掘する場所を決め、問題のある水道管を探しだし、取り替えていくという方向で、現在交渉中という結果となった。

この水道管の問題は、フリント市だけに限らず、実際にアメリカの他の地域にも存在する。またこのケースは、アメリカだけの問題ではなく、ＡＩを社会実装し、課題解決に活用するという、今後、世界中で取り組みが行われるであろう未来の計画にとって、教訓に満ちている。

すべての市民が機械学習を理解する必要はない。誰もがプログラミングのスキルを持つ必要はない。しかし、たとえば学習の結果が七〇％の確率といった場合（あなたの家の水道管は、七〇％の確率で銅製ですといった場合）、この数字をどう解釈すればいいのか、といったことを説明できる人間は必要である。フリント市のケースは、プログラマやデータサイエンティストなどの専門家が行なったことを市民に対して、たとえばデータヴィジュアライゼーションなどをもちいて分かりやすく伝える、[13] いわば媒介となる層の人材（「ＡＩエンジニア」（プログラマ）に対し、「ＡＩジェネラリスト」と呼ばれることがある）がまったくいなかったことが、一方で、ＡＩが深刻な社会的課題（子どもをはじめとする住民たちに深刻な健康被害をもたらす公害問題）の解決をもたらしてくれることへの理解の妨げになり、また他方で、巨額の税金と労働力を無駄にした、といったことをもたらした。

## 第一一節　最後に

最後にジェフリー・ヒントンの言葉を引いて本章を終えたい。二〇一七年にトロントで開催されたＡＩコンファレンスに出席したヒントンは、その「コンファレンスで、他の科学者たちが、誤差逆伝播法（引用者註：ヒントンがブレークスルーを起こした、ディープラーニングのコアとなる手法）はＡＩの未来においてコアになる役割を依然としてもっている」といわれたことに対し、偉業を達成した研究者でありながら謙虚にも以下のように述べた。

実質的に、（引用者註：ＡＩの研究開発を）前進させるためには、おそらく、まったく新しい方法を創造する必要

［13］筆者は、機械学習を用いた自然言語処理（具体的にはTwitterの約四八〇万の投稿のテキスト分析）のクラスタリング（様々な投稿を、それぞれ似たグループに分ける作業）において、言語コーパスの全体の分布を確認し、クラスタを特定するためにそのコーパスをなす単語群を、データ・ヴィジュアライゼーション・ツールを使って、いわゆる「見える化」することで、学習結果をわかりやすくし、これによって専門家でなくても、誰でも比較的簡単に理解できることを示した。以下を参照。和田伸一郎「インタラクティヴなデータヴィジュアライゼーションを用いたTwitterデータ分析」、二〇一九年度人工知能学会全国大会、インタラクティブセッション、人工知能学会〈https://www.jstage.jst.go.jp/article/pjsai/JSAI2019/0/JSAI2019_3Rin216/_article/-char/ja（最終確認日：二〇二一年三月二五日）〉。同、（二〇一九）「Python, Embedding Projectorを用いたTwitterデータ分析――二〇一六年東京都知事選挙を事例に」、『応用社会学研究』、立教大学社会学部、No.61、pp.85-115.〈https://rikkyo.repo.nii.ac.jp/?action=pages_view_main&active_action=repository_view_main_item_detail&item_id=17847&item_no=1&page_id=13&block_id=49（最終確認日：二〇二一年三月二五日）〉

があるでしょう。［中略］未来は、私がこれまで言ってきたことすべてを根本から疑う大学院生たちが現れるかどうかにかかっているのです。（LeVine 2017：強調は引用者による）

Google社がオープンソースで提供している、GPUで走るディープラーニングフレームワーク、TensorFlowをリリースしたのは、二〇一五年であり、過去の対局データを使わず（つまり人間の知識なしで）「セルフプレイ（自己対戦）」だけで一から学習する新しい囲碁AI「AlphaGo Zero」が発表されたのは、二〇一七年である。AIの研究開発はまだ開始されたばかりである。現時点での日本での、AI研究やデータサイエンスでの研究者の育成はまだまだ不十分であり、それらの分野と人文社会科学との学術的架橋についてもはじまったばかりであり、また、これらの学問分野と、政策を立案する政府、自治体の活動との連携、AIを収益化し経済を活性化させる企業の経済活動などの連携もまだはじまったばかりである。以上のことと、将来的にAIが実装される社会を構成する市民たちすべてが繋がる必要があるうえに、AIが実装されるといわれている社会インフラも、実装可能なほど最適化されていない（ほんの一例をあげれば、自動運転車が走るためには、道路もそれにあわせてスマート化されねばならない）のがいまの日本の現状である。さらにいえば、AIに関する日本語で読める報道自体が翻訳されたもの、課金制のものを除いて非常に少ないという現実がある。二〇一九年の現時点ではまだごくわずかしか存在していないAI研究者たちを除いて、私たち日本人はAIについて理解するどころか、いまなお大きく誤解し、かつ知識を欠いていることが、今後の日本の将来にどれほど悪影響を与えるか、真剣に考えなければならない。

## ◉引用・参考文献

アグラワル、A・ガンズ、J・ゴールドファーブ、A／小坂恵理［訳］（二〇一九）『予測マシンの世紀――AIが駆動する新たな経済』

早川書房（Agrawal, A., Gans, J., & Goldfarb, A.（2018）. *Prediction machines: The simple economics of artificial intelligence.* Harvard Business Review Press.）

新井紀子（二〇一八）『ＡＩ　ＶＳ．教科書が読めない子どもたち』東洋経済新報社

大槻知史／三宅陽一郎［監修］（二〇一八）『最強囲碁ＡＩアルファ碁解体新書――深層学習、モンテカルロ木探索、強化学習から見たその仕組み〔増補改訂版〕』翔泳社

カント、Ｉ／篠田英雄［訳］（一九六一）『純粋理性批判　上・中・下』岩波書店

平井靖史・藤田尚志・安孫子信［編］（二〇一八）『ベルクソン『物質と記憶』を再起動する』書肆心水

フランソワ、Ｃ／巣籠悠輔［監訳］／株式会社クイープ［訳］（二〇一八）『Python と Keras によるディープラーニング』マイナビ出版

マクルーハン、Ｍ／森　常治［訳］（一九八六）『グーテンベルクの銀河系――活字人間の形成』みすず書房

松尾　豊・ＮＨＫ「人間ってナンだ？　超ＡＩ入門」制作班（二〇一九）『超ＡＩ入門――ディープラーニングはどこまで進化するのか』ＮＨＫ出版

三宅陽一郎（二〇一六）『人工知能のための哲学塾』ＢＮＮ新社

森川幸人（二〇一九）『イラストで読むＡＩ入門』筑摩書房

ラニアー、Ｊ／井口耕二［訳］（二〇一〇）『人間はガジェットではない――ＩＴ革命の変質とヒトの尊厳に関する提言』早川書房

和田伸一郎（二〇〇三）「マクルーハンの《感覚比率》概念について――ブルデューの《ハビトゥス》概念との比較から」『ソシオロゴス』二七、一七一―一九一〈http://www.l.u-tokyo.ac.jp/~slogos/archive/27/wada2003.pdf（最終確認日：二〇二一年三月二五日）〉

Hassabis, D., et al. (2016). Mastering the game of Go with deep neural networks and tree search. *Nature, 529*. 484–503.

Knight, W.（二〇一九）「機械学習で「真の知性」を持つ機械は作れない、元ワトソン開発者」、*MIT Technology Review*（法人契約版）〈https://www.technologyreview.jp/s/130780/the-man-who-helped-invent-virtual-assistants-thinks-theyre-doomed-without-a-new-ai-approach/（最終確認日：二〇二一年三月二五日）〉

LeVine, S. (2017). Artificial intelligence pioneer says we need to start over. *Axios*, Sep 15, 2017.〈https://www.axios.com/artificial-intelligence-pioneer-says-we-need-to-start-over-1513305524-f619efbd-9db0-4947-a9b2-7a4c310a28fe.html（最終確認日：二〇二一年三月二五日）〉

Madrigal, A. C. (2019). How a feel-good AI story went wrong in Flint. *The Atlantic*, Jan 3, 2019.〈https://www.theatlantic.com/technology/archive/2019/01/how-machine-learning-found-flints-lead-pipes/578692/（最終確認日：二〇二一年三月二五日）〉

Somers, J.（二〇一七）「人工知能バブル　三度目の冬はやってくるのか」*MIT Technology Review*, 二〇一七年十月一七日（法人契約版）〈https://corporate.technologyreview.jp/s/57438/is-ai-riding-a-one-trick-pony/（最終確認日：二〇二一年二月二七日）〉

Tibken, S.（二〇一八）「あらゆる条件下での自動運転は今後も実現しない――Waymo の CEO」2018.11.14.〈https://japan.cnet.com/article/35128626/（最終確認日：二〇二一年三月二五日）〉（Tibken, S. (2018). Waymo CEO: Autonomous cars won't ever be able to drive in all conditions. Nov.13, 2018〈https://www.cnet.com/news/alphabet-google-waymo-ceo-john-krafcik-autonomous-cars-wont-ever-be-able-to-drive-in-all-conditions/（最終確認日：二〇二一年三月二五日）〉

Waters, R. (2018). Why we are in danger of overestimating AI. *Financial Times*, Feb 5, 2018.〈https://www.ft.com/content/4367e34e-db72-11e7-9504-59efdb70e12f（最終確認日：二〇二一年三月二五日）〉

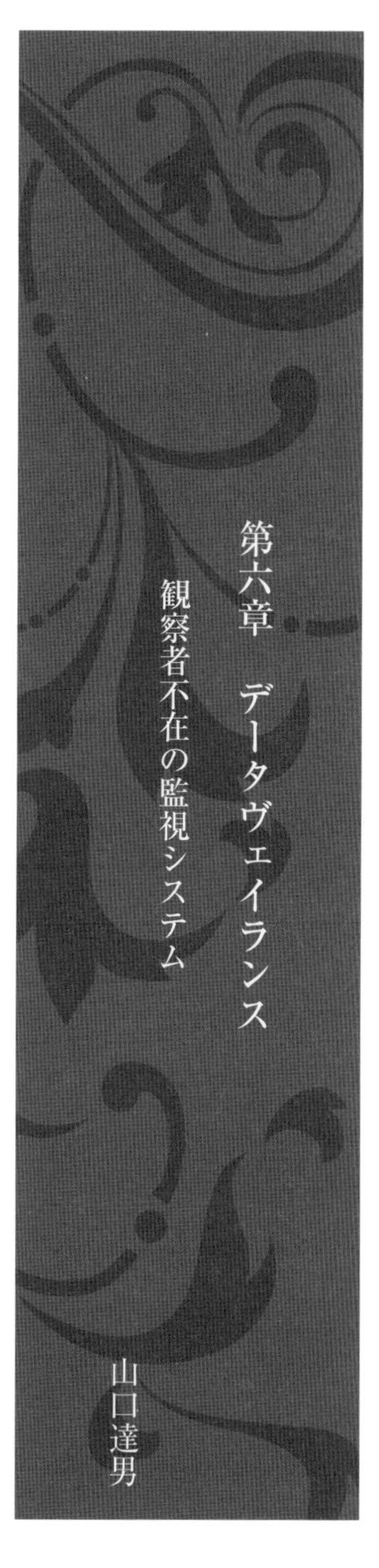

# 第六章　データヴェイランス

## 観察者不在の監視システム

山口達男

## 第一節　はじめに

あなたは何者かに「見られている」と感じることはあるだろうか。もし「見られていた」としたら、どのような感覚に陥るだろうか。意味がわからず呆然とするだろうか。その不気味さに恐れ戦くだろうか。その事実に憤慨するだろうか。いずれにせよ、心穏やかではいられまい。誰かに「見られる」という事態は私たちを動揺させ、うろたえさせるのだ。この動揺を、ジャン゠ポール・サルトルは現象学的立場から「羞恥」と名づけている。

ところで、「見られる」という体験が成立するには、「主観」（見る者）と「対象」（見られる者）の二者関係が構築されていなければならない。「主観」が「対象」に「まなざし」を向けることで「見る／見られる」という構図が確立されるのだ。サルトルはこうした「まなざし」（regard）を現象として考察するなかで「羞恥」を指摘したわけだが、しかし、私たちは「見られること」を現象学的な意味で日々つねに体験しているわけではない。というのも、私たちが日常的に「見られている」と実感するのは、たとえば繁華街や住宅街、店舗内に設置されている「防犯カメラ」、携帯端末に搭載されたGPS機能を利用した「見守りサービス」、インターネットの履歴やSNS上のつぶやきといったデータの「収集」に対してでもあるからだ。こうした事例においては「監視」（surveillance）という問題として事態は浮かび上がってくる。本章では、「監視」とその関連技術の実状を踏まえながら、「みる／みられる」という問題系に対する視角を設定したい。

さて、世の中には「監視研究」と呼ばれるものがある。デイヴィッド・ライアンなどはこの名称を独立したディシプリンを示す語として積極的に標榜しているのだが、その端緒を開いたのはミシェル・フーコーである。彼はジェレミー・ベンサムが考案した監獄「パノプティコン」（Panopticon）を援用することで、「監視」を「権力」（pouvoir）による「規律訓練」（discipline）を果たすための戦略・技術として位置づけている。その際指摘されているのは、パノプティコンでの監視において「対象」である囚人たちは「主観」となる看守に対し自らの「身体」を現前させていなければならない一方、「主観」は「対象」に自身の姿を必ずしも晒す必要はない、という事実だ。この構図は、サルトルの「まなざし」論にもうかがえる。「対象」の「身体」は「主観」の眼前にあらねばならないが、他方の「主観」は物陰に身を隠して「対象」を見ていても良い。「まなざし」は「主観」の存在する場所に関わらずに成り立つ現象なのだ。つまり「監視」や「まなざし」といった〈視線〉の特徴として、「対象」はつねに「身体」を「いま・ここ」に現前させている必要があるが「主観」は必ずしもそうではない、という主／客の非対称性をあげることができる。私たちは自身の「身体」が今まさに現前しているこの場で、どこかに潜む何者かの〈視線〉によって「見られている」という実感を抱くのである。しかし監視の現状を鑑みると、実はこうした「見られること」の基底的な条件が無化しつつあることが判明する。

## 第二節　〈視線なき監視〉と観察者の不在

というのも、現在主流となっている監視手法は、ライアンがいうところの「データ監視」（Dataveillance：*data* +

*surveillance*〉であるからだ。その名が端的に表しているとおり、私たちの日常的活動から抽出された「データ」を対象とする実践が、現代社会における監視の様態なのである。本来「監視」は現前している「身体」に向けられる〈視線〉であったわけだが、データ監視では身体が志向されず、あくまで「データ」の収集・分析・処理に終始する。この事態をライアンは「身体の消失」と名づけるのだが、それは同時に監視という実践から〈視線〉が消失していることをも意味する。とはいえ、データに様々な分析と処理を施し、諸々の措置を実行することによって私たちの行動や振る舞いに何らかの作用や効果を生じさせるものであるかぎり、その営為は「監視」と呼びうる。フーコーがパノプティコンの分析をもとにしつつ喝破したように、私たちの行ないを統御することが監視の要諦であるからだ。とするならば、データ監視は〈視線なき監視〉とも呼びえよう。

このようにデータ監視を〈視線なき監視〉として捉えるとき表面化してくるのは、観察者が不在になるという事実だ。もちろん、国家や企業などデータを収集する者が観察者ではないのか、と訝る向きもあるかもしれない。あるいは、パノプティコンも観察者が不在ではないか、との指摘もあろう。たしかに、パノプティコンは観察者が中央に聳える観望塔に不在であっても規律訓練が発動していく構造となっている。だが、観察者の実際の有無を問わず、囚人にとっては看守が観察者として想定されている。したがって、観察者が本来的に不在とはいえない。一方、データ監視は原理的に観察者が不在なのである。それは、「データ」が〈素材〉的な存在であるという事情が絡むからだ。「ビッグデータ」の特性を概観することで、このことの真意を詳らかにしていこう。

ビッグデータとは、一般的なコンピュータでは処理することが困難なほど膨大なデータ群のことであり、その容量はエクサバイト級以上のものを指すとされている。また、Volume（規模）、Velocity（速度）、Variety（多様性）の、いわゆる「3V」が新たなパラダイムに突入したデータ概念としても位置づけられている。なかでも「多様性」に着目し、それを「無差別性」ないし「無目的性」と捉え直すと、データが〈素材〉的なものであることがはっきりする。というのも、無差別的なデータということは、それを利活用する「目的」が事前には定められていないことを意味するからだ。事実、ビッグデータ領域においては、その膨大なデータ群から特定のパターンを発掘（マイニング）することで、事後的にデータ活用の「目的」が設定されていく。つまり「データ」は「目的」を析出する際の〈素材〉となっているわけだ。

そして、〈素材〉性を有するデータからパターンを発掘（マイニング）するにあたっては、難解なアルゴリズムをプログラムされた人工知能（ＡＩ）がその任に就いている。無際限に生成され続けることで日々指数関数的に増殖する「無差別」なデータ群に対し、人間を上回る処理能力を有するＡＩが発掘（マイニング）作業に携わるのは、至極当然のことであろう。とすれば、「データ」に対し何らかの操作を直接に行使するのは、国家や企業、さらにはデータ分析者（アナリスト）などの人称的存在ではないことになる。操作主体であるＡＩは具体的な「誰か／何か」に還元しえない非人称的な存在だからだ。

〈視線〉にもとづいて「見る／見られる」関係を把捉する場合、見られる側、すなわち「対象」は、「いま・ここ」に現前する私、ないしは私たちの「身体」であった。一方、見る側、すなわち「主観」は、パノプティコンの場合ならば看守、サルトルの場合ならば「他者」といった形で人称的な存在、少なくとも人称的な存在に還元しうるものが位置づけられていた。しかし、物理的な「身体」から〈素材〉的な「データ」へと「対象」が移行することで〈視線〉を消失させたデータ監視においては、観察者の座も「身体」に〈視線〉を投げかける人称的存在から、膨大なデータ群（ビッグデータ）を高速に処理するＡＩなどの非人称的存在へと移譲される。したがって、「主観」を「何者か」として想定することができなくなる。だからこそ、データ監視においては観察者が原理的に不在なのである。

つまり、データ監視とは「主観／対象」という従来の監視関係に見出せていた両項のうち、一方の「主観」が欠落した形で実践されているわけだ。そのため、私たちの「見られる」という体験も「主観」＝観察者が不在、少なくとも人称的存在として特定や想定するのが不可能な状況のなかでなされる。しかし実は、〈視線なき監視〉＝データ監視においても〝主観〟に該当する者がいる。それは私たち自身、すなわち「自己」である。この点を現在急速に技術が向上してきている「顔認証」から考えてみたい。

## 第三節　「顔」の〈素材〉化

顔認証とは、まず各人の顔画像を入力=登録することで、そこから顔の形状検出処理が行われ、顔貌における目鼻立ちなどの特徴点を抽出し、その特徴点にもとづいて「誰の顔か」ということを推定した上で、個人を同定していく技術のことである。つまり、私たちの「顔」が有する特徴点は、顔貌内における位置情報という形でデータに還元されており、それがあらかじめ入力=登録された「私という個人」に紐づけられることで認証すべき人物か否か判断されるのだ。このような実状は、私たちの顔貌がもつ特徴点が、私たちの「顔」を構成する〈素材〉=データとして取り扱われていることを意味している。

こうした顔認証技術は近年、日常生活の多くの場面で見受けられる。たとえば、二〇一五年にリリースされたスマホ用アプリ「snow」は、カメラで認識した顔にもとづいて目鼻の位置などをリアルタイムに検出・処理しながらアニメーションを付加することで動画像上の顔に加工を施すことができ、若年層の間で爆発的に流行した。二〇一七年に発売された「iPhone X」においても、それまでの指紋認証システム「Touch ID」に代わって顔認証システム「Face ID」が搭載され、スクリーンロックの解除などを自らの顔で行うことが可能となった。さらには「無人コンビニ」のように顔データを電子決済システムと連携させることで、レジを通さずに商品を購買できる〝顔パス〟も実用化されつつある。もちろん、監視領域にも顔認証技術は応用されており、空港や街頭に設置されているカメラの一部には、歩行者の顔を識別し、事前に入力=登録された顔データと合致する人物を特定することで、逃亡犯やテロ容疑者の発見・追跡が可能な機能を持つものもある。こうした事例はすべて、AIなどの非人称的な存在によって、私たちの「顔」が〝見られる〟ことで実行されている。

ところでエマニュエル・レヴィナスによれば、「顔」(visage)とは「私」にとっての「外部性」、すなわち「他なるもの」として「無限性」を有する「他者」の現れのことである。つまり「他者」は「顔」として「私」の前に顕現し、「私」は「顔」を通して「他者」と邂逅するわけだ。ということは、「私」の「顔」もまた誰かにとっての「他者」として顕現しているのであり、その者に対しての「外部性／無限性」となる。いずれにせよ「顔」というのは、つねに還元しえないものというのがレヴィナスによる存在論的な理解なのである。だが、顔認証技術はこうした「顔」をデータ＝〈素材〉へと還元することで、その存在論的な位置から〝降格〟させているのだ。

さて、先述した顔認証の事例は顔貌の「測位（ポジショニング）」による「身元確認（アイデンティフィケーション）」を旨とするものといえる（snow は測位のみ）。この場合、身元を確認しようとしている主体（主観）として、私たちは企業や法執行機関などを想定することができる。もちろん、非人称的なＡＩに〝見られる〟ことで顔認証は行われるわけだが、その背後には人称的存在がいることを思い浮かべることができてしまうのだ。したがって、パノプティコン的な効果がそこには生じる。身元確認が〝不正〟の防止や摘発につながるため、人びとは規律の遵守、とまではいえないにせよ、少なくとも〝ルール〟に従うようになるからである。しかし、同じ顔認証技術を用いたもののなかでも、Face ID とともに iPhone X に実装された「Animoji（アニ文字）」に注目してみると、顔認証のパノプティコンとは異なる側面を明らかにできる。

## 第四節　〝表情〟への従属

「Animoji」とは、iPhone のカメラがユーザーの顔を認識することで、顔の動きを画面上の３Ｄキャラクターにリアルタイムで反映／再現させる機能のことである。したがって、そこでは「身元確認」がそもそも目指されていない。そして、そうしたキャラクターはアニメーション型の絵文字として他ユーザーに送信することが可能なだけではなく、iPhone のテレビ電話機能「FaceTime」で自身の顔の代わりにすることさえできる。いわば Animoji は顔認証技術とモーションキャプチャー技術が融合したテクノロジーといえるわけだが、見逃してはならないのは、それが〝表情〟にもとづくコミュニケーションを実現するポテンシャルをも有している点だ。

従来、顔認証技術は「顔」をデータ＝〈素材〉へと還元する過程で、その「表情」を捨象している。「顔」にもとづく個人の同一性を保証する際には、特段「表情」は関係ないからである。むしろ、都度異なる表情に影響されて犯罪者と誤認されたり、スマホのロック解除ができない方が困る。つまり顔認証技術においては、そもそも「表情」というコミュニケーションのコンテクストを規定したり、それに依存したりする要素は無用なのだ（逆に、こうした「表情」の性質こそが「顔」の存在論的な特性のひとつでもある）。しかしAnimojiは「顔」を〈素材〉化した上で、顔の動きをキャラクターの動作に反映／再現することで〝表情〟として再構築ないし模倣する。これは、「顔」のデータ化＝〈素材〉化によって、顔の個性的な動きであるはずの「表情」を、無個性的で画一的な「パターン」に収束させることで実現している。その上で、先述のFaceTimeは「表情」をともなう対面的状況を擬装し、Animoji同士のコミュニケーションを行なっているわけだ。

このとき、私たちは実際の「表情」よりもAnimojiの〝表情〟をコミュニケーション上のサブチャンネルとして利用し、それにもとづいた相互行為（インタラクション）に邁進することとなる。もちろん、「表情」と〝表情〟の間には一定のズレが生じると予想されるが、しかし、現前するのが〝表情〟であるかぎり、私たちの「表情」はそちらに引きつけられる形で変化せざるをえない。私たちはデータ＝〈素材〉から再構成された自分あるいは相手の〝表情〟を観察することで、実際の「表情」を制御（コントロール）し、コミュニケーション上のコンテクストへの適正化（モジュレーション）を試みていくのである。そして、そのように制御された「表情」は改めて〝表情〟へと再構成され、以下同様の過程が繰り返される。つまり、Animojiというシミュレーションあるいはヴァーチャルな〝表情〟に、私たちのリアルかつアクチュアルな「表情」が従属していくこととなる。むしろ、コミュニケーション的には〝表情〟の方こそがリアル／アクチュアルとさえいえる。

存在論的に本来「顔」は「他者」の顕現であり、「他者」と邂逅する場であった。またそれは「表情」をともなうため、コミュニケーションのコンテクストを規定するものでもある。しかし顔認証技術は、「顔」をデータ＝〈素材〉に還元してしまうがゆえに、「他者＝無限の外部」としての還元不可能性をその場から追放してしまうと同時に、「表情」をコミュニケーション上のコンテクストから乖離させてもしまう。そのようななかで登場したAnimojiは、対面時には言語化できない固有な情動性や、微妙な意味の襞をともなっている「表情」を「パターン化」し、キャラクター上に反映／再現することで記号的な〝表情〟へと収斂させ、コミュニケーションのコンテクストを水路づけていく機能を有しているのである。つまり、私たちは非人称的なＡＩによって固有の「表情」をコントロールされ、〝表情〟へと回収されるなかでコミュニケーションを遂行していくことになるのである。

## 第五節　おわりに

本章では「みる／みられる」という問題系に対して、「監視」の現在とそこで実用化されている顔認証技術に焦点を当てて考察してきた。まず、フーコーによる監視の議論とサルトルによる「まなざし」論を概略的に参照することで、〈視線〉とは「いま・ここ」に現前する「身体」を「対象」とする一方、〈視線〉を投げかける「主観」はその姿を「対象」の眼前に必ずしも晒す必要はないことを指摘し、そのような非対称性こそが〈視線〉を向けること／向けられること、すなわち「見ること／見られること」の基底的な条件であったことを明らかにした。「見られる」という状況は、今まさに自らの身体が現前している「この場」でこそ生じる事態のことであったわけだ。

しかし、身体ではなく「データ」をその対象とする「データ監視（ヴェイランス）」によって惹起される「身体の消失」は〈視線〉の消失をも意味するため、現在主流の監視手法は〈視線なき監視〉と称しうるものであった。そしてデータ監視において、その対象となる膨大なデータ群（ビッグデータ）を操作し、処理を加えるのは、国家や企業などの人称的な存在ではなく、難解なアルゴリズムをプログラムされたＡＩといった非人称的存在であるがゆえに、〈視線なき監視〉は観察者が不在の実践であると判明した。

こうした事情を踏まえつつ、監視領域で利用されている「顔認証技術」に着目したとき明らかになったのは、存在論的には何がしかに還元することが不可能であったはずの「顔」が、「不在の観察者」であるＡＩによってデータ＝〈素材〉へと還元されるようになっているという事実だった。そして、「顔」をデータ化＝〈素材〉化することで成立するAnimojiにおいては、顔の動作である「表情」が「パターン化」され、それにもとづいてキャラクターの記号的な〝表情〟として再構築されるのであった。つまり、私たちは「表情」によってコミュニケーションのコンテクストが規定されているのではなく、いまや〝表情〟によってコンテクストが画一化的に誘導されていく状況に置かれている。言い換えれば、ＡＩによる「顔」の〈素材〉化から算出＝産出されたヴァーチャルな〝表情〟と、私たちの物理的身体である「顔」の動きによって生じるアクチュアルな「表情」を相補的に関係させることで、コミュニケーションが進行していく事態に私たちは現在巻き込まれているわけだ。

　であるならば、自身の〝表情〟を観察することで、〝表情〟によって誘導されたコミュニケーション上のコンテクストに自らの実際の「表情」を一致させていく「自己」（self）の存在が強調されざるをえない。というのも、「表情」と〝表情〟の自己言及的な関係は、「自己」による「自己」の「制御（コントロール）」（control）、あるいは「自己」による「自己」の〈配慮（ケア）〉（care）と看做しうるからだ。〈視線なき監視〉において「主観」、すなわち人称的な観察者は不在であるものの、そこに応用されている顔認証技術に注目していくと、不在であるはずの〝主観〟の位置に私たち自身＝「自己」が定位される事態になっていることがわかる。したがって、観察者不在の監視システムである「データ監視（ヴェイランス）」＝〈視線なき監視〉とは、いわば「自己」が〈素材〉化され、そこから再構成された〝自己〟を改めて「自己」が「見る」（「自己」に〝自己〟が「見られる」）事態を示している。こうした「自己を見て、自己に見られる」という円環的な関係こそ、「監視」の営為から見出しうる現代社会における「みる／みられる」の実態なのではないか。

## ◉引用・参考文献


サルトル、J-P／松浪信三郎［訳］（二〇〇七－二〇〇八）『存在と無――現象学的存在論の試み　Ⅰ－Ⅲ』、筑摩書房（Sartre, J-P. (1943). *L'être et le néant: Essai d'ontologie phénoménologique*. Paris: Éditions Gallimard.)

大黒岳彦（二〇一六）『情報社会の〈哲学〉――グーグル・ビッグデータ・人工知能』勁草書房

大黒岳彦（二〇一八）『ヴァーチャル社会の〈哲学〉――ビットコイン・VR・ポストトゥルース』青土社

美研クリエイティブセンター［編］（二〇一四）『高精度化する個人認証技術――身体的、行動的認証からシステム開発、事例、国際標準化まで』エヌ・ティー・エス

フーコー、M／田村　俶［訳］（一九七七）『監獄の誕生――監視と処罰』新潮社（Foucault, M. (1975). *Surveiller et punir: Naissance de la prison*. Paris: Editions Gallimard.)

山口達男（二〇一九）「〈衆人監視〉時代の「自己配慮」――フーコー権力論に基づくビッグデータ監視の考察」『社会情報学』七(二)、一七-三二

ライアン、D／河村一郎［訳］（二〇〇二）『監視社会』青土社（Lyon, D. (2001). *Surveillance society: Monitoring everyday life*. Buckingham, UK: Open University Press.)

レヴィナス、E／熊野純彦［訳］（二〇〇五－二〇〇六）『全体性と無限　上・下』岩波書店（Lévinas, E. (1961). *Totalité et infini: Essai sur l'extériorité*. Leiden: Martinus Nijhoff.)

# 第七章　アイドルコンテンツ視聴をめぐるスコピック・レジーム

## マルチアングル機能とVR機能が見せるもの[1]

塙　幸枝

### 第一節　はじめに

テレビやDVDの映像を見ているとき、カメラの動きにもどかしさを感じたことはないだろうか。たとえば気になる人物をカメラが追ってくれなかったり、注意を向けていた対象物が突如フレームの外側に追いやられてしまったりするような場合である。そのような違和感やもどかしさは、映像を見るという行為において通常は後景化されているカメラフレームの存在を意識の俎上に載せ、それを自分の意のままに操作してみたいという欲望を抱かせる。

こうした感覚は、映像の無難な読みに逆らった「マニアックな見方」をしようとする場合ほど、強く意識されることになる。たとえば熱烈なファンによるアイドルコンテンツの視聴などは、その好例といえるだろう。「(カメラに抜かれていないときも)つねに自分の〈推し〉[2]だけを見ていたい」とか、「(カメラに映っていない)背中のショットを見てみたい」とかいった要求は、支配的な映像視点[3]とはかけ離れたものであるがゆえに、なかなか実現されることはな

[1]　本章は「神田外語大学研究助成」を受けた内容を含む。

い。しかし昨今、こうしたマニアックな見方をかなえるかのような視聴機能が流通しつつある——その一つが「マルチアングル機能」である。

マルチアングルとは「複数のカメラでアングルを変えて同時に撮影した各映像を一つのタイトルの中に収録し、これらアングルの異なる各映像をユーザーの好みにより切り替えて視聴できるようにした機能」[4]を指し示し、一般的には、野球中継などのスポーツ視聴にもちいられてきた。それが近年では、とりわけアイドルのライブDVDなどのコンテンツで重宝されるようになっている[5]。

たしかにマルチアングルは、その名のとおり、視聴者のマルチ（多様）な読みを可能にするものであるかのように思われるし、視聴者にとっても概ね好意的に受け入れられている。おそらくそれは、マルチアングル視聴が支配的な映像視点にとらわれない「ファン目線」を代理する、という幻想を抱かせてくれるからであろう。

この「ファン目線の代理」とは、肉眼で見る視覚世界の忠実な代理や復元ということを意味するのではない。というのも、視覚テクノロジーは肉眼で見る以上の何か、ファンの欲望に適った視覚世界を構成するということまでを包摂するからである。しかもそこで獲得される視覚の様式は、従来的な映像視聴や映像文法のあり方をゆるやかに更新する可能性すらはらんでいる。そのような視覚の変容は、アイドルコンテンツの視聴行為をめぐるスコピック・レジーム——視の制度——の問題として捉えることもできる。

マーティン・ジェイは近代における「視の制度（スコピック・レジーム）」を論じるなかで、遠近法が及ぼした視覚の変容について以下のように指摘している。

> ここで注目すべきは、遠近法において想定されている眼は単眼であって、日常的な両眼視覚の場合とは違うということである。あくまでも一つの眼が一つの覗き穴を通して、前方の情景を見ると考えられていたのである。しかも、この単眼は動かず、まばたかず、位置が固定されたものと想定されていた。したがって、後の科学者が言

うところの、一つの焦点から別の焦点へと跳躍する眼の「断続性運動」などは、そこになかったのである。ノーマン・ブライソンの言葉を借りれば、その単眼は〈一瞥（グランス）〉の論理にではなく、〈凝視（ゲイズ）〉の論理にしたがっていた。単眼によって切り取られたワンショットは時間を超越し、一つの「視点」に還元され、脱身体化されたのである。

（ジェイ 二〇〇七：二七）

新たな技術の登場による視覚の様式の変容は、マルチアングル機能にも通底する。マルチアングル機能がもたらす「マルチ」な視覚とは、肉眼におけるそれとはかけ離れたものであるし、そもそも映像を見るという行為はつねに視線の制御や誘導をともなう。それにもかかわらず、人びとがマルチアングル機能に一定の価値を見出そうとするのはなぜなのか。本章ではこのような問題意識を出発点としながら、マルチアングル機能が見せるもの（見せないもの）を検討していく。さらにそのうえで、近年台頭しつつあるＶＲ機能のような視覚テクノロジーにも言及しながら、映

---

[2] アイドル文化において〈推し〉と〈担当〉という語はどちらも「自分が応援するメンバー」という意味をもつが、両者は微妙なニュアンスの差を含む。どちらの語を使用するかはジャンルによっても異なるが、（たとえば「同担拒否」という表現が示すように）後者は前者に比べてファンのアイデンティティと強固に結びつく語として認識されることもある。本章ではファンの存在を幅広く見積もるために〈推し〉という語をもちいる。

[3] 「多くの場合、眼は映像の表面上をあてもなく漠然と彷徨っているわけではなく、シークエンスの特定の場所へと導かれていくのだ。監督は人間の眼のこの習性を利用して、支配的映像（dominant contrast）を使って見る人の視線を誘導していくことに成功するのである。支配的映像とは、著しく目立ち注目せざるを得ないような他の部分との差異を強調され、思わずそこに視線を向けてしまうような映像領域のことである」（ジアネッティ 二〇〇三：六八-七一）。

[4] 日本ビデオ協会ビデオ用語集「マルチアングル」〈http://www.jva-net.or.jp/glossary/data.php?langKey=%E3%81%BE&kind=461（最終確認日：二〇一九年八月八日）〉

[5] マルチアングル機能の導入はさまざまなジャンルに及び、コンサートやフェス、舞台演劇と多岐にわたるが、その多くに「ライブイベント（時間・場所の一回性と共有）の映像化（疑似的な体験）」という共通点がみられる。

像を見るという行為における視線の変容を探る。

## 第二節　視聴のパーソナライズ

一般的に、映像コンテンツにおけるマルチアングル機能は、視聴のパーソナライズを可能にするといわれてきた（木全ほか二〇一二、安部ほか二〇一〇）。たとえばテレビ視聴や映画鑑賞においては、通常どの視聴者も、すでに編集されパッケージ化された同一のコンテンツを受容するしかない。だからこそ、ベルナール・スティグレールが語るように、それらの映像メディアは「見る」ことをつうじて人びとをシンクロさせ、集団化を促す装置として機能しうるのである。[6] 他方でマルチアングル機能の場合には、アングル選択というシステムによって、視聴者個人の趣向に合わせた個別的な視聴が可能になる、すなわち視聴のパーソナライズが（たとえ僅かにではあるにせよ）指向されるということになろう。その意味で、一見すれば、マルチアングル機能は集団性よりもむしろ個別性と強く結びつくように思われる。

ここで一つの事例をみてみよう。ジャニーズのアイドルグループ Kis-My-Ft2 のライブ Blu-ray『2015 CONCERT TOUR KIS-MY-WORLD』[7] には、特典として「マルチアングルＬＩＶＥ映像」が収められている。当該コンテンツが一風変わっているのは、「自分だけのオリジナル編集でＬＩＶＥ映像を楽しめる」という触れ込みのとおり、映像編集を疑似体験させるつくりにある。視聴者はまず「マルチアングルＬＩＶＥ映像」に収録された全九曲のなかから任意の一曲を選択する。次画面に移ると、曲の構成要素となる「イントロ」「Ａメロ」「サビ」といったパートが提示され、視聴者はパートごとにカメラアングルを選択する（図7-1）。カメラアングルは基本的に七パターン用意されており、曲のパートとアングルの組み合わせ次第で、数多の映像構成が可能になる。

一見すれば、当該コンテンツのマルチアングル機能は、選択の複数性と視聴の個別性を実現するようにもみえる。

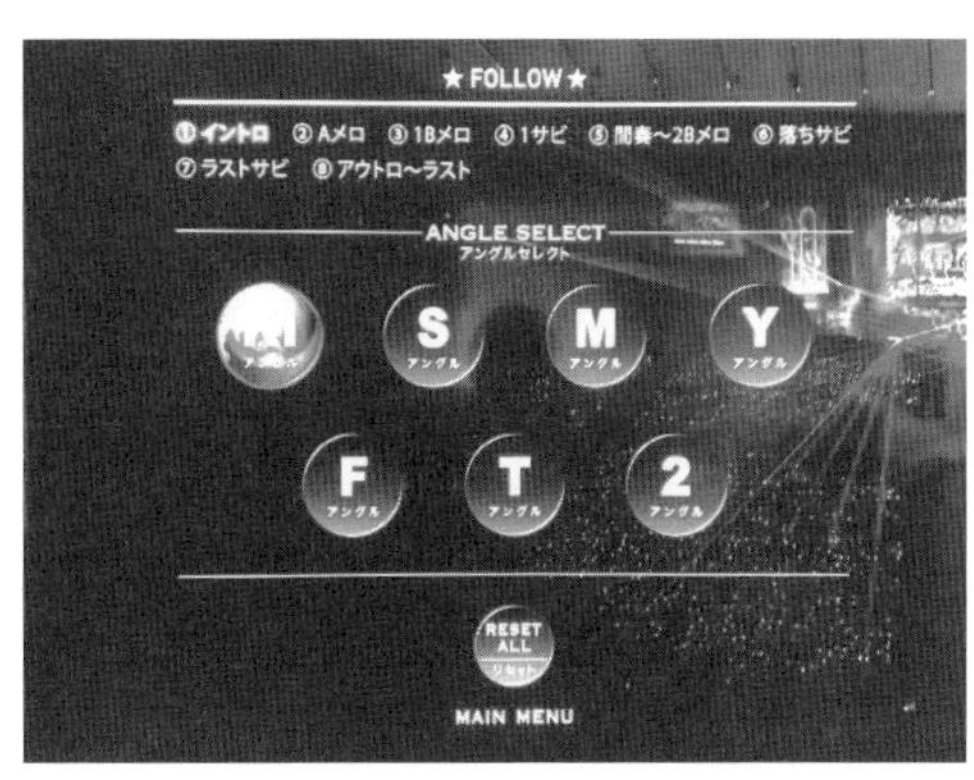


**図 7-1　マルチアングルの操作画面**
（Kis-My-Ft2『2015 CONCERT TOUR KIS-MY-WORLD』より）

しかし実際のところ、そこで想定されている「マルチ性」はきわめて限定的である。というのも多くの場合、アイドルコンテンツにおけるマルチアングルとは、あるメンバーの「ソロアングル」を意味するものとなっており、そこで用意された視点は、つねに特定の被写体に貼り付けられた視点（すなわち、特定のメンバーを追尾する視点）となるからである。[8] そもそもマルチアングル機能では、「アングル切り替え」以外の操作選択は与えられておらず、アングル画面を一度選択した後は、視点（フレーム）を動かすことも、被写体を拡大・縮小することもできない。その限りにおいて、マルチアングル映像はメインアングル映像（支配的な映像）における視線の制約を解くものではなく、むしろメインアングルとは別の支配的な映像視点を提示するものである、ともいえよう。

しかし、ファンはこうした限定性に不自由さを感じるのではなく、むしろそこに積極的な意味を見出しうる。それは、マルチアングル機能によって提供される〈推し〉と結びついた固定的な視線が、「〈推し〉を見る私」

［6］「文化産業、特にテレビは、並はずれた規模で人々をシンクロさせる機械なのです。人々が同じ出来事を同時にテレビで生放送で見るとき何が起こるかというと、何千万ひいては何億人という単位での世界中の意識が、同じ時間的なものを同時に自分のものとし、それを取り入れ、体験することになるのです」（スティグレール 二〇〇六：六一）。

［7］二〇一六年一月に発売された。DVDとBlu-ray全三形態のうち、マルチアングル機能はBlu-ray盤のみに搭載されている。

［8］図7-1でいえば、アングルセレクト画面の「KI」「S」などはメンバーの頭文字を表わしており、選択肢の数は「メンバーの総数」になる。

としての自らを再認する契機になるからである。アイドルとファンの関係性は、「見る」という視覚的行為への依存度がきわめて高い。ファン活動においては、「見る」こと（自分が誰を見ているのかということ）こそが[9]、アイドルとファンを繋ぐ回路となるからである。しかもアイドルをめぐるまなざしは、アイドルを「見る」という方向性だけではなく、自分が誰のファンなのかを「見せる」（グッズを保持したりやメンバーカラーを身につけることで、周りから見えるようにする）というベクトルを孕むこともある。そう考えてみると、マルチアングル機能における視線の限定性は、ファン活動全般のなかで実践される「限定的な選択肢のなかの個別性を重視する」というファンの態度の一環として位置づけることもできる。

## 第三節　フレームの外部と真正性

マルチアングル機能が――たとえ限定的な「マルチ性」を実現するものであるにせよ――「視聴のパーソナライズ」を指向することは、すでに確認したとおりである。しかし多くの場合に、それがライブ映像コンテンツに導入されている点に関しては一考の余地がある。というのも、ライブというイベントが「現場の一回性の共有」を指向するものだとすれば、その映像化に際してはライブビューイングのような集団性を指向する視聴方法をもちいるほうが妥当であり、視聴の個別性を指向するマルチアングル機能はむしろそれとは正反対の性質をもつように思われるからである。この点については、マルチアングル視聴のもう一つの重要な側面――そこでの個別的な複数の視点の集積が、フレームの外部をめぐる想像を喚起し、ひいてはライブというイベントの一回性やアイドルという存在の真正性の証左になりうるという点で、ある種の集団性や全体性を指向するものとなっている、という側面――に着目する必要がある。

私たちは映画やドラマなどの映像を見るとき、四角く切り取られた画面に映る光景から、フレームの外部に広がる（画面には映らない）時空間を想像しつつ、映像世界を補完的に捉えていく。映像を見るという行為において、画面外とは「映像表現のフレームのなかには実際には存在していないが、その外側にあって、可能的・潜在的に存在しているもの」(宇波 一九九六：五五)であり、それによって、私たちは映像を奥行や広がりのあるものと理解できるわけである。これをふまえれば、マルチアングル映像とは同一場面に対して複数の「別の視点」を提示することで、メインアングル映像に映らない「画面外」の余白を埋め、ライブの現場性を(限定的ではあれ)多角的にシミュレートしようとするものである、と捉えることができる。

先の事例でいえば、「自分だけのオリジナル編集でLIVE映像を楽しめる」という仕組みも、視聴のパーソナライズだけを指向するわけではない。そこでの視聴者はファンとしての視点と同時に、編集者としての疑似的な視点をも保持する。それはつまり、「選択」という行為の前提として、俯瞰的に複数の「選択肢」を獲得するからである。しかも、「編集」は映像の断片を脈絡なくつなぎ合わせるだけでは成立しない。視聴者はメインアングル映像を一度見ているからこそ、マルチアングル映像を楽しむことができるのであって、何の予備知識もなく個々のマルチアングル映像を意味づけたり、それらをつなぎ合わせたりすることは困難である。多くのアイドルファンが自分の〈推し〉だけでなく、グループ全体の事情やグループ間の関係やアイドル産業の仕組みに精通しているように、マニアックな見方を適えるためには、それを「全体」や「主流なもの」からの偏差として捉える必要がある。あるいは見方によっては、メインアングル映像のほうをマルチアングル映像の補完的要素と捉えることもできるが、いずれにせよ、マルチアングル映像とメインアングル映像は相補的な関係にあり、ファンたちはそれらを往還しながら現場の全体像を浮かび上がらせることになる。

フレームの外部への指向性は、同時に、ライブという出来事やアイドルという存在の「真正性」を担保する役割も

---

[9] たとえファンであることの根拠をアイドルの内面や楽曲に見出そうとする場合でさえ、可視性を抜きにして考えることはできない。

担っている。つまり、マルチアングルによって複数化された視点が「それはその時、その場所で、たしかに起こっていた」という事実を立証するためのパーツとして機能するわけである[10]。その意味で、ファンが求めているのはおそらく「完璧な」映像だけではない。本来であればカットされてしまうようなハプニング――〈推し〉が歌詞を忘れたり、振りを間違えたりする姿――こそが貴重な瞬間になりえるのは、ファンたちにとってそうした細部や断片の収集が真正性を想像的に補強するための有用な手がかりになるからである。

図 7-2　マルチアングルにおける視点の複数化
（マルチアングルライブ SILENT SIREN『フジヤマディスコ』より）

## 第四節　テクノロジーによる視線の変容

マルチアングル視聴がフレームの外部を補完できるかのような幻想をもたらすことは、皮肉にも、映像を見るという行為が一定のフレームを随伴することを思い出させてくれる。マルチアングル機能は、映像を見るという行為の不自由さを解消するようにみえて、他方で、視聴者はそれが肉眼をとおして見る視界と大きく異なることを意識せずにはいられない。それを示唆するように、複数のアングルからの映像が並置された「アングル選択画面」では、個々のフレームの境界線がより一層はっきりと可視化される。

マルチアングル機能を操作したことがなくとも、図7-2のようなアングル選択画面には既視感を覚える人が多いのではないか。というのも、それは監視カメラのモニターにおける分割画面を思わせるからである。両者の間には画面形式上の類似性のみならず、モニタリングという監視的視線のあり方においてもその類似性を認めることができる。ここで、監視（surveillance）

**図7-3　監視における視点の複数化**
（レアンドロ・エルリッヒ『部屋（監視Ⅰ）』2006/2017）

に「見張り」と「見守り」の両義性を見出そうとする議論（阿部 二〇一四、ライアン 二〇一二）を参照してみることもできよう。阿部潔が指摘するように「疑念や悪意だけでなく配慮と慈愛をもって相手と関わることも、監視の一側面なのだ」（阿部 二〇一四：一一）とすれば、防犯システムであれアイドルコンテンツであれ、マルチアングル機能における継続的で多角的な注視には、共通の側面を見出すことができるはずである。

レアンドロ・エルリッヒによる『部屋（監視Ⅰ）』[11]は、監視モニターの分割画面を模したアート作品である。そこでは現代社会における監視と視線のあり方が批判的に示唆されるが、それはマルチアングル機能が視点の複数化によって、現実性・真正性を保証しようとする発想とも通底する。この作品で、並置されたモニター画面を隔てる格子状のフレームが不自然に際立っていることは、「何を見るのか」という点と同様に、「どのように見るのか」ということ点を私たちに意識させる。それは見方によっては、私たちの視覚的欲望を反映するものとして捉えてみることもできるだろう。

［10］付言しておけば、マルチアングル視聴におけるこのような側面は、現代のアイドル文化をめぐるさまざまな事象に通底する問題と考えるべきである。とりわけＳＮＳに散見される個々の情報が実況中継のような役割を果たしていることは注目に値する。たとえ現場に行かなくとも、不特定多数のツイートがグッズの待機列や会場運営の混乱具合を知らせてくれるし、〈推し〉の言動やファンの反応を逐一報告してくれる。

［11］同一空間の多角的な監視映像が二五台のモニターに映し出された作品。各モニターに映る机と椅子が置かれた部屋には何の変化も起こらない。

VR空間内の複数地点にインタラクティブに
移動することができます。
LiVRation


**図 7-4　VR ライブ技術**
（「LiVRation」概要説明動画より）[12]

それでは監視カメラの画面、あるいは、マルチアングルの画面をつうじて成立する視線とは、いったいどのようなものなのだろうか。椿玲子はエルリッヒの作品に言及しながら、「監視カメラの映像はネットをつうじて集約され、［中略］パノプティコン（一望監視施設）の延長として到来する監視社会は、すでに現実化した」（椿 二〇一七：八三）と主張している。しかし、マルチアングル的な視点の複数化によって現前する光景は、じつのところ「一望監視」とは真逆の視座によって成立する。というのも、マルチアングルが提示するのは、一点から周囲を見渡す視点ではなく、被写体となる一点をその周囲に配置された複数の目から見つめる視点だからである。これに対して、むしろVRのような新たな技術のほうが、複数化された視点の「集約」を介さない、より一望的な視界を可能にしていくようにも思われる。そのように考えてみた場合、そうしたテクノロジーのもとで、アイドル文化をめぐる視聴行為はさらなる変化のなかに置かれるだろう。

昨今、VR（virtual reality）はすでに様々な領域で活用されている。ヘッドマウントディスプレイを装着することで、目前に立ち現れるVR空間に没入したかのような感覚が味わえる機能は、ライブコンテンツにおいても注目を集めている。たとえば、二〇一八年に発表された遠隔ライブVR配信プラットフォーム「LiVRation」では、VRゴーグルを装着したユーザーが三六〇度マルチポジション技術によってライブ会場の臨場感を体験できる、とされている。

それが既述のマルチアングル機能と決定的に異なるのは、マルチアングルが（視聴者自身の視点とはかけ離れた）複数の視点を集約することで一つの環境や世界像を浮かびあがらせようとするものであったのに対して、VRでは視聴者の身体を基点としたパノラマ的な視野を獲得することが可能になる、という点である。つまり、デバイスのフレームが消失することで、画面の内外の境界が取り払われた視界のなかで映像を「シームレス」に見渡せるわけである。しかし現行のライブをVR対応にした映像コンテンツを視聴してみると、視界をシームレスに見渡せる開放感がある一方で、一定の違和感を拭い去ることができない。VRライブではたしかに、アイドルが目前にいるように感じられるのに対して、アイドルの視線はまるで観客の存在を無視するように奇妙に宙を浮遊しているのである。後ろを振り返ればライブに熱狂する他の観客を目にすることもできるが、周囲を見渡すほど、自分だけがライブ空間の連動的な雰囲気から孤立しているようにも感じられる。

このような状況は、（誰にも見られることなく）見るという行為そのものにますます私たちを没頭させる。他方で、そこでの見る者と見られる者の関係は、従来のライブとは微妙に異なりうる。その一因は、劇場やライブ会場の構造がVRの視界とは異なる文法によって設計されているからであろう。

［俳優は］自分が中心にいること、観客の視線を釘付けにし、自分が焦点になる快感を追及している。例えプロセニアム[13]によって領域が隔てられていようとも、観客に包まれている劇場デザインの必要性を出演者のサイトラ

［12］アルファコード「ライブを超えた体験を可能にする遠隔ライブVR配信プラットフォーム「LiVRation」を開発」〈https://www.alphacode.co.jp/news-events/20180514201632.html（最終確認日：二〇二一年三月二五日）〉

［13］観客席から見て、舞台を縁取る額縁状の部分。プロセニアムをもつ額縁舞台では観客席と舞台が明確に隔てられるため、舞台空間が固定的なものになる。

インは主張している。（本杉二〇一五：一八三、括弧内および注は筆者による補足）

見られる対象の中心性とそれを見る視線の周縁性——それを最大限に実現するのは円形劇場であるが、通常の劇場にも同様の指向は認められる。しかしVR視聴においては、見られる対象は一極的な中心性をもたない。それどころかVRによってパノラマ的に周囲を見渡していると、むしろ自らの身体が会場空間の中心点になったようにも感じられる。このような状況は、新たなテクノロジーの登場によって私たちの視線のあり方が変容すると同時に、支配的な映像の何たるかや、映像をめぐる様々な文法が組み変わっていく可能性を示している。

## 第五節　おわりに：シームレスな視界の行方

視覚をめぐるテクノロジーの発展は、従来的な画面構成とは別の「シームレス」な世界を提示する。このシームレスな視界は（マルチアングル機能以上に）フレームに制御された映像視聴におけるもどかしさや制約を解消したいという視聴者の欲望に応えうる。しかし、そもそも人間のモノを見るという行為自体が様々な制御のうえに成り立っていることを想起すれば、VRというテクノロジーはそれを取り払うというよりも、視覚的な限界に別の提案を与えるものだと考える方が適切である。

見る行為をめぐる「シームレスであること」への欲望は、見る側の視野だけにかかわる問題ではない。見る対象を操作することによっても、ある種のシームレスな状況が可能になるということである。たとえば、昨今、にわかに注目を集めているARアイドルはその最たる例であろう。ARユニット「ARP（AR performers）」のプロデューサーは、ARアイドルが「二次元なのに会える」という価値を保有することに加え、リアルタイムな双方向コミュニケーションを可能にすると述べている。

ある意味で「ＡＲＰは究極のアイドル」です。ダンスも歌も一流で、かつスキャンダルがないからファンを裏切ることもない。［中略］ＣＧもバーチャルですから、ＡＲキャラクターとの親和性は非常に高く、空を飛んだりすることも容易に可能です。他にも、全国で同時にライブを開催するという離れ業を実現できるのも「ＡＲ×キャラクターコンテンツ×ライブ」ならではの特徴と言えるでしょう。[14]

たしかに、ＡＲアイドルはファンの期待に忠実に応えうるという意味では「完璧な」パフォーマーたりえるだろう。しかし他方で、ファンは期待の範疇を超えた出来事によって、ライブの現実性やアイドルの真正性を形成していくという見方もできるのだった。[15]ＡＲＰのライブパフォーマンスはバーチャルキャラクターと「動き」「声」「表情」を担当するそれぞれのキャストの存在の二重性をはらむが、この二重性はファンにとって不都合な事柄ではなく、その二重性も含めてインタラクティブなコミュニケーションを構築しているようでもある。

シームレスな視界にちょっとしたノイズが現れるとき、かえってそれは、自分が見ているものや見るという行為に意識を向ける契機になる。ＶＲライブですら、画像のざらつきや不自然な視界のゆがみに、あるいは、凝視することはできても決して視線を返すことのないアイドルの振舞いに気づくとき、視覚コンテンツやテクノロジーが見せるも

［14］電通テック公式メディアＢＥＡ「会えるＡＲキャラクターにみる、次世代ＡＲコンテンツの可能性――ヒットメーカー・内田明理が生んだ、会える２次元グループ「ＡＲＰ」」〈https://bae.dentsutec.co.jp/articles/arp/（最終確認日：二〇二一年三月二五日）〉

［15］ただし、ここでの期待の範囲外とはマキャーネルのいう「演出された舞台裏」のように、たとえ範囲外を装った想定済みの出来事であってもかまわない。

［16］当然ながら、アイドルをめぐるファン文化において「見る」ことは「会う」ことと接続的に考察すべきであろう。またアイドルがファン同士のコミュニケーションの結節点になるという視点（たとえば、辻二〇一八）も重要である。紙幅の関係上、本章では言及することができなかったが、詳しい議論は別の機会に譲りたい。

の／見せないもの、見るという行為の外部に潜在する何かを意識するメタ的な視点が立ち現れてくる。そもそも私たちのコミュニケーションはノイズや躓きに満ち溢れているという点でシームレスなものではない。アイドルを見るという行為もまた、見ることへのあくなき追求と満たされることのない視覚的欲望との狭間で生じる、継ぎ目だらけの複層化された意識のうえに成り立つものであるといえるだろう。[16]

## ◉引用・参考文献


阿部　潔（二〇一四）『監視デフォルト社会――映画テクストで考える』青弓社

安部光一・前田香織・井上博之・近堂　徹（二〇一〇）「視聴体験の共有を可能にする映像配信システムの設計と実装」『情報処理学会研究報告　インターネットと運用技術』八(三四)

宇波　彰（一九九六）『映像化する現代――ことばと映像の記号論』ジャストシステム

加藤裕治（二〇一六）「スターという映像文化」長谷正人［編］『映像文化の社会学』有斐閣、二一七-二三一頁

木全英明・山口好江・能登　肇・深澤勝彦・小島　明（二〇一二）「インタラクティブな多視点映像視聴の提案」『映像情報メディア学会技術報告』三六（三〇）、三三-三六

ジアネッティ、L／堤　和子・堤龍一郎・増田珠子［訳］（二〇〇三）『映画技法のリテラシーⅠ　映像の法則』フィルムアート社

ジェイ、M／榑沼範久［訳］（二〇〇七）「近代性における複数の「視の制度」」フォスター、H［編］／榑沼範久［訳］『視覚論』平凡社、二一-四七頁

スティグレール、B／メランベルジェ、Gほか［訳］（二〇〇六）『象徴の貧困――一．ハイパーインダストリアル時代』新評論

辻　泉（二〇一八）「「同担拒否」再考――アイドルとファンの関係、ファン・コミュニティ」『新社会学研究』二〇一八年(三)、三四-四九

椿　玲子（二〇一七）「部屋（監視Ⅰ）」近藤健一・椿　玲子［編］森美術館『レアンドロ・エルリッヒ展――見ることのリアル』森美術館、八二-八三

マキァーネル、D／安村克己ほか［訳］（二〇一二）『ザ・ツーリスト――高度近代社会の構造分析』学文社

本杉省三（二〇一五）『劇場空間の源流』鹿島出版会
ライアン、D／田島泰彦・小笠原みどり［訳］（二〇一一）『監視スタディーズ――「見ること」と「見られること」の社会理論』岩波書店

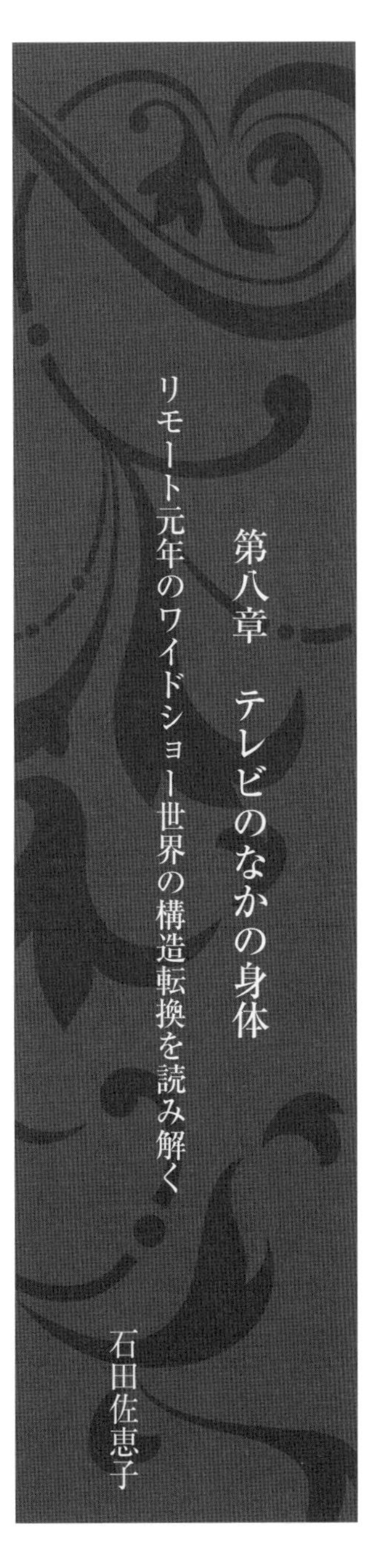

# 第八章　テレビのなかの身体

## リモート元年のワイドショー世界の構造転換を読み解く

石田佐恵子

## 第一節　はじめに：リモート元年、コロナ禍時代における「テレビのなかの身体」

二〇二〇年一月に始まった新型コロナウイルスの世界的大流行は、私たちの暮らしやメディアのありようを根底から変えてしまった。とくに同年三月からの数ヶ月間、全世界の夥しい数の人びとが厳しい行動制限を課され外出自粛を余儀なくされた。その時期には、社交・教育・職場といった直接的な身体を伴う社会生活全般を、ネットを介した遠隔（リモート）コミュニケーションが代替するようになった。それ以前にも遠隔技術は存在していたが、二〇二〇年春には、日常生活の全域を覆うほどに遠隔コミュニケーションが拡大していった。その意味で、二〇二〇年は「リモート元年」と呼ばれる。本書全体の主題は「見る／見られる」であるが、本章では「メディアに登場する身体」、とくに「テレビのなかの身体」について考えていきたい。

かつて、メディアを介した人間関係が現在ほど支配的ではなかった時代には、私たちが他者を「見る」とき常に相手からも「見られる」ことは必然であった。なぜなら、お互いに「見る／見られる」という近接した距離感においてしか、互いの身体をまじまじと見ることはできなかったからである。二〇世紀初頭に「映画」というメディアが社会に登場し、メディアを介した「動く身体」を見ることができるようになった。初期にはサイレント動画だけであったが、後には音声も付随し、活き活きとした他者の身体活動を、スクリーンを介して「一方的に見る」という関係性が大きく進展した。その関係性をさらに推しすすめたのは、二〇世紀中葉に社会に登場した「テレヴィジョン（以下、テレビ）」である。二〇世紀を通して、人間同士の相互に「見る／見られる」という直接的関係性の絶対優位は、メディアを介して「一方的に見る」という間接的関係の増大に侵食されていく。「一方的に見る」関係性は、銀幕やテレビ画面に登場する人びとを「スター」や「アイドル」として見るという志向性を生みだし、私たち（＝無名人）を「見る側」に固定し、彼ら／彼女ら（＝有名人たち）を「見られる側」に固定してきたのである（石田 一九九八）。

まず考えたいのは、メディアを介した身体の「見る／見られる」の一方的関係性を覆したいという欲望が、二〇世紀の後半に、とりわけテレビにおいて出現してきたのではないか、という仮説である。そして、その欲望は、見る側（＝視聴者）をテレビ世界に惹きつける大きな源泉となってきたのではないか。また、二一世紀に入り、インターネットを介して人びとが自分自身の身体を画面上に登場させることが一般化していくにつれ、そのような欲望が開花する場所は大きく変容し、コロナ禍時代、リモート元年に、ついに《反転した世界》が出現したのではないか。テレビのなかの身体、そしてワイドショー世界の構造転換を題材に考えてみたい。

## 第二節　《見る側の代表》としてのスタジオ観客：ワイドショー世界の構造転換①

テレビ番組にはさまざまなジャンルがあり、そこには多種多様な人間の身体が映しだされている。テレビドラマや歌謡番組に登場するのは、「女優」や「トップスター」たちであって、映画と同様に、そこにあるのは「見る側／見られる側」が固定された関係性である。「一方的に見る」固定的関係に閉ざされていない身体は、いわゆる「一般人」が登場するような番組ジャンルに多くみられる。ニュースの街頭インタビューやクイズ番組に友人知人が登場しているのを見るとき、私たちは「見る側」に固定されていたはずの《仲間の身体》をそこに発見して、小さな興奮をえたりする。そのとき、私たちは「一方的に見る」画面の向こう側に、自身の身体もまた登場しうるかもしれないという可能性を見いだす。そしてそのような可能性は、「見る側／見られる側」の固定的関係を覆すような欲望の源泉となってきた。

ここで考察の題材にしたいのは、「ワイドショー」という番組ジャンルである。日本のワイドショーは、『木島則夫モーニング・ショー』（NET、一九六四年）にはじまり、「スタジオ生放送」という形式は、今日に至るまで、ワイドショーやニュースショーを定義づける不可欠なフォーマットとなっている。

既に別のところで詳しく論じた（石田 二〇一〇a）ように、日本における「ワイドショー」番組のジャンル変容は、第Ⅰ期（一九六四年〜）、第Ⅱ期（一九七五年〜）、第Ⅲ期（一九八五年〜）、第Ⅳ期（一九九五年〜）に区分できる。

第Ⅰ期は、ワイドショーがひとつの「ジャンル」として定着していった時期である。その典型的フォーマットとは、話題の当事者をスタジオに呼び、司会者が彼ら／彼女らの話を聞き出す、という形式であった。前述の『木島則夫モーニング・ショー』には、蒸発した家族を捜す者、生き別れになった者同士が再会するコーナー、事故の被害者や目撃者、有名歌手や来日した外国人など、さまざまな話題が取りあげられ、当事者が生出演した。ときには犯罪被疑者の家族など、出演を依頼して「連れてきた」にもかかわらず、諸事情が急変し出演させることができないこともあったという（浅田 一九八七）。

第Ⅰ期のワイドショー・スタジオは世界のさまざまな〈出来事〉の中心にあり、すべての〈出来事〉は、司会者を媒介にして生で進行するものだった。そこには、「見る側」に固定されていた一般の人びとが、当事者となることによって「見られる側」へと移動する可能性が常に開かれており、不思議な引力で視聴者を惹きつけていた。

一九七〇年代半ばに導入された二つの技術が番組フォーマットを大きく変容させるきっかけとなり、ワイドショー・ジャンルは第Ⅱ期に突入する。その二つの技術とは、ENG（電子ニュース取材システム）と衛星中継である。

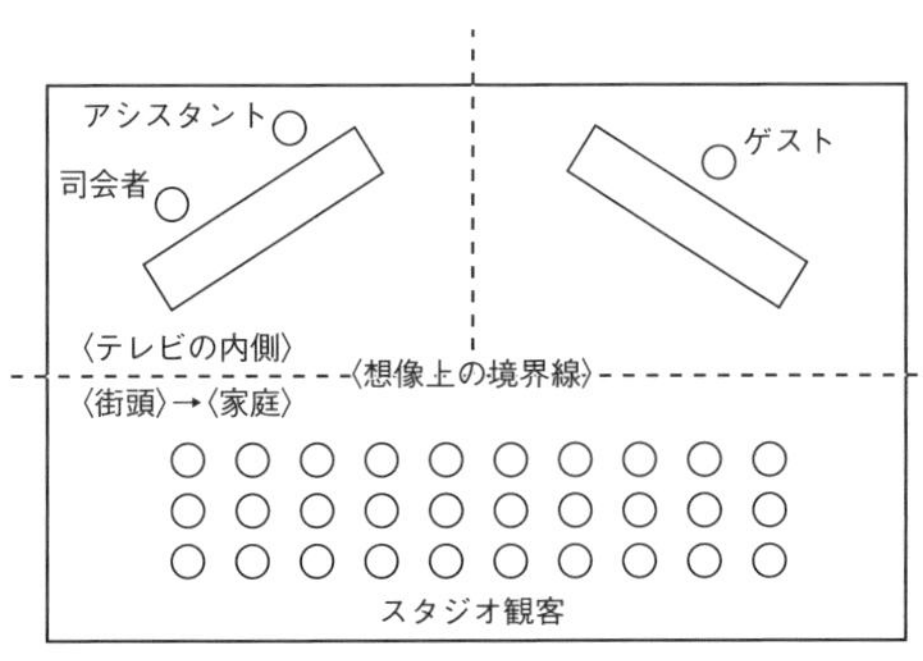


**図 8-1　初期のワイドショー番組のスタジオ・セット**（石田 2010a）

ＥＮＧは現像を必要としないビデオカメラの技術を基礎にしており、それ以前のフィルムカメラがもっていた制約が取り払われ、取材現場からただちに映像を伝送する技術によって、より速いニュース送信が可能となった。中継放送が容易になったため、当事者をわざわざスタジオに呼ぶ必要はもはやなくなった。こうして、スタジオこそが世界の中心であった形式から、「事件現場にリポーターが飛び出していき、外部の〈出来事〉を伝える」という形式へと大きく変化した。芹沢俊介は、この構造転換を「ワイドショーの世界認識の組み換え」と呼んでいる（芹沢 一九八六）。

ワイドショー世界の構造転換は、スタジオ・セットのありようからも読み解くことができる。第Ⅰ期にはインタビュー形式が中心であったから、スタジオ・セットもインタビューする者とされる者とが対峙して向きあい、それをスタジオ観客が見物する、という構造となっていた（図8-1）。スタジオ内には「視聴者代表」としての観客（＝平日朝に放送局に来られる主婦）が数十人集められた。第Ⅰ期のワイドショーでは、スタジオは世界の中心であり、すべての〈出来事〉がそこで起こり、スタジオ内には「見られる側（＝出演者）」と「見る側（＝視聴者）」とを分ける〈想像上の境界線〉が配置されていた。

ワイドショーが始まる前の一九五〇年代には、テレビ受像機の一般家庭への普及はすすんでおらず、街頭や店頭でテレビを見るという経験が一般的だった。ワイドショーのスタジオ観客は、一九五〇年代の体験そのままに、あたかも「街頭の野次馬」のごとく、そこで展開される〈出来事〉に参加し、

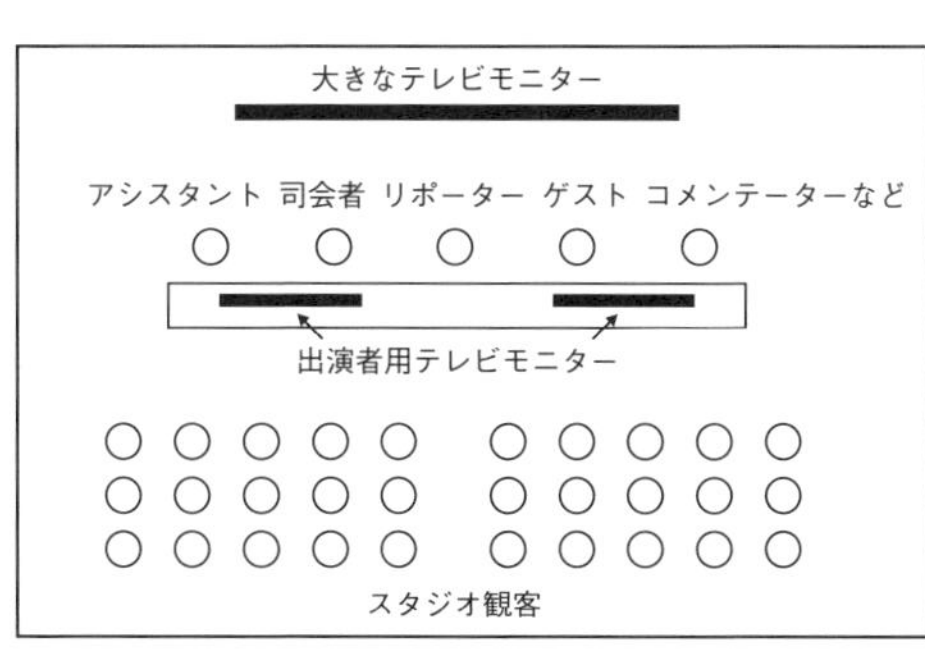


**図 8-2　ENG システム以降のスタジオ・セット**（石田 2010a）

その共通経験が茶の間（＝視聴者のいる空間）に届けられることが重要と考えられていた。スタジオ内に直接的な「見る／見られる」関係を導入することで、出演者たちが自然な対話を行うことができ、その場に臨場感が生まれる効果が意図された（浅田 一九八七）。こうして、第Ⅰ期ワイドショーには、人間同士の相互に「見る／見られる」という直接的関係性が二重構造として画面（＝スタジオ）内に配置されたのである。

第Ⅱ期（一九七五年〜）に入り、ワイドショーにリポーターが登場し現地取材の素材提示が中心になると、スタジオ構造は図8-2のように変化する。図8-2は『2時のワイドショー』（日本テレビ系、一九七二〜九二年）の放送台本に描かれたスタジオ・セットをもとにしたものだが、このようなスタジオ・セットは当時のワイドショーの典型であり、一九八〇年代半ばまで一般的なスタイルであった。

第Ⅱ期ワイドショーの出演者は、並列して個別のモニターを見ながら話をすすめる。スタジオ観客は、中央に置かれた巨大モニターでＶＴＲ素材を見ながら、視聴者が家庭でテレビを見ているのと同じように、ＶＴＲとスタジオでの会話を交互に眺める、という形になる。

ワイドショーのスタジオ構造とは、テレビの映し出す世界の縮図である。ワイドショー・ジャンルの第Ⅰ期と第Ⅱ期において、「見る側＝視聴者代表」としての「スタジオ観客」が存在したことがとくに重要である。

第Ⅰ期には、話題の主人公たちが一同スタジオに会し、インタビューを受け、それぞれの物語を語る。その〈出来事〉に立ち会う「スタジオ観客」たちもまた画面に映り込んでいる。第Ⅱ期になると、スタジオにはもはや当事者は存在せず、事件の現場からリポーターやVTRが〈出来事〉を伝える形式に取ってかわったが、そこに立ち会う「スタジオ観客」たちはまだ画面に映っている。スタジオ観客たちは「〈出来事〉の立会人」としてもっぱら「見る側」に置かれてはいるが、それと同時にテレビ画面に登場する「見られる側」としても存在する、二重構造の登場人物たちなのである。そしてそれらの人びとは、メディアを介した身体の「見る／見られる」の固定的関係を表現しながら、同時にそれを覆すような可能性を指し示している。

## 第三節　スタジオ観客の消失と解釈共同体：ワイドショー世界の構造転換②

ワイドショー・ジャンルが第Ⅲ期へと変化していくきっかけとなったのは、一九八五年の秋に起きた事件であった。ワイドショー・ジャンルの成立期から二〇年に渡って放送されてきた『アフタヌーンショー』（テレビ朝日系列）が、「やらせ」事件で問題となった。それは「女子中学生リンチ事件」をセンセーショナルに扱った話題だったが、当初は「やらせ」ではなく、カメラの前で起こった暴力事件そのものが問題とみなされていた。この事件を機にテレビ朝日は厳しい批判にさらされ、担当ディレクターの懲戒解雇処分、番組打ち切りが決定された（ばば 二〇〇一）。

第Ⅲ期（一九八五年〜）になると、すべての〈出来事〉はカメラの前で起こり「映像化されていなければニュース価値がない」といった、視覚中心主義の取材のありようが全面化していく。『アフタヌーンショー』は打ち切られたが、ワイドショー番組は、一九八〇年代に次々と起こる重大事件を素材に高視聴率を維持した。その後一〇年間に渡って、番組編成上拡大をつづけ、「ワイドショー全盛期」ともいえる増殖をつづけていくことになる。

ワイドショー・ジャンルが三度目の構造転換を余儀なくされたのは、いわゆる「ＴＢＳビデオ問題」が発覚した一九九六年である。その前年、一九九五年のメディア報道は、阪神・淡路大震災と地下鉄サリン事件で埋め尽くされていた。とくに春から夏にかけて、オウム真理教信者たちが連日・連夜テレビに出演し自らの主張を展開した。ワイドショーも圧倒的時間数を割いてオウム報道を行なった。この枠組み自体は、第Ⅲ期ワイドショーの特質をそのまま引き継いでいたものといえる。

「TBSビデオ問題」の発端となったのは、一九八九年秋『3時にあいましょう』（TBS系列）の取材時に起こったオウム教団とのトラブルだった。その直後に起こった坂本弁護士一家失踪事件は長く未解決のままだったが、オウム犯罪の一つとして明らかになったのは一九九五年のことである。これに対し、TBSが事実関係を確認し認めるまでに五ヶ月ほどかかっている。最終的に、関係した二名のプロデューサーの懲戒解雇処分、TBS社長・専務の辞任、『スーパーワイド』（『3時にあいましょう』の後継番組）、『スペースJ』、『モーニングEye』の三番組が打ち切り、ワイドショーを制作する社会情報局は廃止となった（原口 一九九八）。こうして、視覚中心主義のワイドショー番組のあり方は大きな転換点を迎えることになった。

第Ⅲ期から第Ⅳ期にかけて、ワイドショーのスタジオ構造はどのように変化していったのか。この時期には、〈出来事〉を映し出す映像の力が最も重要視され、スタジオからは次第に「見る側の代表としての観客」の姿が消えていった。[1] ワイドショーにおいて「スタジオ観客」を入れる演出が下火になったのは、アルバイトとしての観客動員が困難になり、番組ごとに人員を確保することが難しくなったとの説もある。いずれにせよ、多くのワイドショーでは、スタジオ観客は不可欠な要素ではなくなり、社会的に重大な事件・事故が相次いだ時期には芸能ニュースも縮小されて、番組専属だったリポーターの数も減少し、それにかわって、ワイドショー・スタジオには「コメンテーター」が必ず登場するようになっていった（小池 二〇〇一）。

[1] ただし、例外もある。たとえば、みのもんたの『午後は○○おもいッきりテレビ』（日本テレビ系列、一九八七～二〇〇七年）で、中高年女性を中心としたスタジオ観客とのやりとりは番組を特色づける重要な演出となっていた。

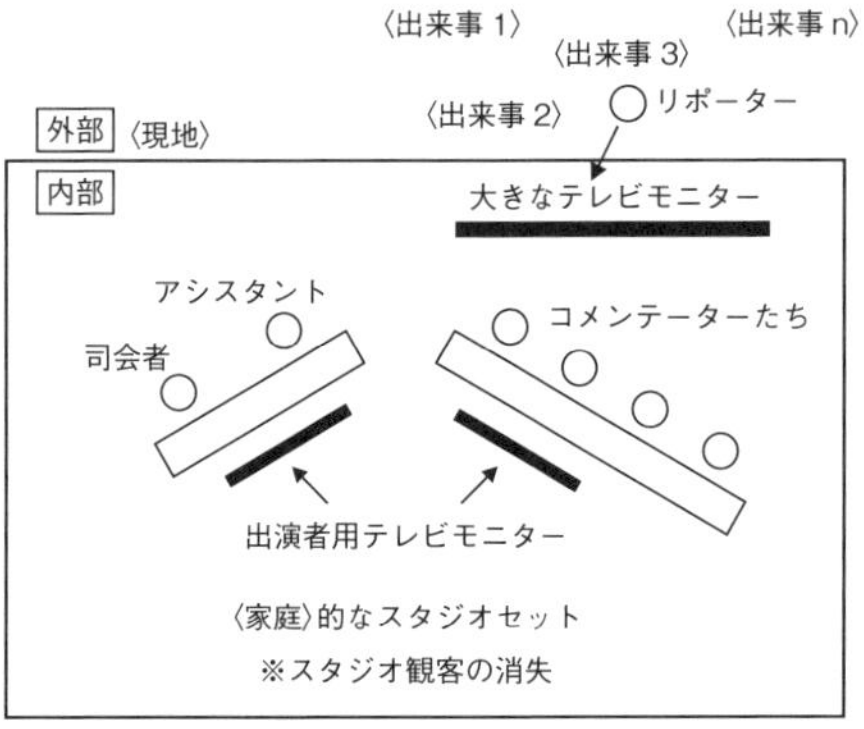


**図 8-3　コメンテーター中心の時代のスタジオ・セット**（石田 2010a）

図8-3は、図8-2の時代と基本構造は同じであるが、スタジオ・セットにはリビングルームのような家具と内装が施され、家庭的イメージが強調されている。ワイドショーで伝えられる事件や事故、さまざまな〈出来事〉は〈外部〉で起こり、VTRで〈内部〉へと持ち込まれる。リポーターが〈現地〉から生中継することもあるが、第Ⅳ期（一九九五年〜）になると、VTRにナレーションが付けられているだけのことも多くなった。どのような悲惨な〈出来事〉であろうと、それはどこか遠い場所で起こっており、ワイドショー・スタジオにはそれとは無縁の安全地帯、解釈共同体だけが残される（石田二〇一〇b）。見る側の代表であった「スタジオ観客」は消失し、テレビの〈内部〉は「見られる側」だけの閉じられた世界へと変容していったのである。

このようなスタジオ・セットに存在するコメンテーターたちは、「いま・ここ・私たち」を構成する解釈共同体を正統化し強化する役割を果たす。第Ⅳ期においては、ワイドショーの主役たちは、以前にも増して「ヒール（悪役）」と「ヒーロー」の組み合わせとなり、両者の対立が煽り立てられ、分かりやすい勧善懲悪的世界観が蔓延するようになる。ワイドショー・タレントであれ、時の政権のヒーローであれ、取材対象者との共謀関係が透けて見えるような話題が「強制された自然さ」とともに提供されるのである。

水島久光と西兼志は、ウンベルト・エーコの「パレオTV／ネオTV」という概念を紹介しつつ、この時期のテレビ表現に起こった変化について述べている（水島・西二〇〇八）。パレオTVとは「世界の出来事に開かれている窓」であり、ネオTVとは「視聴者の望むものを映し出す鏡」として対比され、一九九〇年代以降のテレビの表現形式を特徴づけるものとして論じられている。ここまで述べてきた、スタジオ観客が消失しコメンテーターによる解釈共同体を提示するのみのワイドショー世界もまた、典型的な「ネオTV」であると言えるだろう。

## 第四節　アフターテレビジョンの時代：ワイプ表現の登場

二〇〇〇年代以降、ワイドショー・ジャンルはさらなる構造転換を迎え、第Ⅴ期と呼べる時期となった。第Ⅴ期への変化を決定づけるのは、インターネットにおける動画共有サイトの登場（二〇〇五年、YouTube の設立）と多くの類似サイトの台頭、無数の「一般視聴者による」動画投稿がそれらを埋め尽くす時代への突入であろう。それは、テレビ以後（＝アフターテレビジョン）の時代として特徴づけられる（伊藤・毛利二〇一四）。

第Ⅴ期のワイドショー・スタジオも、依然としてコメンテーター優位のままであることは間違いない。変化があるとすれば、一部の番組に「スタジオ観客」が戻ってきたこと[2]と、コメンテーターが有識者だけでなくお笑いタレントやワイドショー・タレントにまで拡大したことである（加地二〇一八）。そして、数の増えた登場人物たちを、絶え間なく画面上に登場させるために隅に小さな窓が設けられ、入れ替わり「顔のクローズアップ」が表示されるようになったことである。これは、「窓ワイプ」「ワイプ表現」と呼ばれる画面上の演出手法である。

［2］インターネット時代になると「スタジオ観客」の動員はエキストラ派遣会社が組織的に請け負っており、安価で割りの悪いアルバイトとして定着している。主要二社、（有）アプローズは二〇〇〇年設立、CLAP & WALK は二〇〇五年に設立されている。

テレビ制作側の意図としては、「窓ワイプ」の機能として「人気者の顔で継続的に視線を集め、ライブ感で関心を引くもの」と定義されている（古閑 二〇一三）。二〇〇〇～二〇一〇年代には、ワイドショー・ジャンルだけではなく、バラエティ番組や情報番組にも広く「ワイプ表現」が取り入れられるようになった。

西兼志は、自身が直接に目にすることのできない〈顔〉とは、自己と他者、親密さと違和、近さと遠さ、内と外が交差する「あいだ」、すなわち「メディア」であると捉え、テレビタレントの誕生を論じている（西 二〇一六）。西によると、「ワイプ表現」が表しているのは「情動のみからなったリアクション」であり、「見る側と見られる側を同一化」する回路として開かれたものだという。

ワイドショー・ジャンルの第Ⅴ期には、「見る側／見られる側」の固定的関係を覆すような欲望は同、一化の欲望に代替され、「見る側」は「スタジオ観客」に代表されるのではなく「ワイプ芸人」と称される登場人物たちへの同一化に宿っている。その一方で、こうした「ワイプ表現」には非常に強い批判の声、嫌悪の声も聞かれる。第Ⅳ期に出現した閉じられた解釈共同体の情動を、「見る側」の代表としてのワイプ芸人たちが視聴者に強制する構造が強い拒否反応につながるのだろう。

## 第五節　コロナ禍時代のテレビのなかの身体：リモート出演者の登場

冒頭で述べたように、二〇二〇年一月に始まった新型コロナウイルスの世界的大流行は、私たちの暮らしやメディアのありようを根底から変え、ワイドショーに代表されるスタジオショーのデザインも大きく変化した。

図8-4は、番組内で伝えられる〈出来事〉が多重化しているだけではなく、遠隔コミュニケーションによって多元化した世界像を表現する、コロナ禍時代のスタジオである。図8-3と同じく、スタジオ・セットにはリビングルームのような家具と内装が施され、家庭的イメージが強調されている。しかし、コロナ禍のただなかにおいて、スタジ

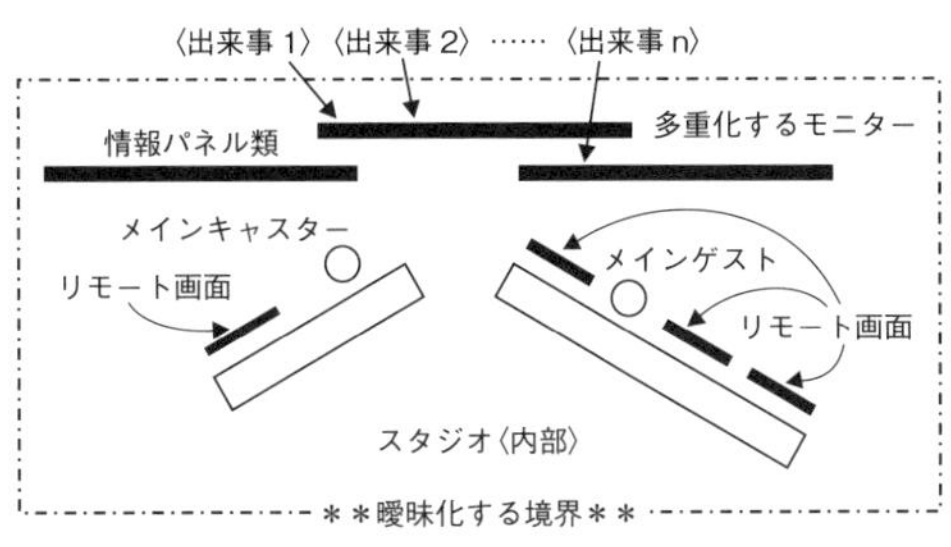


図 8-4　コロナ禍時代のスタジオ・セット

オ観客はもちろん、出演者もスタジオから姿を消し、生身の身体は最小化された。リモート出演者たちがマス目に切り取られた枠内に並ぶ光景は、ワイプ出演者を複数並べて大きくしたようでもあり、また、私たちの多くがその時期に経験したZOOMなどの遠隔コミュニケーションのありようにきわめて似ているものだった。番組によって技法は若干異なるものの、どの番組も、リモート出演者たちがスタジオ内部にいるかのようにデザインを凝らしている（秋山 二〇二〇）。リモート出演者のもたらす空虚感によって解釈共同体の虚構が顕わになっていてもなお、スタジオ構造からの生中継にこだわりつづけるテレビのありようがそこにはある。

視聴者にとっては、コロナ禍時代は、テレビ画面、動画共有サイト、そして、遠隔コミュニケーションによる日常生活そのものが、同じような映像経験をもたらすものとなった。だが、大きな違いもある。遠隔コミュニケーション技術においては、私たち自身もまた、画面に登場することが必然となった点である。メディアを介した身体の「見る／見られる」の一方的関係性は、ついに見る側と見られる側の境界を徹底的に曖昧化し、どちらがどちらから見ているとも分からない《反転した世界》を出現させたのである。

長く私たちは、映画メディアやフィクション・ジャンルのテレビ番組を介して「見る側／見られる側」の固定された関係を経験してきた。そして、二〇世紀後半、テレビ時代のある時期、ワイドショーやクイズ番組など、一般視聴者が画面に登場する特定のジャンルにおいて、「見る／見られる」の固定的関係性を覆すような欲望の回路が生まれた。のちにその回路は、ニュースショーやバラエティ番組全体に拡がり、技術的・時代的な変化に影響を受け、開かれたり閉じられたりしながら、テレビに映し出される身体のありようを変化させてきた。そして、二〇二〇年、コロナ禍時代に、その固定された関係性は根底から変化したと読み解くことも可能であろう。

## 第六節　結びにかえて

アフターコロナの時代に、ワイドショーのスタジオ構造が恒常的に変化していくのか、それはあきらかな第Ⅵ期への突入と呼べるのか、判断するにはもう少し時間が必要である。誰もの身体が「見られる」側に置かれるメディアの回路は、インターネットの動画配信サイトや写真共有サイト、そして遠隔コミュニケーション技術において全面的に花開いている。それらの映像群は、テレビが構築する〈出来事〉とはまったく異なる水準の《出来事》を私たちに伝えている。こうして、私たちは「見る側／見られる側」の固定的関係とは、ある特定の技術に基づいたある時代のメディアが作りあげた様式に過ぎなかったことを知るのである。それは、メディアを介した身体の「見る／見られる」の一方的関係性を覆したいという欲望の完全勝利の瞬間なのかもしれない。

### ◉引用・参考文献

秋山具義（二〇二〇）「ワイドショーのリモート出演の見え方もデザインだと気付いた瞬間に目からウロコポロリ」『note』〈https://note.com/gugitter/n/n2b91a23221a1（最終確認日：二〇二一年三月二五日）〉
浅田孝彦（一九八七）『ワイド・ショーの原点』新泉社
石田佐恵子（一九九八）『有名性という文化装置』勁草書房
石田佐恵子（二〇一〇ａ）「家庭空間とワイドショー的世界――ワイドショー・ジャンルの成立と拡散」吉見俊哉・土屋礼子［編］『大衆

文化とメディア』ミネルヴァ書房、二二一-二四九頁
石田佐恵子（二〇一〇ｂ）「メディア表現は〈当事者〉の敵なのか」宮内　洋・好井裕明［編］『〈当事者〉をめぐる社会学――調査での出会いを通して』北大路書房、一四一-一六一頁
伊藤　守・毛利嘉孝［編］（二〇一四）『アフター・テレビジョン・スタディーズ』せりか書房
加地伸行（二〇一八）『マスコミ偽善者列伝――建て前を言いつのる人々』飛鳥新社
小池振一郎（二〇〇一）『ワイドショーに弁護士が出演する理由』平凡社
古閑忠通（二〇一三）「情報・バラエティ番組の演出要素定量分析の試み――プライムタイム番組の分析調査から」『放送研究と調査』六三(五)、六八-八一
芹沢俊介（一九八六）「ワイドショー・その解体の構図」『知識』五八、一六〇-一六九
西　兼志（二〇一六）『〈顔〉のメディア論――メディアの相貌』法政大学出版局
ばばこういち（二〇〇二）『されどテレビ半世紀』リベルタ出版
原口和久（一九九八）『メディアの始末記――ＴＢＳビデオ問題』新風舎
ヒグマルコ（二〇二〇）『新型コロナウイルス・ＮＥＷＳウォッチ「コロコロ日記」』リーダーズノート出版
水島久光・西　兼志（二〇〇八）『窓あるいは鏡――ネオＴＶ的日常生活批判』慶應義塾大学出版会

# 第 III 部

## 表象空間から考える〈みる／みられる〉

# 第九章　デジタルファッションメディア空間における視線と言説

## インスタグラム、ファッション、規範的女性像

高馬京子

## 第一節　はじめに：ファッションメディアの「デジタル的転回」

ファッション研究の領域でよく引用されてきた言葉として、「語られて衣服はファッション（服飾流行）になる」というものがある。これはロラン・バルトによる『モードの体系』（バルト 一九七二）からの引用だが、彼が示唆したようにファッションメディアとは、写真に収められた衣服を言説によりファッションとして「投錨」する機能をもっており、したがって衣服を服飾流行へと構築し、伝達する装置として捉えられてきた。

ファッションメディアは時代によって変化してきた。たとえば一四世紀初頭には、パリの衣装店が王家貴族の女性のために考案した衣装を着せた人形が考案され、さらに一八世紀には、それは当時の流行衣装をつけた「レディドール」（ファッションドール）としてヨーロッパ各国に伝えるメディアとなっていた（『世界大百科事典第2版』）。また、一八世紀の後半になると「ファッションプレート」（服飾版画）がファッションを伝達するメディアになり、そして一九世紀になると、印刷技術の発展から雑誌が誕生し、ファッションメディアとしてのファッション誌も創刊され、さらに交通の発達によって、ファッション流行情報が遠くの異国へも伝えられるようになった。

二〇世紀は、マスメディアとしてのファッション雑誌が大衆向けにもファッションを構築し、伝達するメディアとなっていった。その一方で、ストリート（街）で隆盛したイギリスの一九六〇年代のミニスカート、また、一九七〇年代のパンクファッション、日本の一九九〇年代の原宿におけるファッション（『FRUiTS』に収められたもの）などの事例をみても、公に発信された場であるストリート（街）も広義においては、ファッション情報を伝達する場・媒体、すなわちファッションメディアだったといえるだろう（日本記号学会二〇一九）。そして一九九〇年代にはインターネットが本格的に普及しはじめ、それからこんにちへと至るまで、ファッションメディアは著しく多様化しつつある。たとえばファッション雑誌のオンライン版、ファッションブログ、フォーラム、あるいは、フォロワー数も様々なSNSの個人・企業のアカウントなど、ファッションメディアもまた「デジタル的転回」（Titton 2016）といわれる状況を迎えている。このような変化を踏まえ、欧米では二〇〇九年以降、個人が運営するファッションブログに着目した研究（Rocamora & Bartlett 2009）を皮切りとし、デジタルメディアとファッションに関する様々な研究が展開されていった（Rocamora 2015）。

伝統的なファッション雑誌によるデジタルメディア分野への進出がますます一般化しつつある今日、それらは、提言するファッションをとおしていかなる規範的女性像を構築・提示しようとしているか。また、その読者＝フォロワーたちは、その女性像に対していかなる視線を投げかけているのか。個人によるファッションブログとは異なり、ファッション企業やファッションメディアの声とされていた「企業ブログ」（Rocamora 2011a: 411）もまた、昨今ではSNSアカウントへと移行しつつある。SNSアカウントはフォロワーや読者によるコメントや反応を惹起するものといえるが、それによってファッションをめぐる流行や規範的女性像はいかにして構築・伝達されていくのか。あるいは、それは国によって、たとえば日本とフランスでは差があるのだろうか。

本章ではこれらの問いに立脚したうえで、株式会社ハースト・デジタル・ジャパン――いちはやく一九九六年からオンラインサイトを運営しており、また、二〇一六年に設立された「雑誌も発行するデジタル・パブリッシャー」―

—によって出版されている『ELLE JAPON』および『ELLE France』のSNSインスタグラム・アカウント空間を事例として、編集者と読者＝フォロワーの交差する視線により構築されているファッション、さらには規範的女性性について検討していく。

## 第二節　なりたい自分になろうとすること：メディアで構築された「規範的不安」を越境するためのファッション

メディアとファッション、そして規範的女性性の関係とは何か——これについて、まず考えていこう。ファッションとジェンダーについてカルチュラル・スタディーズの視点から考察するスーザン・カイザーは、ファッションを身に着けることで、人種・階級・年齢・国境・性別といった既存の「境」を越えて「私は何になろうとしているのか」と語り、ファッションとアイデンティティ形成について言及している（Kaiser 2013: 2–30）。

理想の自分になるために、どのような「境」を越えさせようとしているのか。そのモチベーションとなる規範的女性像——「理想の自分」といったもの——を社会的に形成しているものの一つが（それに追従するか否かは別にして）ファッションメディアだといえるだろう。では「今の自分」ではない、理想の自己像を既存の境を越えて形成しようとする欲望はいかにしてもたらされるのだろうか。

ソースタイン・ヴェブレンの提示した「顕示的消費」——近代産業社会の成立以降、上流階級が行なってきた自己の力を見せつけるための代行消費のことで、多くのファッション研究者がこれに依拠して議論を展開してきた——にみられるように、そもそも「階級」とは乗り越えるべき規範であった。また、ゲオルク・ジンメルの定義によれば、自分が欲望する対象と「同調」し、そうでない他者集団から「差別化」しようとする、相反する欲求をみたすものがファッション（流行）だとされる（ジンメル 一九八九）。そこから考えると「階級」に関しては、より上層の階級が有する趣味との同調、別集団の趣味との差別化を顕示する装置の一つとしてファッションが存在する、ということになる。

他方、ピエール・ブルデューは『ディスタンクシオン』において生活様式や趣味に関する社会階層研究を展開したが、その視点から考えてみると、ゲートキーパーとしての上流階級におけるファッションの「趣味」が、ブルデュー的な意味での「生まれつき自然に身に付いたかのような文化」として構成・規定され、その上流階級趣味としてのファッションが模倣されていたとされよう。上流階級趣味ということでいえば、現在でも英国王室のメンバーはファッションのゲートキーパーとしてファッションメディアを賑わせているが、今やそれは一つの事例にすぎない。それ以外にも、たとえば女優、スーパーモデル、「一般の」ブロガー、またインスタグラマーなど、ファッションのゲートキーパーは多様化している（日本記号学会 二〇一九）。

現代のデジタル化されたファッションメディアをつうじて、（資本主義）社会はそれぞれ要請するそれら「規範的女性像」のライフスタイル、立ち振る舞い、外見などを提示することで、まず、その像であるモデルにたどりついていない読者の不安感、すなわち「規範的不安」（Giet 2005: 71）を煽る。そして、その「不安」を解決するであろう様々な商品、サーヴィスを提示することにより、（読者がそれに追従するか否かは別にして）消費を促そうと意図する仕組みが存在する。このとき読者は、雑誌をとおして構築された規範的女性像を「鏡」のように、自己の「似姿」として、もしくは自己の（手の届かない）「理想像」として錯視し、「規範的不安」を抱くよう誘われるのである。

## 第三節　ファッションマスメディアにおける三つの視線：マスメディア時代の見る／見られる

雑誌上で構築された「規範的女性像」へと近づくよう読者を誘うため、ファッションメディアは衣服や化粧を商品として提示し、「規範的不安」の解消に結びつくような消費を促す装置として機能する。井上輝子が議論するように、そのように形成された「女性像」は一九六〇年代までは、結婚・家事・育児に専念することこそを女の幸せとする、性役割イデオロギーと結びついていた（井上・女性雑誌研究会 一九八九：三一一〇）。しかし一九七〇年代以降は、性役割の「再編成」が起こり、女性のライフスタイルが多様化した。さらに若さ、美しさを強調することによって、「女性は美しくなければいけない」という要素が女性の性役割に付加されたという（井上・女性雑誌研究会 一九八九）。つまり女性は、男性から「見られる」存在として、「いつも若々しい身体を持ち、美しく化粧し、ファッショナブルな服を身に着け、性的魅力に富んだ存在」（井上・女性雑誌研究会 一九八九）としてイメージされるようになったのである。

異性愛にもとづく女性ファッション雑誌に描かれる規範的であり、かつ、社会的にファッション化された女性像をめぐる視線として、ジョン・バージャーが提示する「内在化された社会的男性の視線」（バージャー 一九八六：三一一〇）に加えて、そのファッション化された女性モデルの姿を鑑賞する同性である女性読者の視線（フス 二〇〇一）の存在も指摘されてきた。女性読者にとって、そのモデルが同一化するための対象であることを知らせる見出しが［隠喩的にも写真の］横に記されていることで、観察者である読者をこのファッション化された女性像への同性愛へと誘うのではなく、このモデルへの「同一化」を誘うこととなるとする。それにより、異性愛男性に見られたい欲望を抱きながら鑑賞する視線を強要していくと論じられている（フス 二〇〇一：一四八）。

とくにバージャーの議論は、異性愛者としての女性読者のアイデンティティ形成を考えるための手がかりを与えてくれる。すなわち男性の「観察者＝他者」としての視点と、女性の「被観察者＝自己」としての視点（バージャー 一九八六：五）をともに内在化させ、それら「「他者」と「自己」の視線を［自己の内側で］交差させることでアイデンティティを構築」（Olivier 2009）するよう誘導されていたといえる。このように、ファッション雑誌に描かれてきた、異性愛を基盤としたファッション化した身体は、男性の視線が前提とされ、見る／見られる視線によって規範的男性の欲望と、望まれる社会的存在としての規範的女性像が構築される。

フーコーやグレスレ（Greslé 2006）らは視線と描写に関連して「画家」「モデル」「観察者」の関係性に論及しているが、

これに対してティナ・リチャードソンはそれらの議論を援用しつつ、紙媒体としてのファッション広告におけるその三者関係を「写真家」（表象する人）「モデル」（表象される人）「観察者」（表象を観察する人）として規定し、さらに、観察者がモデルをどのようにまなざし、どのように描写するかという点について調査を行なった（Richardson 2019: 8）。むろん現代のデジタルメディア環境では、観察者がコメントを自由に発信することができる。したがって上記の三者関係もまた、それによってより複雑に変容すると考えられる。

## 第四節　デジタルファッションメディアにおける観察者の視線：見る存在から見る／語る存在へ

デジタル化されたファッションメディアをつうじて、観察者は「読者＝フォロワー」としてファッションを身につける女性モデルを見ると同時に、それをいかに見たかを言語化し、発信者との共有の場であるメディア空間上に発信し、観察者の視線が何を意図するのかを限定していく。すなわち、情報の発信者の言説のみならず、観察者としての読者＝フォロワーの言説が同じメディア空間上に提示されることで、そこで掲載されているファッションや規範的女性像の意味が交渉的に構築されることになるのだ。

アニェス・ロカモラはデジタルメディアとファッションについて、とくにブログ空間における「視線」と「アイデンティティ」の観点から論じている。ファッション企業やファッションメディアが運営するブログ（Rocamora 2011a: 411）とは異なり、個人によるファッションブログは自身の私生活を提示しながら、ファッションをめぐる「現代社会の女性の立ち位置を反映するアンビバレントな空間」をうみだすことになる。すなわち、それは「パノプティックな「男性」の視線のもとで、「女性」らしいアイデンティティを構築すると同時に、［男性目線ではなく］女性自身の女性のためのアイデンティティ構築のための空間」でもあり（Rocamora 2011a: 421–422）、その一方で、ブロガーとしての自己が理想的客体として鑑賞され、承認されるための「エンパワーメントの空間」（Rocamora 2011a: 410）でもあると主張される。これに対してティットン（Titton 2016）はブログ空間に言及して、「時間が経つに従い、ファッションメディアとファッション産業の間の経済的依存構造がより強固となり、ファッション産業の経済的活動は、ファッションブログの職業化に貢献し、［中略］ブロガーの仕事を広げていくこととなる」（Pedoroni 2015, Titton 2016 による引用）と指摘している。

ティットンの指摘は、本章で考察するフランス版『ELLE』のインスタグラム・アカウントにおいても顕著に認められる。たとえばベラ・ハディッド（日本記号学会二〇一九）は、二〇一六年の『VOGUE』においては「インスタガール」として紹介されていたが、二〇一九年六月二七日の投稿においては「新しいファムファタル」として、紙媒体のトップモデルとして紹介されている。また、最近の『ELLE』メキシコ版（二〇一九年七月一〇日号）の表紙にはリル・ミケーラーという名前のバーチャルインフルエンサーも登場しているが、これは個人のアイデンティティ構築というよりも、むしろ商業ベースで作られた存在だといえる。

ともあれファッション・ブロガーやインスタグラマーたちが伝統的ファッションメディアへと吸収され、職業化することによって、現在では伝統的なファッションメディアとデジタル化されたそれとの間で、コンテンツやモデルの越境が促進されつつある。そのような状況のなかで、ファッション雑誌が運営するインスタグラムのアカウントは、観察者としての読者＝フォロワーによる視線との交渉のもとで、いかなるファッションや規範的女性像を構築していくのだろうか。

## 第五節　伝統ファッション雑誌のソーシャルメディアの活用：『ELLE』オンラインを事例に

本章では事例として、最新のファッションコレクション情報（二〇一九年一月〜六月）が掲載されていた日仏のファッションメディア『ELLE』によるインスタグラムの公式アカウントをとりあげ、本誌の表紙に関してなされた投稿について、編集者、読者＝フォロワーが発したそれぞれのコメントを考察することになる。具体的にいえば、日本における女性誌の原型となった『an・an』（マガジンハウス、一九七一年－）の姉妹紙、フランスの女性誌『ELLE』（Hachette Filippachi、週刊誌、一九四五年－、以下では『ELLE France』として表記）と、『an・an』との提携終了後に一九八二年からは隔週誌として、さらに一九八九年からはアシェット・フィリパッキの系列会社によって月刊誌として刊行されてきた『ELLE JAPON』という、日仏を代表する女性ファッション誌をとりあげ、それぞれが公開している公式インスタグラム・アカウントを比較していくことになる。[1]

それでは、読者＝フォロワーはどのようにその表紙に描かれた情報[2]を観察し、それを言葉で表しているのだろうか。本章では二つのタイプの表紙――すなわち①著名人がモデルとして登場する表紙、および②ファッションや美容情報がメインテーマとして設定された表紙――をとりあげ、それぞれの公式インスタグラム・アカウントにおける投稿と、それに対する読者＝フォロワーのコメントを事例として考察を展開することになる。[3]

## 一　『ELLE JAPON』／『ELLE France』：著名人がモデルとなる表紙への投稿

まず①に関してであるが、実名でモデルが登場する表紙の投稿は、二〇一九年一月から六月末までの間でいうと『ELLE JAPON』では八号中四号、『ELLE France』では二七号中二四号であった。このうち前者、『ELLE JAPON』の特徴としては、まずモデルとSNS読者＝フォロワーのあいだで想像的親密空間が形成されている点を指摘できるだろう。たとえば二〇一九年二月五日に『ELLE JAPON』編集部によって投稿された『ELLE JAPON』の表紙は、著名人スターの娘であるKOKIの誕生日を祝うものとなっている。この記事で投稿された二三のコメントの多くは、たとえば「お誕生日おめでとう」など、まるで、このモデルの友人であるかのような視点から書き込まれている。これと同様に、二〇一九年七月号（二〇一九年五月一八日投稿）の表紙に登場した森星についてもまた、「cover girl 森星」という紹介タイトルが記載され、コメントは二件のみであったものの、その一つは上記の例と同じく、「（掲載）おめでとう」というものである。ここでも、インスタグラムスペースは「同性の友人」を見つめるかのような視線によって、モデルとインターネット読者のあいだの想像的親密空間が形成されている。

つぎに「客体をみつめる」主体＝観察者としての読者、すなわちフォロワーのアイデンティティ構築を考えてみよう。フランスの『ELLE』では男性著名人が表紙を飾ることは少ないが、そのような稀なケースとして、二〇一九年五月号の表紙を参照してみたい。この号の表紙を飾ったのは三〇代の男性歌手である西島隆弘であり、それはインスタグラムの公式アカウントに二〇一九年三月一四日の段階で投稿されている。この表紙に対する一六五のコメントは、ほとんど内容がその歌手についてであり、「（彼を掲載してくれて）ありがとう、エル編集部」「かわいい」「クール」といったコメントがつづいている。ここで（「モデル」を見つめ、コメントを投稿する）オンラインの読者／フォロワーと編集部との間にコミュニケーションが生まれるなか、それまで（内在化した社会的男性の視線によって）ファッション化した女性像という「見られる」客体への同一化を促されていた読者の位置にいるフォロワーは、客体としての男性歌手を見つめる主体的観察者として構築されるようになるのである。

また、その翌月の六月号では三〇歳のカバーガール、テイラー・スィフトが表紙を飾っているが、そこには「テイラー・スィフト、30代に学んだ30のこと」という記事タイトルが併載されている。それに対するコメントは合計で五件であるが、そのうち四件は外国語もしくは絵文字の投稿であり、また、それ以外の一件は日本語の投稿で、肯定的

［1］二〇一九年一月から三月の投稿に関しては、同年三月一六日から一八日、他方で二〇一九年四月から六月の投稿に関しては、同年八月一四日に該当アカウントから入手した情報を中心に参照した。

［2］紙版の表紙、Dmagazine などオンラインに掲載されている表紙、そしてインスタグラムに投稿されている表紙上のコメント、写真等が異なることもあり、また毎月掲載されていないこともあるが、本章では、インスタグラム公式アカウント上に投稿された表紙を調査対象とする。

［3］断りがない限り、フランス語資料の翻訳は筆者によるものである。

な内容となっている。実際、『ELLE JAPON』の読者は平均年齢が三二・七歳とされているが[4]、スィフトの起用が示唆するように、想定される読者像として三〇代が基準となっていることが読みとれよう。

では、日本の『ELLE』と比べたとき、『ELLE France』はどうであろうか。結論からいえば、読者＝フォロワーは全般的に、提示されたファッション、規範的不安、幅広い年代の規範的女性像に対して、交渉的読みを積極的に実践している。さらに編集部の提案と交渉することで、その提案を脱構築し、新たなファッションや規範的女性像を再構築している、といえよう。

日本版と比べて読者層が広いこともあり、表紙を飾る著名人はフランス人に限らず、欧米の二〇代の歌手、モデル、および三〇代・四〇代・五〇代の女優、スーパーモデル、そして政治家と多様である。そして、各号の表紙はそのモデルとなった人物の特集記事タイトルとともに提示される。いくつかの特集記事タイトルの事例をあげるならば、たとえば「カリーヌ・ル・マルシャン、50歳、生き方が見られる」（一月一〇日投稿）や、あるいは「グウィネス・パルトロウ　輝く40代、よりよい食事のための彼女のアドバイス」（四月四日投稿）といったように、四〇代もしくは五〇代の女性に対する提言が認められる（これは『ELLE JAPON』には認められなかった特徴である）。彼女たちはそこで読者の憧れを誘うために、様々なアドバイスを提言する規範的女性像として表象されているのだ。

それでは『ELLE France』において、読者＝フォロワーは表紙に対してどのようなコメントを寄せているのだろうか。ここでは二つの事例をあげて考察をすすめておこう。二〇一九年一月一七日に投稿された表紙には、ルー・ドワイヨンが登場している。彼女はフランスの歌手、作詞家、そしてモデルであり、KOKIと同様に著名人の娘である。ドワイヨンはこの表紙で「ファッションのミューズ」（*Muse Mode*）と指呼され、『ELLE France』を代表する規範的女性像として提示される。この表紙に対しては三〇件のコメント（うち二六件が読者によるコメント、四件がファッション企業による宣伝）が反応として投稿されている。しかも興味深いことに、読者によるコメントは肯定的なものばかりではない。

読者＝フォロワーがインスタグラムの公式アカウントをつうじてドワイヨンを鑑賞する視線は、「ルー・ドワイヨンが好きです」といった肯定的なものだけではなく、「え、彼女ではないわ」といった否定的なものも含まれている。つまりインスタグラムが提示する『ELLE France』のメディア空間において、このモデルをただ理想像として提示するのみならず、肯定的な読者の視線、否定的な読者の視線、さらには編集者が規範的女性像として見つめる視線などが交差し、双方向的なコメントによる交渉が展開されつつ、この理想像を基盤として多様な女性像が派生することになるのだ。

もう一つの事例は、フランスを代表する女優の一人、カトリーヌ・ドヌーヴが『ELLE France』の表紙を飾ったときのものである。その表紙は二〇一九年一月二四日に投稿されているが、これに対しては六三件のコメントがあり、そのなかには「ブラボー！　私は大好きです」という肯定的コメント、そして「それほど威厳のある洋服ではないわ」という否定的コメントがみられた。ただ、ここでも読者＝フォロワーは『ELLE France』が提言した「ドヌーブ＝規範的女性像」にそのまま盲従するのではなく、ＳＮＳ空間をつうじて自らの意見を述べ、編集部が提言した理想的女性像を交渉的に是正しながら多様に構築していく様子がみられるのだ。

以上のように『ELLE France』の表紙に対する読者＝フォロワーの反応をみてみると、否定的な視線を確定する言説が散見される。たとえば「フォトショップを使い、しわをなくしたり、修正しているのは残念」というコメントや、あるいは「年齢のままを受け入れるべき」というコメントが複数みられた。つまり「規範的不安」を煽るために雑誌が構築した規範的美に対して、読者＝フォロワーはそれをそのまま受け入れるのではなく、スチュワート・ホールがいうところの対抗的、または交渉的読み[5]も実践し、ファッションメディア空間における視線のせめぎあいのなか

［4］『ELLE ONLINE 媒体資料』https://www.hearst.co.jp/hearst_m/content/download/5737/247165/version/22/file/elleonline_mediasheet_2019.07-09_ver.1.0.pdf（最終確認日：二〇一九年八月一五日）

で多様なファッションや規範的不安、さらには規範的女性像を提示していくのである。これはフランス版の『ELLE』が日本版の『ELLE』とは大きく異なるところだといえるだろう。

## 二　『ELLE JAPON』／『ELLE France』：春夏ファッション特集及び身体特集の表紙の投稿

以下では日仏版それぞれの『ELLE』の表紙、とくにファッションや美容情報がメインテーマとして設定された表紙をとりあげ、それぞれの公式インスタグラム・アカウントにおける投稿と、それに対する読者＝フォロワーのコメントを事例として考察を展開してみたい。二〇一九年春夏にはファッション特集が大々的に組まれたが、『ELLE JAPON』ではその四月号で春夏ファッション特集が取りあげられ、公式アカウントにその表紙が投稿された。このときの表紙は一〇八五二件の「いいね」を獲得するものの、絵文字などを使用しないテキストによるコメント投稿は四件に過ぎなかった。投稿者はファッションディレクター、『ELLE』で活躍するモデルなどが中心である。

これに対して『ELLE France』に目を向けてみると、二〇一九年春夏ファッション特集が組まれた雑誌の表紙は二月二〇日に発信されている。ちょうどこの時期は、シャネルなどで活躍していた重鎮のデザイナー、カール・ラガーフェルドの訃報を受けた頃ということもあり、「モード特集（Special Mode）」と「ありがとうカール（*Merci Karl*）」という二つのメインテーマが掲げられていた。このうち後者、すなわちラガーフェルド自身の表紙に対する六五のコメントのうち、「ありがとう」のようなポジティブな意見だけではなく、「何年も女性の拒食症を推進してくれてありがとう」といった皮肉的な批判コメントも含まれていた。つまり送り手の意図に対して真逆の視点から読解をおこなう立場、ここでも「対抗的ディコード」としての言説が認められるのである。つまりこの記事をつうじて、「カールにお礼を言いたくなるほどカールの素敵なファッションを身に着ける女性像」を支持する立場と、「（カールが提言するスリムな女性にしか似合わないような）カールのファッションなど認めない女性像」を支持する立場がせめぎあい、結果的に、ファッションや女性像に対する多様なイメージが産出されていくのである。

つづいて身体特集についても考察してみよう。先述のとおり『ELLE France』では想定読者の年齢層が異なるせいか、二〇一九年一月三一日に投稿された表紙には（日本版ではみられなかった）「若く見える」特集がみられる。ここでも「若く見せる」ことを企図して「規範的女性像」として提示された女性モデルに対して、読者＝フォロワーによる「対抗的ディコード」にもとづいたコメント／視線が投げかけられている（三二件のコメントのうちほとんどが否定的なものである）。そこには「（表紙モデルである）エヴァは、「若く見えるわ」とか、「これは完璧ね」とかいった肯定的なコメントも含まれているが、それと同時に、「若くみせるために美容整形について議論するなんてとても遺憾だわ」とか、「リフティングは絶対なしよ」とかいった否定的な意見も投げかけられているのだ。ここでも複数の立場の視線（編集者や読者＝フォロワーによるもの）が交差し、インスタグラムの『ELLE France』というアカウントをつうじて、多様な規範的女性像――「若く見えるためには手段を選ばなくてよいという肯定的態度」／「手段を選ばず若くみせようとすることへの否定的態度」――が複数の視線によって折衝的に構築されている。

日本版の『ELLE JAPON』、およびそれに対する読者＝フォロワーの反応は、フランス版から派生するものとはだいぶ異なる。たとえば日本版二〇一九年七月号には、外見や身体に関する特集号として、表紙に「本気のボディー革命が始まる」との見出しが掲げられ、スタイルもスーパーモデル並みと評価される既出の二〇代モデルが登場しているが、それに対する否定的、批判的なコメントはほとんどない。すなわちフランスの事例のような対抗的ディコード、交渉的読みは認められず、モデルとフォロワーの親密空間のみが構築されているのである。

［5］メディアのオーディエンス研究として、スチュワート・ホールが提唱したエンコーディング／デコーディングという概念について、送り手の解釈に完全に重なる形で読解を行う立場を「支配的コード」、送り手の解釈を部分的に受け入れながらも別の見方も参照しようとする立場を「交渉的コード」、送り手の解釈に完全に反対の立場で読解を行う立場を「対抗的コード」と呼ぶ（Hall 1973）。

## 第六節　結論にかえて

以上、日仏の『ELLE』のインスタグラム公式アカウントにおける表紙の投稿と、読者＝フォロワーのコメント投稿によって、どのようなファッションや規範的不安、さらには規範的女性像が交渉的に再構築されているのかを考察した。もちろん読者のコメントといえども、それも一つの自己表象に過ぎず、またコントロールされているものかもしれない。それらを前提としたうえで、本章で考察したものは、あくまでも限定された時期の、一デジタルファッションメディア上での複数の発信者、および、彼女らの視線／言説による表象としての「ファッション」「規範的不安」「規範的女性像」ということになる。

本章での考察からいえることは、投稿に対する制限があるかないかはともかく、本章の調査対象における『ELLE JAPON』の公式インスタグラム・アカウント上では、編集部の「声」が交渉されずそのまま提言されているということである。それに対し、『ELLE France』の公式インスタグラム・アカウントというデジタルメディア空間では、編集部がそこで規範的女性像を提示し、優先的エンコードにもとづく視線を前景化させるだけではなく、いったん編集部の提言する規範的女性像を瓦解させ、読者その人にとっての理想的女性像を再構築する対抗的ディコードにもとづく視線が交差することにより、結果として、複数の規範的女性像が提示されているのである。

諸橋泰樹は『メディアリテラシーとジェンダー』において女性誌をとりあげ、それを「女性を「思考停止」させ、女性としての「勝ち組」を目指すメディア」（諸橋 二〇〇九：二六）であると指弾している。すなわち彼はファッション誌や女性雑誌について、「エディターや世間の人々が女性をどうあらしめたいかという力と、オーディエンスである当事者の女性がどうありたいかという力のネゴシエイトの中でこれからも存在していく」（諸橋 二〇〇九：五〇－五一）と指摘するのである。

諸橋が指摘するように、マスメディア時代からオーディエンスはコード化／脱コード化してはいたとしても、マスメディアの場合、オーディエンスの反応を一般に顕在化させることや、発信者の提言にそれがどう影響を与えるのかを考察することは困難であったといえよう。これに対して、少なくとも、本章で考察したフランスの『ELLE』では、ファッションをめぐり編集者、ファッションを纏うモデル、観察者としての読者＝フォロワーの三者による明示的交渉のなかで、「規範的不安」が生み出されてはそれが肯定／否定され、複数の「規範的女性像」が新たに生成されていくのである。そしてこのような違いがもたらすものが、日本やフランスにおけるコミュニケーション文化の差であり、また、ファッションをとおしたアイデンティティ形成の差であるともいえるだろう。

日本では読者＝フォロワーが無関心なのか、もしくは控えめなのか。はたまた、メディアによる発言に関するコントロールがなされているのか。たとえ多様な考えを読者＝フォロワーがもっていたとしても、それがファッションメディア空間上で提言されるまでには至らず、多様な視線が明示されることはない。これはフランスに比べ、よりセグメント化し、より細やかなターゲット向けにお手本化する日本のファッション雑誌の特徴を表すものといえよう（Koma 2020）。ともあれ今後、伝統的雑誌のSNS＝ファッションデジタルメディアは、「規範的女性像」に対する多様な視線とその交渉の場を提示していくことで、読者＝フォロワーのより多様な「私」という女性像を社会に提示していく、女性のための「エンパワーメント空間」となっていく可能性があるのではないだろうか。

## ◉引用・参考文献

井上輝子・女性雑誌研究会（一九八九）『女性雑誌を解読する　COMPAREPOLITAN――日・米・メキシコ比較研究』垣内出版
ヴェブレン、T／村井章子［訳］（二〇一六）『有閑階級の理論』筑摩書房
小笠原博毅（二〇一二）「エンコーディング／ディコーディング」大澤真幸・吉見俊也・鷲田清一［編］『現代社会学事典』弘文堂、一一八–一一九頁
ジンメル、G／北川東子・鈴木　直［訳］（一九八九）『ジンメル・コレクション』筑摩書房

日本記号学会［編］（高馬京子特集編集）（二〇一九）『転生するモード――デジタルメディア時代のファッション』新曜社

バージャー、Ｊ／伊藤俊治［訳］（一九八六）『イメージ――視覚とメディア』ＰＡＲＣＯ出版

バルト、Ｒ／佐藤信夫［訳］（一九七二）『モードの体系――その言語表現による記号学的分析』みすず書房

フス、Ｄ／遠藤　徹［訳］（二〇〇一）「ファッションと同性を鑑賞する視線」成実弘至［編］『問いかけるファッション――身体・イメージ・日本』せりか書房、一四七–一七二頁

諸橋泰樹（二〇〇九）『メディアリテラシーとジェンダー――構成された情報とつくられる性のイメージ』現代書館

Bourdieu, P.（1984）. *Distinction*. Paris: Seuil.（石井洋二郎［訳］（一九九〇）『ディスタンクシオン１・２』藤原書店）

Giet, S.（2005）. *Soyez libres! C'est un ordre*. Paris: Editions autrement.

Greslé, Y.（2006）. Foucault's Las Meninas and art-historical methods. *Journal of Literary Studies, 22*(3–4): 211–228.〔quoted in Richardson（2019）.〕

Hall, S.（1973）. Encoding and decoding in the television discourse. Birmingham, England: University of Birmingham.〈https://www.birmingham.ac.uk/Documents/college-artslaw/history/cccs/stencilled-occasional-papers/1to8and11to24and38to48/SOP07.pdf（最終確認日：二〇二一年三月二五日）〉

Kaiser, S.（2013）. *Fashion and cultural studies*. New York: Berg Pub Ltd.

Koma, K.（2020）. Japanese women in popular media. In K. Ross（ed.）, *International encyclopaedia of gender, media, communication*. Hoboken: Willy.

Mora, E. & Rocamora, A.（2015）. Letter from the Editors: Analyzing Fashion Blogs-Further Avenues for Research. *Fashion Theory, 19*(2), 149–156.

Olivier, B.（2009）. *Les Identités collectives à l'heure de la mondialisation*. Paris: CNRS Editions.

Pedoroni, M.（2015）. "Stumbling on the heels of my blog": Career, forms of capital and strategies in the（sub）field of fashion blogging, *Fashion Theory, 19*(2): 179–200.

Richardson, T.（2019）. Space, gaze and power: A Foucauldian methodology for fashion advertising analysis, *Fashion Theory*, published on line on $10^{th}$ Jun 2019.〈https:doi.org/10.1080/1362704X.2019.1620517（最終確認日：二〇二一年三月二五日）〉

Rocamora, A.（2011a）. Personal fashion blogs: Screens and mirrors in digital self-portraits. *Fashion Theory, 15*(4): 407–424.

Rocamora, A.（2011b）. Blog personnels de mode: identité; Réalité et sociabilité dans la culture des apparences. *Sociologie et société*.

*XLIII*（1）: 19–41.

Rocamora, A.（2012）. Hypertextuality and remediation in the fashion media: The case of fashion blogs. *Journalism Practice*, *6*（1）: 92–106.

Rocamora, A.（2015）. Letter from the editors: Analyzing fashion blogs: Further avenues for research. *Fashion Theory*, *19*（2）: 149–156.

Rocamora, A., & Bartlett, D.（2009）. Blogs de mode: les nouveaux espaces du discours de mode. *Sociétés*, 2009/2（n° 104）: 105–114.

Titton, M.（2015）. Fashionable personae: Self-identity and enactments of fashion narratives in fashion blogs. *Fashion Theory*, *19*（2）: 201–220.

Titton, M.（2016）. Fashion criticism unravelled: A sociological critique of criticism in fashion media. *International Journal of Fashion Studies*, *3*（2）: 209–223.

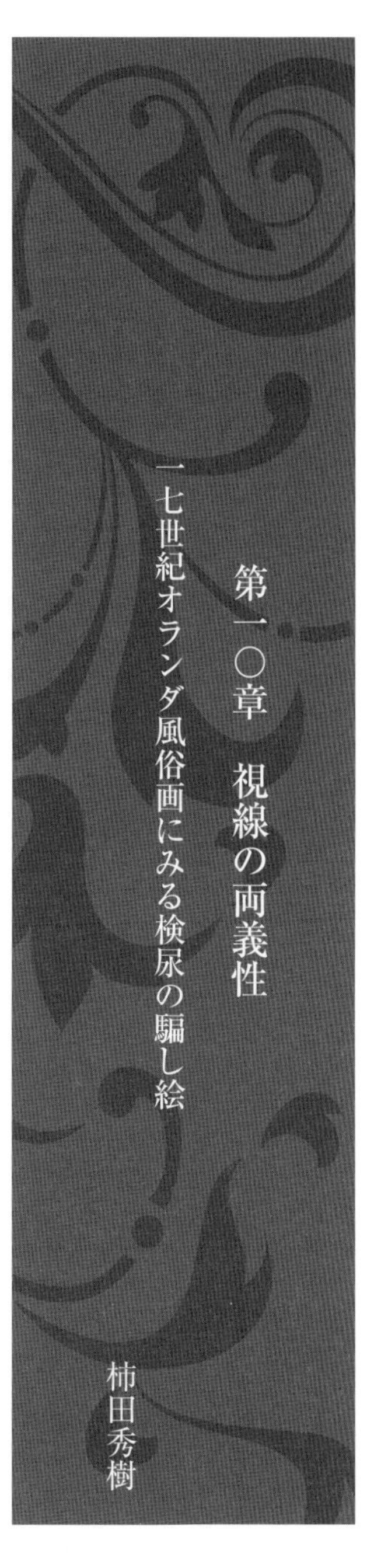

# 第一〇章　視線の両義性

## 一七世紀オランダ風俗画にみる検尿の騙し絵

柿田秀樹

### 第一節　はじめに

八十年戦争でスペインからの独立を一六四八年に宣言したオランダ連邦共和国は、当時のヨーロッパで最も富裕な国であり、貿易、学問、芸術の最先端国家であった。一七世紀はオランダの世紀と呼ばれ、市民社会が台頭し、商業が盛んになり、多くの文化が開花した時代である。とりわけ絵画では多くの名作が生まれ、静物画や風景画など、イタリア・ルネサンスの伝統に異議を申し立てるような絵画の伝統が形成された（Alpers 1984）。

この新たに確立した絵画の伝統の一つが「風俗画」（genre painting）である。それまで歴史画を頂点としたイタリア絵画の伝統では、風俗画は低く位置づけられていた。しかしオランダではその高い芸術性を認められ、多くの画家が風俗画の制作に取り組んだ。風俗画には室内や街の様子などの日常生活が描かれ――それが実際の様子であっても、教訓を込めた想像であっても――当時の文化的実践が表象されている。当時の風俗画には居酒屋や売春宿、祭りのような風習、市場や建築物などの都市の様子、馬や家畜などの所有物まで、市民生活に関する多くの題材が主題となっている。

図 10-1　ヘラルド・ダウ『医者』(1653)[1]
（ウィーン，美術史美術館所蔵）

しかし、様々な市民の生活場面を射程として彼らの生活を描く風俗画には、単に当時の生活の様子が文化や風習として描き込まれているだけではない。この実践の主題は多岐にわたるが、より重要なことは、主題として扱われる文化的実践には、当時の世界の経験のされ方が同時に描き込まれている点である。すなわちそれは、主題そのものが文化的実践であるだけでなく、主題の扱われ方、そして主題を主題として認識する仕方、すなわち主題に与えられる視線がそこには同時に描き込まれており、当時の人びとが世界を世界として経験した仕方が描き込まれるということである。風俗画の主題には、見える世界の体感を条件づける主題のあり方が常にすでに表象として組み込まれている。

本章では、一七世紀のオランダで描かれた「検尿」という、医療にまつわる文化的実践に焦点をあててみたい。検尿は一七世紀オランダ風俗画の一つの主題として確立しており、多くの絵がこの主題で描かれたことが知られている。たとえばヘラルド・ダウ（Gerard Dou, 1613–1675）の『医者（*The Physician*）』（一六五三）（図10-1）や、ヤン・スティーン（Jan Steen, 1626–1679）の『恋煩い（病気の婦人）（*The Sick Woman*）』（一六六三–六六）、そしてサミュエル・ファン・ホーホストラーテン（Samuel van Hoogstraten, 1627–1678）の『貧血症の女（*The Anemic Lady*）』（一六六七頃）など、著名な画家が多くの作品で描いた主題である。彼らの作品には、医者が自身の部屋で検尿をしている様子や、患者の家を訪問して、採取した尿を置きながら、患者の脈を取る様子などが繰り返し描かれる。一連の風俗画は、当時の検尿という医術の知と医療行為、そしてその実践に与えられる文化的な視線のあり方が複雑に交差して描かれているはずである。

検尿自体は古代ギリシアのヒポクラテス以来、彼を引き継いだローマ時代のガレノスをつうじて、西洋で長く実践されてきた医術の一つである。患者を治療するにあたり、医者は患者の尿を採取し、その色やにおい、滑らかさのような質感などで病気を判断してきた（図10-2）。現代の私たちとは異なり、尿の成分を化学的に析出して認識できない当時の検尿は、医者の判断には主観的な要素が強く、したがってその基準はより感覚的なものであった。

しかしながら、本章は検尿を不正確であった医術の歴史の一頁として論じるのではない。むしろ一七世紀という時代に「検尿」という、現代からみたらまことに奇妙な文化的一場面が主題化され、数多くの絵画が生産されたという事実に注目してみたいのである。なぜ一七世紀に検尿という実践が画家の想像力を大いに刺激したのであろうか。単に市民社会の風俗画の一つとして主題化されたという歴史的な考察によるのではなく、人口に膾炙された検尿が文化実践としていかに把握されていたのか、採取された検尿に強い視線を与える医者たちはなぜ尿に魅せられるのか、そして彼らを魅了する尿に何を見たのか（何が見えてしまったのか・見えなかったのか）、当時の医学の知の変遷を背景に表象された図像を分析してみたい。

**図10-2　16世紀に検尿で用いられた、尿の識別表**
（Ulrich Pinder, *Epiphanie Medicorum*, 1506, Wellcome Collection 所蔵）[2]

絵画として描かれた検尿は、美術史では「恋煩い」（lovesickness）を主題とする物語と結びつけられてきた（Valentí 2007: 571）。これは若い女性が医者（または偽医者）の検尿による診断を受ける、という図像となっている。ファン・ホーホストラーテンの『貧血症の女』は、医者が真っ青な顔をした患者の横で、尿の入ったフラスコを振り、妊娠の

[1] https://commons.wikimedia.org/wiki/File:The_Doctor_1653_Gerard_Dou.jpg（最終確認日：二〇二一年三月二五日）
[2] https://iiif.wellcomecollection.org/image/M0007286.jpg/full/full/0/default.jpg（最終確認日：二〇二一年三月二五日）

判断をしている。ヤン・スティーンの『恋煩い（病気の婦人）』では、医者が患者の脈を取っている。「恋煩いは恋でしか治せない」という当時の標語は、この病気を治す指針であった。これらの図像は明らかに未婚女性の妊娠を示唆する、あざとい好奇心を刺激する風俗画であったと思われる。

だがしかし、本章で問題にしたいのは、この物語の方ではなく、むしろ医者の視線を相対化する歪像的な視覚である。世俗的な内容ではあるが、病の原因を見極めようとする医者の視線を転覆させる無意識の欲動が、近代科学の萌芽期にあった一七世紀において画家たちの想像力を深く掻きたてたものであったと思われる。検尿の表象が産出された一七世紀のオランダにおいてもちえた世俗的な医学の知と実践が、初期近代という過渡期に現れる図像のなかに組み込みこむ視線を考察する価値は、科学的な医療の視線が捉えきれない何かが、歪像的な力によって突出した一つの文化的産物であることを顕にすることにあるのかもしれない。

## 第二節　一六世紀に萌芽する近代的検尿

まずは一七世紀の医療がもつ視線を考察する前に、一六世紀の医療の知に関する状況を補助線として引いておきたい。一六世紀は近代的な医療が胎動しはじめた時代であり、とりわけ、それまで中心的な医療行為であった検尿と、もう一つの医学の発展に貢献してきた解剖にとって、大きな歴史的転換点であった。それまでの医療はヒポクラテスと（彼を引き継いだ）ガレノスの文献に書かれた内容にもとづく医療が支配的であった。検尿も解剖もともに、その例外ではない。

しかし解剖の分野では、ガレノスが残した主著『身体諸部分の用途について』に記された内容が視覚的に見なおされはじめる。ブリュッセル出身のアンドレアス・ヴェサリウス（Andreas Vesalius, 1514–1564）の『人体構造論（*De humani corporis fabrica*）』（一五四三）は、それ以降の解剖学の基準となる金字塔を打ち立てる。この七巻の解剖書で最も革新的なことの一つは図版にある。図版は、ティティアンの工房にいたヤン・ステファン・ファン・カルカール（Jan Stephen van Calcar, 1499–1546/50）によって描かれており、掲載された立体図の精度は非常に高く、今の私たちが知る複雑で詳細な人体内部の構造とほぼ同じことが示されている。[3] 非常に詳細な図版と解説によって、人体の内部が可視化されることとなった。

解剖と同様に、検尿でも一六世紀に知が更新されることになる。これを推し進めたのは、スイスのパラケルススこと、テオフラストゥス・（フォン）・ホーエンハイム（Theophrastus（von）Hohenheim, 1493–1541）である。パラケルススについては未だ不明なことが多いのだが、医者や科学者、哲学者、神秘主義者、そして錬金術師でもあったといわれており、医学に化学を導入したとされている。パラケルスス以前は、ヒポクラテスが『古い医術について』で叙述した、人体が血液、粘液、黒胆汁、黄胆汁の四つからなるとする「四体液説」にもとづいて、その混合具合が表出するとされた尿の色で主に判断されてきた検尿であるが、パラケルススは自身が提唱する、万物の根源を水銀（液体性）、硫黄（燃焼性）、塩（個体性）の三つの物質からなるとする「三原質説」の哲学にもとづき、体内に塩が沈殿した結果、病気が発生すると考え、この沈殿した塩を溶かすために様々な鉱物をもちいた。彼は尿を体内（internal）、体外（external）、混合（mixed）の三種類に分類した。摂取した食べ物が胃と肝臓と腎臓で混合すると同時に分離してできあがった結果が体外尿であるが、それは三原質が完全に分離できない場合に生じるとされ、疾病はこれら三原質の不均衡から生じるとされる。他方、自然の排泄として身体の条件で変化するのが体内尿、そして体外尿と体内尿の二つが混ざったのが混合尿である。

---

［3］実際、ヴェサリウスはボローニャに滞在していた一五四一年に、ガレノスの研究の一部が（人間ではなく）動物解剖学にもとづいていたという事実を明らかにし、ガレノスの『ガレノス全集（*Opera omnia*）』の訂正版を出版して、自身の解剖学教科書を書きはじめた。解剖が古代のローマで禁止されて以来、ガレノスは代わりにバーバリーマカク猿を解剖して、彼らが人間と解剖学的に同様であると主張していた。ヴェサリウスがこれを指摘するまで、それらは考慮されなかったのである。

ここで重要なのは、体外尿での三原質の不均衡を見極めるには、錬金術の知から派生した蒸留の技術がもちいられる必要があったという点にある。裸眼で見てにおいを嗅ぐだけでなく、尿を蒸留し、そこに結晶した石の塊が残留していないかどうかを見極めるのに、蒸留と科学的手順を踏むことがより重要とされたのである。

この病理学的な変化は、一六世紀末のヨハン・ヘイン（Johan Hayne）やリオンハルド・サーニサー（Leonhard Thurneysser）など、彼を引き継いだパラケルスス派の医者たちによってさらに先鋭化されていく。とりわけ、サーニサーは蒸留技術を重んじ、通常の色で判断する検尿よりも蒸留物の分析がより尿の不可視な要素を見つけるのに役立つことを論じている（Stolberg 2015: 68）。ガレノスの一部を肯定しつつも、身体から現れた尿に蒸留によって出現する石塊を信用するサーニサーにおいて、検尿をつうじて身体を透してみる診断がすでにはじまっていたのである。

ヴェサリウスの『人体構造論』は、身体内部を解剖で可視化して、身体表面の背後を鮮やかに見せた。パラケルスス派の検尿も、尿の色や質という感覚的表面ではなく、採取された尿の表面の背後に、蒸留することで尿のなかにあると推定された石の結晶を可視化する試みであった。これらのことから、近代がはじまろうとしていたこの時代に、人体を科学的分析の対象とする視点が生まれはじめていたことがわかる。一六世紀後半には画家が検尿という医術に興味をもつ土壌はできあがりつつあった。

## 第三節　尿に向けられる両義的視線

しかしながら、一七世紀にうみだされた数々の検尿の図像をみると、そこには客観的な科学的視線を相対化するような両義性があることに気づくであろう。なかでもゴッドフリード・シャールキン（Godfried Schalcken, 1643–1706）の『医者の診療（*The Doctor's Examination*）』（一六九〇）（図10-3）には、興味深い多層化された視覚が組み込まれている。作品には、後ろですすり泣いている女性の尿を中央の（偽）医者（当時は「piskijker（＝尿検査師）」と呼ばれていた）が診断する場面が描かれている。左の父親らしき男性は娘の妊娠に怒っているのに対して、右側の若者は親指を人差し指と中指の間からだす猥褻な身振りをして、この状況に苦笑している。この表面上の主題化された物語は、娘の愚行に対する当時の道徳レッスンとして理解することができる。しかし同時に、この作品には物語上では捉えきれない視覚の問題として注目すべき点が二つあげられる。

**図 10-3　ゴッドフリード・シャールキン『医者の診療』（1690）**
（ハーグ、マウリッツハイス美術館所蔵）[4]

## 一　鑑賞者への眼差し

一つ目は、若者が鑑賞者を見つめ返していることである。右側の若者は、鑑賞者を見つめ返して眼差しを与えている。この鑑賞者を見つめ返す眼差しに、〈見える〉という視覚経験の謎を解く鍵の一つがありそうだ。

画中の登場人物は誰一人としてお互いに眼を合わせない。これはカラヴァッジョの『エマオの晩餐』（一六〇一）をはじめ、一七世紀のバロック絵画でよくある構図である。医者の視線からはじまり、微妙にズレた登場人物同士の視線は、絵を時計まわりに周回し、最終的に右側に位置する若者によって鑑賞者が見返されている。主題を構成する検尿の物語のなかで、この視線のズレが連鎖している。

画中の人物同士は誰一人として眼を合わせない一方で、画中の若者と鑑賞者は見つめ合うことになる。検尿が行われる場面に居合わせた

[4] https://commons.wikimedia.org/wiki/File:Godfried_Schalcken_002.jpg（最終確認日：二〇二一年三月二五日）

若者は、医者の助手のようにも思える。まるで登場人物たちの手前に私たちがいるかのように、彼は椅子に手をかけ、わずかな流し目で鑑賞者に視線を向けている。この若者の眼差しは、望まぬ懐妊と偽医者による検尿という道徳的物語の空間に鑑賞者を否応なく引きずり込み、この絵を客観的に観ることを困難にさせる。私たち鑑賞者もこの場面の目撃者となって、絵の一部として組み込まれるのである。若者と鑑賞者は、作品の内部と外部で通底している。内部と外部を物理的に切り分ける絵の枠組みとは別に、絵の平面状で構成される主体としての鑑賞者と内外（絵の前後）の関係を結ぶのが若者の眼差しである。このとき、若者の眼差しとともに、この作品自体が鑑賞者を見返してくる感覚があるのだ。

水晶体でできた若者の眼には光の粒が映り込んでいるが、その眼の奥に見え隠れする薄笑いを浮かべた彼の思考は私たちには十全に見えない。だからこそ、鑑賞者は眼の奥に隠された、彼が考えていることが、そして彼が笑っている理由が、何かあることを知りえるのである。眼のなかの光は、外の反映であるだけでなく、眼の奥から湧出してくる光源のようでもある。鑑賞者に先行し、画布上で可視化された検尿の光景の奥に、その存在は想定されるが実在として確定することはできない一点からの光線に、鑑賞者が照らしだされている。

この光源に照らされた鑑賞者は自らを絵のなかに挿入し、自己自身を絵にしてしまうことができる。光源は眼差しの奥から鑑賞者に向かって広がりながら流出してくる。光源は画布に隠されて、光線は一点に絞られてはいるものの、眼差しの奥にある光源としての何かが鑑賞者を見返してくるのだ。この絵には、検尿という主題だけでなく、その奥には見えない何かがあること。検尿以上の何かがあることを眼差しが示唆するのである。

## 二　フラスコのなかの白い物体

『医者の診療』をはじめとする検尿を主題とした作品には、光り輝く尿が必ず描き込まれている。検尿を主題とする多くの作品で、検尿が行われる部屋に射し込む光が屈折して、尿はフラスコから光を放出する。そしてこの光り輝く物質に医者は魅了されている。医者を魅了し、光輝く尿のフラスコとはいったい何なのだろうか。『医者の診療』の物語上では、偽医者にとってフラスコの尿は色や匂いによって判断する正当な医療行為の証拠であり、医者はその診断に集中している。彼の視線が一点に集中するフラスコは、まるで医療としての検尿にそなわる威光を示すかのように、黄金の輝かしい光を放つ。検尿する医者は一心不乱に、目の前のフラスコの尿に視線を集中し、他は何も見えていない。近距離に置かれたフラスコ以外には寄り目で焦点が合っておらず、彼の視界はそれ以外の全てがぼやけているはずなのだ。

医者の視界はフラスコの尿で占められており、彼の視野にはそれ以外なにも入っておらず、その眼球は尿から放たれた眩しい光で満たされるようだ。この光は、尿という視覚的対象物を明白に照らしだして、医者が診ることを助けるどころか、むしろ彼が明晰判明に尿を診ることを妨げるかもしれない。

『医者の診療』で特筆すべきことは、この眩しいフラスコのなかにある。一見すると看過してしまうような小さなフラスコは、遠くからはなかがよく見えない。だが近づいて観察すると、光り輝く尿のなかには、部屋にそなわる窓の光とともに、おぼろげに白い物体が見える。私たちの目に映るこの白い物体は、子供のようであり、踊っている天使のようでもあり、何か判然としない。この物が何かは定かではないが、たしかに、それ
はそこにある。

医者が斜めに屈めたフラスコのなかと外では、時空間が歪である。フラスコのなかでは、凹面鏡の反映のように丸く窪んで歪みながら、窓枠から差し込む強い光で部屋全体が縮小されて浮びあがっている。フラスコ内の部屋が実際の反映であるならば、そこに映るのは医者や登場人物たちのはずだが、彼らは誰一人として見当たらない。あるのは、強い光が差し込む窓と白い物体、そして物体から繋がった右側の壁や床のような曖昧な背景だけである。すなわち、その部屋にはいるはずの人物が不在であり、無いはずの物体がフラスコのなかに出現している。

検尿が執行される部屋は、正方形に整った立方体の空間であるのに対して、フラスコのなかの部屋は球状に歪められている。このことからも、空間が下敷きにする座標軸はフラスコの内外でズレていることがわかる。この捻れた球

状の座標軸のなかで、未だ実体にならない、おぼろげな形状を保つ物体は結晶化して、尿のなかに突如出現している。検尿する医者が振るフラスコの形状は、上部に口が開き、下部は丸くなって液体が溜められている。円を描くフラスコの口から注がれた尿は、丸い管を通って球状のガラスのなかに液体として収まっている。未だ形にならないフラスコ内に出現した白い物体は、まるで縁取られた口から押しだされて突起したようである。フラスコが振動すると同時に不思議な力が加わって、異物が捻出されたようだ。

したがって、球状空間のフラスコは、絵画のなかでそれ以外の部分とは別の位相にある。このフラスコは検尿が行われる部屋では実際に医者の手のなかにある限り、その尿のなかの反映も部屋の一部である。だがフラスコのなかにある歪んだ部屋は、診療する部屋の一部であると同時に、そこからこぼれ落ちるものを映している。フラスコ内の部屋は、表にあったはずのものが裏返って帰ってくるメビウスの輪のように、診療室から抜け落ちて、反転して出現した裏返しの部屋のようである。

## 第四節　騙し絵の検尿空間

白い物体を含んだフラスコのなかに出現したこの裏返しの部屋は、いったい何なのであろうか。白い物体は鑑賞者が見る検尿の物語空間とは異なる別の空間から飛びだしてきた物体のようである。そして、絵に描き込まれた眼差しの奥に何かを潜ませる若者。この二点と、『医者の診療』に組み込まれた遠近法を裏返した構図をあわせて考えてみると、見返す機能をもつ眼差しが構成する鑑賞者の視線と、その視覚経験とは何かがみえてくる。

『医者の診療』では、妊娠した女性とそれを咎める父親、その脇で尿によって検診する医者が織りなす前景の物語だけでなく、表象されずにそこからこぼれ落ちる何かを示唆する若者の眼差しと同様に、彼らの周辺に様々な道具や物がモザイクのように配置される。手前の緑のクロスが掛かったテーブルの上には、当時の医療用具の吸引機のようなものが置かれている。絵の背景には、化学実験をした錬金術師の部屋を彷彿とさせる様々な硝子に入った液体や実験道具が置かれた奥の部屋の棚がある。それを覆い隠すように、騙し絵のモチーフであるカーテンが途中まで引かれている。人物たちと棚の狭間で鑑賞者に向けて引かれたカーテンは手前と奥の部屋を半ば遮断しつつ、前後で繋がった部屋に奥行きを与えている。様々な事物が組み込まれて、見えるものと隠れるもの（見えないもの）が画布の上で光と陰のように戯れている。

絵が見返してくるとき、若者の眼差しは、実際に描かれた検尿の場面以上の何かがその奥にあることを鑑賞者に予感させている。絵のなかの四名の登場人物が紡ぎだす物語は、女性が懐妊するのに必要な、絵では描かれない不在の性行為を原因として想定しなくてははじまらない。絵では描かれないものの、性的な場面があったことは、彼の右手の卑猥な身振りが示唆している。男根を想起させる偽医者の座る椅子の背もたれが、鑑賞者を見返す少年の、女性器を表す卑猥なサインの横に寄り添うように棒状に突きでてもいる。鑑賞者が不可視の背後を想定できたときにはじめて、妊娠を診断する検尿の場面が成立するのである。ここにこの作品のあざとさがある。

この作品の奥に潜む想定される秘め事が、フラスコのなかの白い物体の出現とともに、絵というスクリーンを突破して鑑賞者の目の前に突如現前する。画布の表面の背後を想定させる眼差しが、たとえ実際に事物が見えなくても、自らが絵の一部となった鑑賞者に眼差しの奥を探させる。そのとき、鑑賞者はすでに眼差しの罠にかかっている。奥行きをともなう眼差しは、鑑賞者を検尿の物語に引きずりこむ囮となっている。偽医師が行う検尿は、表面的には医療という身振りでありつつ性的主題をあからさまに扱う文化的に受容された囮である。これらの囮はその外観によって鑑賞者を騙すことが目的なのではなく、それが囮であることがただちにわかり、それが罠だとわかったうえで、そのこと自体と戯れる点に囮の機能がある。

鑑賞者を罠に掛ける『医者の診療』は、本来の意味で騙し絵なのである。囮を使って視覚を歪ませる騙し絵の形式の一つに歪像画（アナモルフォーズ）と呼ばれる絵画があり（cf. バルトルシャイティス 一九九二）、この作品も歪像を入れ込むという点で、その系統にあるといえる。騙し絵は、囮によって鑑賞者を騙す絵というよりも、むしろ騙されていることを知りつつ、騙されることを楽しむ絵である。それには、絵が騙している事実を、そしてどのように騙すかを鑑賞者が知らなくてはならない。囮が囮であることを知りつつ、その罠に掛かって、絵に自らを委ねて戯れてみること。それによって、絵がはじめて現実感をともなった視覚経験として作品が見えてくるのである。そこでは、それまで水面下に隠れていた、鑑賞者が自分では予想もできなかった潜在的な無意識の欲望が見えてくるかもしれない。

歪像画（アナモルフォーズ）には未だ意識化されていない無意識を喚起する力がそなわっている。表面的な主題だけを事実として観る鑑賞者には決して見えない、その裏に想定される無意識の存在は、画布の表面に整合性が与えられたときにはじめて、欠如として浮上して現れる。本来あるべきものがない欠如として立ち現れる可能性は、潜在的（virtual）なものである。『医者の診療』では、妊娠の原因としての性行為が画布には欠如している。この潜在的な可能性を措定できたとき、画布の表面にあった検尿の物語が異なって見えてくる。画布全体には、単なる医療行為ではなく、むしろ散りばめられた性的記号が無意識の表出として戯れているのだ。

鑑賞者は若者の眼差しによって絵画のなかに引き込まれ、そのカーテンの先の奥行きを覗きこむようになる。眼差しは鑑賞者を絵の物語の体験者の位置にずらし、それによって絵の奥行きを構成する仕掛けとなっている。同時に、この絵を遠近法的に観ることを可能にする奥行きが生まれるのである。カーテンの奥の部屋のさらにその先に、鑑賞者は若者の眼差しをつうじて絵の奥に措定される妊娠の原因を還元的に見る。この絵自体がスクリーンとなって背後の場面を遮断しつつ、指や椅子が示す性的記号によって想起された、その一部を鑑賞者に垣間見せる。鑑賞者には、スクリーンとなった絵が隠す背後（妊娠の原因）が見えないからこそ、想像する背後（享楽的な性行為）が見え隠れするのである。『医者の診療』は、理論的にのみ想定しうるものとして、現実には存在しないが、そのような性行為の存在を想定してはじめて、現実的な妊娠の把握が可能となる、ある潜在的なフィクションの投影空間としてあるのだ。

このとき、鑑賞者は物理的には絵の画布というスクリーンに描かれた主題を観ながら、実際にはその影である背後の想像も同時に見えている。想像を現実と誤認する鑑賞者が若者と密やかに共犯関係を結ぶ。懐妊を判断する医者が偽医者であることを鑑賞者はすでに知っているのだ。鑑賞者が望む妊娠（その証拠としての白い物体）は、この絵に描かれる検尿という主題があることで、隠れている性行為をメトニミックに縮減した物語を構成する要素である。作品は鑑賞者に（妊娠を診断する物語の一部としての）検尿という主題を見せることで、（背後を含む全てを物理的には）見せない。同時に、だからこそ、鑑賞者はそこに観たいものが見えないという不在を事実上見るのである。この意味で、検尿という主題は描かれない性行為の不在である。眼差しは他者の眼差しであり、したがって裏返しにされた構造を持っている。

しかし、フラスコの白い物体が喚起するのは性行為の不在という即物的な物語の次元の話だけではない。フラスコのなかの空間が部屋の空間とは異なる位相にあったことを思い出してみよう。そこにはないはずのものが現れている。もしそれが子供であるならば、性的享楽の痕跡として現れた「モノ（Das Ding）」であり、そして、この世に生を受けられないかもしれない子供の死を暗示する視像である。[5]享楽を精神分析理論家のジャック・ラカンは死の欲動＝享楽と結びつけたが（ラカン 二〇〇〇：二六五）、ここでは捻れた空間のなかに見えるはずのない、文字どおりの性的享楽と死の享楽が現出している。[6]だからこそ、このフラスコの光は、鑑賞者の視線を挑発する。無意識は性的享楽の記号と戯れていると同時に、死の欲動と戯れているのである。検尿という主題は一見するとあざとい風俗の主題に見えるが、それが死の欲動と結びついていたからこそ、人はこの主題に惹かれたのではないだろうか。

［5］一七世紀オランダで乳児の死亡率は高く、五〇％以下しか成人できなかった。多くの乳児は一歳になる前に亡くなった。その理由は衛生面だけでなく、過失と無知による不慮の事故も多かった。たとえば子宮を模倣して、出生後の二ヶ月間に乳児を首から足まで包む風習があり、彼らを動けなくさせてしまうこともしばしばあった。マタイアス・ファン・デン・バーグ（Matthijs van den Bergh, 1617–1687）の『死床の乳児（Little Boy on his Death Bed）』（一六五八）のように、子供の遺体の図像も数多く残されてもいる。また、古代以来、極めて危険ではあったが、妊娠中絶も行われていた。

［6］ラカンの読解については、若森（一九八八）に多くを負っている。

図10-4　ヤン・ファン・ネック『フレデリック・ルイシュ博士の解剖学講義』(1683)[7]
（アムステルダム，アムステルダム美術館所蔵）

検尿と同時代の解剖もまた、かの有名なレンブラント（Rembrandt van Rijn, 1606–1669）の『テュルプ博士の解剖学講義（*The Anatomy Lesson of Dr. Nicolaes Tulp*）』（一六三二）をはじめ、多くの絵画が描かれている。それは同時代の医術と技術の展開の表現であったことはいうまでもないが、同時に科学的視線の萌芽と人体の神秘への関心、そしてさらに、死をめぐる享楽の表現でもあった。ヤン・ファン・ネック（Jan van Neck, 1635–1714）の『フレデリック・ルイシュ博士の解剖学講義（*The Anatomy Lesson of Frederik Ruysch*）』（一六八三）（図10-4）には、子供を解剖している様子が描かれている。[8]ここでルイシュ博士は胎盤から伸びた子供が握る臍帯を持ちあげて、血液の流れを周囲にいる医者たちに提示している。[9]鑑賞者の視線は、眠っているかのようにあどけない乳児の表情と、対照的に空虚な開腹部に集まる。その空虚さは、生きている者には決して触れることができない死の虚無を開示しているかのようにみえる。解剖台の右側には、講師の息子であるまだ幼い少年が幼児の骸骨を手に、虚空を見つめている。骸骨はメメント・モリ（「死を想え」という教え）であると同時に、人体構造の提示でもある。[10]

解剖台の絵と検尿の絵は一見すると違うものだが、そこには死の享楽という共通項がある。検尿の背後にあざといものを見る性的関心は、実は死を見る関心でもあり、人間の根源的な欲動の表出なのである。解剖の絵は科学が人体の不思議議や死を乗り越えるかのような枠組みであり、検尿も同様である。しかしながら、実のところ、人が検尿という主題に惹かれる根源的な理由は、象徴的な絵の内部で死の享楽が口を開け、フラスコのなかの白いモノが（そして解剖画においては乳児の腹部の空虚が）鑑賞者の存在の限りない不確かさを穿つからである。

## 第五節　結びにかえて：〈見える〉ことの錬金術

当時出版された図像をみれば、解剖と検尿が結びつけられているのがわかる。ステフェン・ブランカールト（Stephen Blankaart, 1650-1702）の『解剖（*Anatomia*）』（図10-5）の挿絵には、前景で解剖が行われている一方で、後方で検尿をしている人物が描かれている。この挿絵の下にある「汝自身を知れ」というギリシア文字が示すこの図像

［7］https://commons.wikimedia.org/wiki/File:De_anatomische_les_van_Dr._Frederick_Ruysch.jpg（最終確認日：二〇二一年三月二五日）

［8］この作品に描き込まれた医学と解剖の歴史については、イプマ等（Ijpma et al. 2013）を参照のこと。

［9］この作品は医者のギルドによって発注された集団肖像画でもある。

［10］ルイシュ博士は、解剖した臓器や骨格をコレクションとし、一般に解剖博物館として公開していた（Ijpma et al. 2013: 51）。「クンストカマー」と呼ばれる個人の収集品の展示室はルネサンス以降めずらしいものではなかった。その収集物のなかに人体の内部が入りうることは、一七世紀の知的好奇心が医学の技術と可視化された人体内部へと向かっていたことを示唆している。

［11］CC BY 4.0〈https://wellcomecollection.org/works/xh57szds/images?id=uz4qj5n9（最終確認日：二〇二一年三月二五日）〉

［12］一七世紀初頭にハプスブルクのルドルフ二世が、プラハでパラケルスス派の錬金術師を庇護していたことはほぼ確実である（エヴァンス 一九八八：二五三）。だが世間一般では、錬金術は異端として位置づけられ、彼らは魔術師扱いされていた。プラハで、王宮と地下通路が繋がっているはずの、住宅の地下に作られた錬金術の実験場の場所は、ユダヤ人街の端に位置し、庇護されていたにもかかわらず、迫害されていた。だが、当時としては魔術的な化学実験をする錬金術が、化学物質の混合の実験過程で多くの鉱物や元素を発見し、科学の発展にも寄与した。

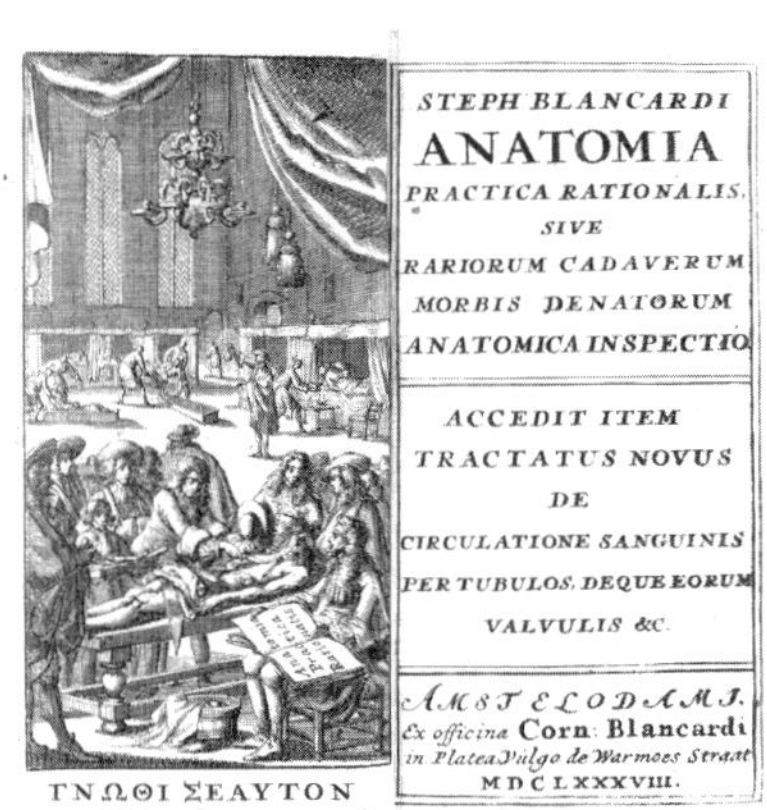


**図10-5　ステフェン・ブランカールト『解剖』**
（Stephen Blankaart, *Anatomia*, 1688, Wellcome Collection 所蔵）[11]

の寓意は、検尿後に死亡した患者は埋葬されるか解剖に回されるという検尿の無益さにある。この図像が示すように、解剖と検尿のどちらも死を想起させる一対のものとして捉えられていた。

怪しい疑似科学としての検尿。科学の萌芽でもあり、まだ魔術の色合いを帯びていた錬金術もまた死を想起させるものであったのは、ダウの絵画に現れている。[12]検尿の風俗画を確立したとされるダウの『医者』（図10‐1）には、前述のヴェサリウスの『人体構造論』が描き込まれている。カーテンが斜めに掛かり暗くて奥がよく見えない部屋の前部で、医者が検尿する様子は明るく照らされている。錬金術師の服装に身を纏った彼が立つ前に設置された窓枠のうえに、本が立てかけられ開かれた一頁が見える。解剖をしない私たちには不可視の、皮膚の下に組み込まれた人体の骨組みが描かれ、それが医者の部屋と鑑賞者がいる画布の手前の建物の外壁との境界に天球儀等とともに配置される構図は、〈見えない〉を見る（〈見えない〉が見返す）歪像画（アナモルフォーズ）の『医者の診療』と同じである。

錬金術と検尿そして解剖、この三つが科学と魔術の境界にある新しい技術として登場したとき、その明証性や有用性は未だ確立しておらず、その魔術的側面と怪しさが対象を斜めから見る歪像画（アナモルフォーズ）、つまり騙し絵の視線を生みだした。鑑賞者は絵の表面に現れた主題の背後にただよう歪像的に喚起される死の享楽と戯れた。そこでは新しい時代の黎明期の技術と人間の根源的存在の不安が結び付けられていたのである。

## ◉謝　辞

本章はＪＳＰＳ科研費19K00138の助成を受けた研究成果である。

## ◉引用・参考文献

エヴァンス、Ｒ・Ｊ・Ｗ／中野春夫［訳］（一九八八）『魔術の帝国――ルドルフ二世とその世界』平凡社

バルトルシャイティス、Ｊ／高山　宏［訳］（一九九二）『アナモルフォーズ――光学魔術』国書刊行会

ラカン、Ｊ／小出裕之・新宮一成・鈴木國文・小川豊昭［訳］（二〇〇〇）『精神分析の四基本概念』岩波書店

若森栄樹（一九八八）『精神分析の空間――ラカンの分析理論』弘文堂

Alpers, S. (1984). *The art of describing: Dutch art in the seventeenth century*. University of Chicago Press.

Ijpma, F. F. A., Radziun, A., & van Gulik, T M. (2013). ‘The anatomy lesson of Dr. Frederik Ruysch’ of 1683, a milestone in knowledge about obstetrics. *European Journal of Obstetrics & Gynecology and Reproductive Biology, 70*: 50–55.

Stolberg, M. /Kennedy, L., & Unglaub, L. (trans.) (2015). *Uroscopy in early modern Europe*. Ashgate Publishing Ltd.

Valentí, X. S. (2007). Medicine and disease in baroque art. *Actas Dermosifiliogr, 98*: 570–574.

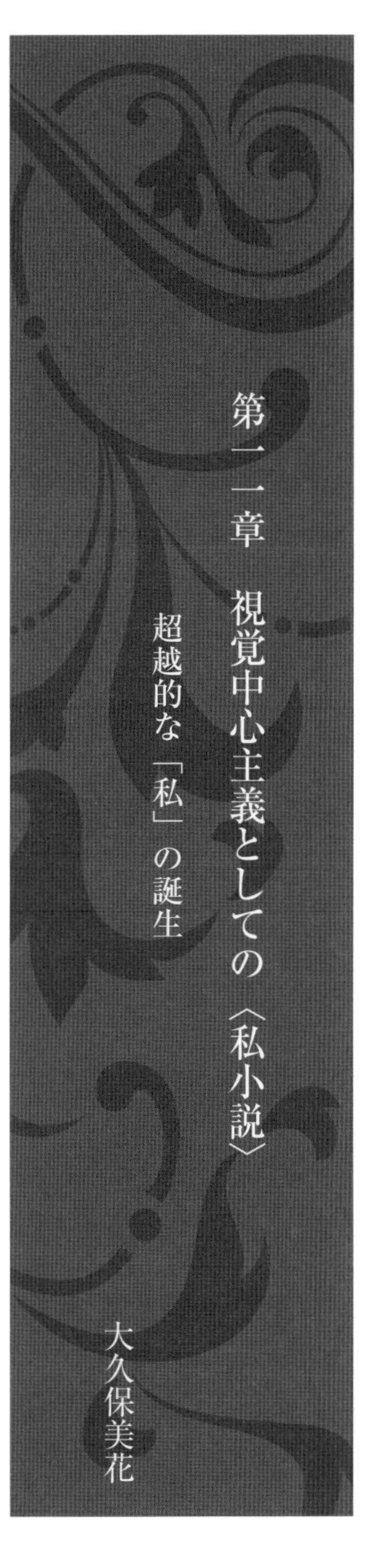

第一一章　視覚中心主義としての〈私小説〉
超越的な「私」の誕生
大久保美花


## 第一節　はじめに：視線の中心にある「私」

本書全体のテーマである「みる／みられる」を日本近代文学の歴史のなかに照射するとき、〈私小説〉という問題が浮かびあがってくる。私小説は一般には作家が心のうちや境遇を作中の登場人物に仮託して打ち明ける行為が一つの文学ジャンルとして結晶化したものだとされる。私たちが私小説をこのように理解するようになった背景には、活字メディアの成立とそれに伴う人間の知覚の変容がある。本章では、私小説を中心に、活字メディアと視覚・触覚を含む知覚の関係について検討していきたい。私小説をめぐる議論のとっかかりとして、まずは「私小説」という言葉の成立から考察をはじめる。

先行研究によると、「作家が自分自身を登場人物として造形する」〝小説〟の出現（一九〇六、七年）と「私小説」という〝語〟の登場（一九二〇、二一年）にはタイムラグがあり（日比二〇〇二）、また、作者の体験に基づき、主人公が自らの過去や心境を語る小説では三人称小説のあとに一人称小説が現れる（山口二〇一一）。「告白」という行為に関しても同様で、中国の歴史書『晋書』における「告白」という文字と、明治期に西洋から輸入した神への懺悔という翻訳語が接続するものの、キリスト教の背景を持たない日本では次第に宗教的意味合いが抜け落ち、一九一三年頃にようやく現代の意味に近い〝告白＝個人が自己の内面を打ち明ける〟という文学用語として定着した（伊藤二〇〇二）。このように現象、言葉、意味それぞれが統一され、「私の思いを文学的作品のかたちで告げる行為」が「私小説」という語の〝最適解〟として定着するまでには一定の時間を要したことがわかる。その定着を促す媒体が本章でとりあげる活字メディアである。

活字メディアは、「私なるものが存在する」という〝現象〟と「私」という〝言葉〟、さらに他の誰でもないこの「私」という特別な〝意味〟が、作者「私」において同一のものとして統一的・統合的に「認識」されるという特殊な構造を根底で成り立たせている。鈴木貞美は「「私小説」は問題としてのみ存在する」（一九九〇）と指摘したが、本章は私小説をめぐる「問題」をあらゆる存在が超越的な「私」の介在によって存在する活字メディア特有の「認識」の問題として捉え直す試みである。

私小説研究のいわゆる古典は、〈私小説〉にはあらゆる視線の中心に「私」がいることを指摘してきた。たとえば小林秀雄は「私小説論」（一九三五）において、実証主義を背景にもつ西洋の自然主義小説に描かれた人びとの自我と比較しつつ、日本の小説には「社会化した私」が欠如していると指摘したが、作者「私」が小説の要であること自体は疑っていない。また、田山花袋の「蒲団」に日本近代文学の負の起源を見出した中村光夫は、『風俗小説論』（一九五〇）において日本の小説から「仮構性」や「想像力」が排除された背景には、作家たちが各自の振る舞いを相互に監視する文壇の影響があることを指摘している。このことは文壇に所属する人びとの視線が作者「私」に集まっていることを裏付けている。さらに小説を「調和型心境小説／破滅型私小説」に二分した平野謙の「私小説の二律背反」（一九五一）でも、作者「私」の視線をとおして、創作活動と実生活のはざまで生じる「私」の実存的な危機について考察している。

このように特権的な「私」をとおして私小説を理解しようとする考え方は、最新の私小説研究でも継承されている。

たとえば井原あやほか編『「私」から考える文学史──私小説という視座』（二〇一八）では、「私（小説）」を実体としてではなく、程度や濃度の異なる「グラデーション」として捉えるという新たな「私（小説）」観が提出されたが、そのいっぽうで超越的な「私」が存在する小説の構造そのものへの考察は十分とはいえない。

では、〈私小説〉をめぐる議論の中心になぜ特権化された「私」がいるのか。本章では知覚の変容という視点を取り入れることでこの問題を検討したい。小説における超越的な「私」の誕生は、次節で詳しく検討するように「みる／みられる」という知覚のあり方と密接に関係しているように思われるからである。

## 第二節　視覚中心主義としての私小説：柄谷行人を軸に

メディア美学あるいは記号論的な立場から〈私小説〉に対し、新たな観方を提案したのは、周知のとおり柄谷行人である。柄谷は『日本近代文学の起源』（一九八〇）において、明治二〇年代に人間の五感（視覚・聴覚・嗅覚・味覚・触覚）の「認識論的な布置の組みかえ」が起こった結果、人は一つの超越的な自己によって世界を統一的に把握する「内的人間 inner man」へと変化したと指摘する。また柄谷は「内的人間」になってはじめて「風景」や自己の「内面」を発見すると述べ、この知覚の変容にともなう「価値転倒」を総称して「告白の制度」と呼んだ。

柄谷が指摘する知覚の変容を、仮に人間があらゆる存在を「みる／みられる」ものとして世界を了解しはじめた徴として捉えるならば、前節で考察した〈私小説〉における視線の中心にいる「私」とは、〝視覚中心主義〟的な世界のあり方を受け入れた「内的人間」といえるだろう。ただし、ここでいう〝視覚中心主義〟とは作者や登場人物の眼差しを特権化するという意味ではない。柄谷は「認識論的布置」の移行をあえて「組みかえ」と表現したが、そのわけは視覚中心主義では五感のうち視覚以外の四つの知覚が存在しない、あるいは機能しないという意味ではなく、視覚を中心に他の感覚の配合比率が調整されるという含意があったからだと考えられる。さらにその感覚の比率を視覚中心的になるよう調合したのが活字メディアだったのだ。この考察を踏まえたうえで、活字メディアを捉え直せば、それはとりも直さず、あらゆる存在が超越的な「私」を媒介に生成される地平といえる。

視覚中心主義の全容は、柄谷のいう「告白の制度」以前の人間の知覚や認識のあり方が描かれた文芸作品の比較によってより一層明らかになってくる。たとえば、浪漫主義を牽引した評論家・北村透谷の代表作「内部生命論」（一八九三）では、主語に「吾人」や「人間」が多用される。ここからは透谷が描く自己とは近代的自我というよりも、むしろ同じ共同体に属す〝われわれ〟というニュアンスを帯びたものであることがうかがえる。また透谷は創作の「インスピレーション」が沸く背景には「宇宙の精神即ち神なるものよりして、人間の精神即ち内部の生命なるものに対する一種の感応」があると述べる。つまり、神と交感した結果、詩が生まれると透谷は考える。このように透谷は、世界を主体／客体として分断する視覚中心主義的な認識ではなく、生命が互いに「ふれる／ふれられる」ものとして存在するという、いわば〝触覚中心主義〟的な認識によって世界を捉える。透谷の文学観を踏まえたうえで、柄谷が指摘した日本文学史における「価値転倒」を捉え直すと、それは「触覚中心主義的な世界」から「視覚中心主義的な世界」への変容であったことがわかる。

ここまでは作家の表現を通して小説が生まれる現場に寄り添い、さらに、作家・作品を成立させる外部の情報や条件からも文学の位相を見定めていく日本文学研究の伝統と、メディアと知覚の関係という観点から活字メディアを再考する柄谷行人の議論を踏まえつつ、活字メディアが人間の五感を組み変え、世界のあり方を視覚中心主義的なものとして描き出す営為として〈私小説〉を捉え返してきた。次節以降では、〈私〉の超越性を根本的に吟味・批判することで、〈私小説〉の制度を相対化したと思われる芥川龍之介と横光利一を例に、さらに〈私小説〉の実態に迫っていきたい。

## 第三節　芥川龍之介：創作主体としての〈私〉

芥川龍之介（一八九二－一九二七）は言うまでもなく日本を代表する作家の一人である。彼は夏目漱石の最晩年の門下生で、漱石に短篇小説「鼻」（一九一六）を激賞されたのち、当時は廃れていた古典の発掘・模倣をとおして、芸術至上主義と称される文学的立ち位置を確立した。

芥川自身を彷彿とさせる英語教師を主人公とした「保吉の手帳から」（一九二三）や「あばばばば」（一九二三）といった、いわゆる「保吉もの」では芥川における私小説的な傾向が度々、指摘されてきた。しかし、本節では創作の主体という観点からあえて「保吉もの」ではなく、私小説とは一見相反するように思われる芸術至上主義の代表作「戯作三昧」（一九一七）を取りあげることで、芥川における「私」の問題の本質を見定めていきたい。

芥川は評論「或悪傾向を排す」（一九一八）で浪漫主義／自然主義の区別や、また「「わたくし」小説に就いて」（一九二五）、「「私」小説論小見」（一九二五）でも小説の分類にはあまり意味がないと指摘している。また芥川は、小説の種類ではなく、言葉の意味や音が一体となった作品「内容」と、それに形を与える「構成上の原則」（「形式」）（「文芸一般論」一九二四－一九二五）を併せもつ小説の構造を理解するよう説く。このように小説の構造という観点から芥川は同時代の私小説論を批判していく。だが、このことは必ずしも芥川が作中で「私」を描かないということを意味しない。むしろ芥川は「戯作三昧」において私小説作家とは異なる立場から自己を追求している。

「戯作三昧」の主人公は『南総里見八犬伝』を執筆中の老境の滝沢馬琴である。『八犬伝』を『水滸伝』の模倣と呼び、「天然自然の人間」が表現されていない「捏ちあげたもの」と酷評する批評家たちを軽蔑しつつ、またそれを糧にすらしつつ、馬琴は虚構創りに邁進する。馬琴の創作の姿勢には芥川の芸術至上主義が色濃く反映していることがうかがえる。しかし、馬琴の「強大な「我」」という自意識を描き、小説のクライマックスでは「戯作三昧」の日々を送る「戯作者の厳かな魂」を通して、作家の生き様を高らかに語り上げる様を考えると、この作品はまさに「私小説」の典型であるといえないか。

このことは単に芸術至上主義を掲げる芥川の矛盾を表しているというよりも、〈私小説〉の制度のあり方をむしろ表していると考えられる。というのも、創作の過程で「私」性を極力排除したとしても、また逆に「私」性を最大限に拡張したとしても、最終的には「私」と世界の視線が同化し、「私」は高次の「みる」主体、すなわち創作主体としての〈私〉に回収されてしまうからである。

もちろん黒澤明の映画『羅生門』として世界的に知られることとなった芥川の代表作「藪の中」（一九二二）には、一つの事件に対して複数の異なる物語を描き出してみせることで、小説全体を統合する超越的な〈私〉の誕生を回避しようとする芥川の意図がうかがえるし、芥川が得意とする短篇小説の数々や「侏儒の言葉」（一九二三-二五）といった箴言形式の作品にも、一つの物語を紡ごうとする、創作主体の出現を抑制する工夫がみられる。

だが、虚構であれ私小説であれ小説の種類には関係なく、創作主体としての〈私〉を追求する過程で、〈私小説〉の制度が構造的に抱える「私」性の問題に芥川はぶつかってしまう。先述したように文学において重要なのは小説の構造や本質を把握することだ、と芥川ははっきりと自覚しているにもかかわらず、である。

この文脈に芥川が最晩年に谷崎潤一郎と交わした「小説の筋論争」（一九二七年二月-六月）を位置づけることもできる。この論争は、小説の芸術的価値は話のあらまし（「構造的美観」）にあると主張した谷崎に対し、芥川は「文芸的な、余りに文芸的な」（一九二七）において、「話らしい話のない」「最も詩に近い小説」こそ価値があると反論したものである。また「詩に近い小説」に関連して、自らの創作上の興味（「通俗的興味」）は、小説の筋よりも「詩人の目と心」をもつ登場人物や、創作過程で「詩的精神の浄火」を燃やし続けることにあると芥川はいう。「小説」ではなく「詩」と表現する点に芥川の私小説批判を見出すことができなくもないが、ここでいう「詩人の目」や「詩的精神」とは、とどのつまり普遍的な創作主体である〈私〉に他ならない。

このように芥川は芸術至上主義を標榜し、〈私小説〉を根本から批判しようとしていた。にもかかわらず、小説を書く訳を「唯僕の中の詩人を完成する為に作っているのである。或いは詩人兼ジャアナリストを完成する為に作っているのである」（「文芸的な、余りに文芸的な」）と述べ、自らが完璧な創作主体たることを目指すとき、芥川は必然的に〈私小説〉制度の中に回収されてしまうのである。

## 第四節　横光利一：視覚中心主義の解体

小説における「知覚」の機能に自覚的だった作家として、横光利一（一八九八－一九四七）がいる。横光は川端康成（一八九九－一九七二）とともに新感覚派の旗手として知られ、「文学の神様」として精力的に創作に取り組むが、一九三六年のヨーロッパ周遊前後から国粋主義的な傾向を強め、戦後にプロレタリア文学者陣営から戦争責任を追及されている。

横光には「春は馬車に乗って」（一九二六）をはじめとする病死した妻を扱った一連の作品や、戦後の農村生活を描いた「夜の靴」（一九四六）のように自伝的な要素のうかがえる小説がある。しかし、横光は早くから文学の本質を心理や感性、とりわけ「風流」と見なす文学観に懐疑的であり（「新感覚論――感覚活動と感覚的作物に対する非難への逆説」一九二五）、評論「絶望を与えたる者」（一九二四）では「人生」を概念的に描く田山花袋ら自然主義に傾斜する作家を厳しく批判し、反対に横光自身は「虚偽」を真実へと転換する「傀儡師（かいらい）」（人形つかい）であることを宣言する。ただし「傀儡師」といえども、横光には超越的な立場から物語をコントロールするといった要素は実はあまり看取できない。小説に超越的な「私」が生じるのを防ぐ「純粋文学」という創作方法を、横光はフランスのノーベル文学賞作家アンドレ・ジッドから学んでいる（「芸術派の真理主義について」一九三〇）。さらに横光はジッドの文学理論に依拠しつつ、「純粋小説論」（一九三五）と題された評論において「四人称」という独自の文学観を展開した。「四人称」は、登場人物が形成する人間関係のなかに作者も一員として加わり、その関係の「均衡」を図ることで特権的な「私」

の生成を防ぐという手法である。

横光自ら「純粋小説」の実践として位置づけた「天使」（一九三五）には、「四人称」を反映したと考えられる「運命」というモティーフが登場する。「天使」では複数の男女の恋愛模様が描かれるが、「天使」というタイトルが喚起するイメージに反して、彼らの運命を司る神や天使といった超越的な存在は登場しない。その代わりに、登場人物の言動が交錯し、いくつもの偶然が重なり合うことで、それぞれの恋愛が展開していく。ここからも横光において「運命」とはあくまで人間が連合的・複合的に創造するものであることがわかる。

超越的な「私」の誕生を抑制しようとする横光の志向は、日本知識階級の葛藤を描いた「厨房日記」（一九三七）にもうかがえる。この小説には、主人公・梶が西洋の知識人に対し、日本には個人の意志以前に「自然力」という社会全体の判断機能があり、「第一番の芸術家や思想家は自然という秩序」だと説明する場面がある。「自然」という言葉は容易に科学的手法を文学に援用した自然主義を想起させるが、前掲の「純粋小説論」や「天使」を踏まえれば、「自然」もまた複数の人間の言動が影響し合う空間として捉えることができよう。また「厨房日記」では進むべき方向性を見失った梶が妻の柔らかな肌にふと触れてしまったとき、人間とは「触覚ばかりを頼りに生きている生物」であると、人間と触覚の関係について考察する場面もある。

こうした「運命」や「自然」という概念からは視覚中心主義的な世界観に対し、触覚中心主義的な世界観を打ち出していこうとする横光の文学観がうかがえる。このように自然主義と同じ「自然」という語をもちいてはいても、横光の文学観はむしろ本章第二節で考察した浪漫主義の立場に近い。とはいえ、クリスチャンであった北村透谷が神との交感を評論や詩で描いたのに対し、横光はあくまで偶然性に左右される人間のネットワークを小説で表現しようとする。

いっぽう、横光の文学観を芥川のそれと比較すると、私小説を批判するという点では共通してはいるが、登場人物の関係性のなかに「私」性を残し、また単独的存在ではないものの人びとの視線を中心に集める構造を容認している点で横光の私小説批判は芥川より消極的に思われる。しかし、「均衡」を保った人間関係を描くことによって制度の内側から作者「私」の解体を進める横光の創作姿勢はむしろ芥川よりもラディカルである。以下は推測の域を出ないが、横光は「純粋小説」をとおして触覚中心主義的な文学への転回を図ることで〈私小説〉の制度を乗り越えることができると考えたのではないだろうか。とはいえ、留意したいことは、右で考察してきたとおり超越的な〈私〉の登場と〈私小説〉の誕生は不可分である以上、〈私〉解体への道は〈小説〉という表現媒体、あるいは〈小説〉という制度それ自体をも解体へと導く危険性を孕んでいるということである。

## 第五節　おわりに：現代における「私」による「私」創作の意義

本章では私小説を中心に、視覚中心主義という観点から活字メディアを再考してきた。また芥川や横光をとおして、〈私小説〉の制度を相対化しようとする取り組みも検討した。では、現代にあって〈私小説〉はいかなる意義を有し、またいかなる指標となるのか。

二〇〇〇年に法政大学大学院に私小説研究会が設立され、研究誌『私小説研究』による報告（二〇〇〇年〜二〇〇八年）や『私小説ハンドブック』（二〇一四）が刊行された。一方、実作の分野では作家で比較文学研究者の小谷野敦が『私小説のすすめ』（二〇〇九）や『純文学とは何か』（二〇一七）において繰り返し私小説を擁護している。また二〇〇七年に『暗渠の宿』（二〇〇六）で第二九回野間文芸新人賞、二〇一一年に『苦役列車』（二〇一〇）で第一四四回芥川賞を受賞した西村賢太は自らを「私小説家」と称し、大正期の私小説家として知られる藤澤清造の後継者であることを公言している。さらに西村の発言を受け、二〇一一年に新潮社は藤澤清造の長編『根津権現裏』（一九二二）を復刊した。こういった近年の動向からみても、現代における「私小説」への関心の高さがうかがえる。

しかし、他方では、社会における主導的メディアが小説や新聞、雑誌といった活字メディアからテレビを中心とするマスメディア、さらにはインターネットへと移行し、日本新聞協会や日本雑誌協会が公表する各媒体の印刷部数は急速に減少しつつある。それと並行してますます〝活字離れ〟が進み、活字メディア全体が苦境に立たされていることも残念ながら事実である。

では、そうした時流の渦中にあって、なぜ今また「私」を表現する「私」が注目されているのか。それをもちろん本章で考察してきた〈私小説〉の系譜に位置づけることは可能である。小林秀雄が『私小説論』（一九三五）で私小説が亡んでも「私」の問題はまた新しい形で表れると示唆したように、「私」による「私」自身の創作が脚光を浴びている現在の状況が、すでに〈私〉をめぐる問題が新たな段階に突入したことを示しているともいえよう。

その可能性のいっぽうで、インターネット・メディアによって柄谷のいう「認識論的な布置の組みかえ」が再び水面下で行われつつあると考えることはできないだろうか。その検討は本章の考察の範囲を超えているが、インターネットにおける〈私〉と創作の意義をめぐっての原理的な考察が今後強く望まれる。

## ◉付　記

本文で引用した文献には、その都度初出年を記した。また歴史的仮名遣いは現代仮名遣いに直した。

## ◉引用・参考文献

秋山　駿・勝又　浩［監修］／私小説研究会［編］（二〇一四）『私小説ハンドブック』勉誠出版
芥川龍之介（一九九五）「鼻」『芥川龍之介全集』第一巻、岩波書店
芥川龍之介（一九九六）「或悪傾向を排す」「戯作三昧」『芥川龍之介全集』第三巻、岩波書店
芥川龍之介（一九九六）「藪の中」『芥川龍之介全集』第八巻、岩波書店
芥川龍之介（一九九六）「保吉の手帳から」「あばばばば」『芥川龍之介全集』第十巻、岩波書店

芥川龍之介（一九九六）「文芸一般論」『芥川龍之介全集』第十一巻、岩波書店

芥川龍之介（一九九六）「「わたくし」小説に就いて」『芥川龍之介全集』第十二巻、岩波書店

芥川龍之介（一九九六）「侏儒の言葉」「「私」小説論小見」『芥川龍之介全集』第十三巻、岩波書店

芥川龍之介（一九九七）「文芸的な、余りに文芸的な」『芥川龍之介全集』第十五巻、岩波書店

伊藤氏貴（二〇〇二）『告白の文学――森鷗外から三島由紀夫まで』島影社

井原あや・梅澤亜由美・大木志門・大原祐治・尾形　大・小澤　純・河野龍也・小林洋介［編］（二〇一八）『「私」から考える文学史――私小説という視座』勉誠出版

柄谷行人（二〇〇四）『定本　柄谷行人集　日本近代文学の起源』第一巻、岩波書店

北村透谷（一九七六）「内部生命論」『明治文学全集二九　北村透谷集』筑摩書房

小林秀雄（二〇〇一）「私小説論」『小林秀雄全集　私小説論』第三巻、新潮社

小谷野敦（二〇〇九）『私小説のすすめ』平凡社

小谷野敦（二〇一七）『純文学とは何か』中央公論新社

鈴木貞美（一九九〇）「「私小説」という問題――文芸表現史のための覚書」『日本近代文学』四三、五二-六五頁

中村光夫（一九七二）「風俗小説論――近代リアリズム批判」『中村光夫全集　文学論（一）』第七巻、筑摩書房

西村賢太（二〇〇六）『暗渠の宿』新潮社

西村賢太（二〇一一）『苦役列車』新潮社

日比嘉高（二〇〇二）『〈自己表象〉の文学史――自分を書く小説の登場』翰林書房

平野　謙（一九七五）「私小説の二律背反」『平野謙全集』第二巻、新潮社

藤澤清造（二〇一一）『根津権現裏』新潮社

山口直孝（二〇一一）『「私」を語る小説の誕生――近松秋江・志賀直哉の出発期』翰林書房

横光利一（一九八一）「春は馬車に乗って」『定本　横光利一全集』第二巻、河出書房新社

横光利一（一九八一）「天使」「厨房日記」『定本　横光利一全集』第七巻、河出書房新社

横光利一（一九八二）「夜の靴」『定本　横光利一全集』第十一巻、河出書房新社

横光利一（一九八二）「芸術派の真理主義について」「純粋小説論」「新感覚論」「絶望を与えたる者」『定本　横光利一全集』第十三巻、河出書房新社

# 第Ⅳ部

## 社会関係から考える〈みる／みられる〉

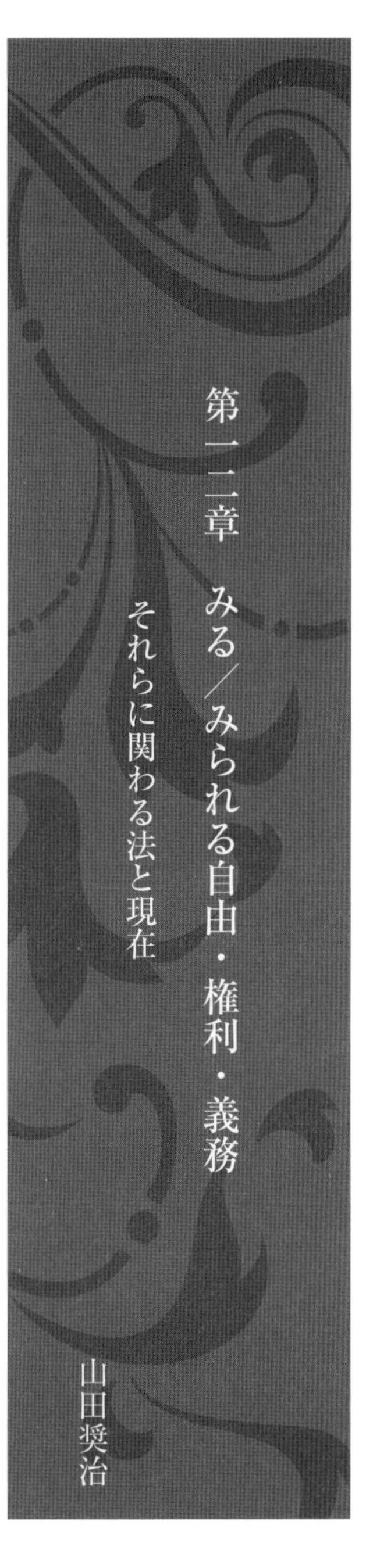

# 第一二章　みる／みられる自由・権利・義務

## それらに関わる法と現在

山田奨治

## 第一節　はじめに：みる／みられることの権力性

人間がえる情報のおよそ九〇％は視覚によるものだといわれている。何かを知ることとは、「みる」ことだと言い換えることもできるだろう。わたしたちが文化的な生活を営み、民主的な社会を作るためには、ある種の情報を「みる自由と権利」が保障され、ある種の情報をもつ側には「みられる義務」が課せられなければならない。また、「みる」行為が「みられる」側の自由と権利を損なうこともある。「みる／みられる」関係には、支配への欲望と権力性がともなう。

多くの場合、「みる」側には何らかの欲望があり、「みられる」側に対して特権的な立場がもたらされる。そのため、「みる権利」は、商品となって市場で売買されることがある。書店で売られる本、動画のストリーミング配信、映画やコンサートのチケットなどがわかりやすい例だろう。しかし、文化的な活動としての「みる」行為がすべて制限されてしまえば、文化はまちがいなく停滞する。「みる」行為には、根源的に自由が保障されなくてはならない。こうしたことに関わる法律が「著作権法」である。

また、高度情報化社会に特有の現象として、個人についての情報が電子的に大量に蓄積されている。実際に、携帯電話会社は、すべてのスマホの位置情報を記録している。また種々の店舗でポイントカードやスマホ決済を使うと、いつ何を買ったかの情報がすべて記録され、メールアドレスを登録すればそれと紐付けられる。そうした情報が、個人を特定できるかたちで自由に使われてしまうと、利用者のプライバシーが侵害されるなどの不利益が生じる。電子的なサービスの利用記録をもとに、個人の信用をスコアリングする事業もはじまっている。情報を「みる」側の義務を定め、個人に不利益が生じることを未然に防ぐ法律に、「個人情報の保護に関する法律」（個人情報保護法）がある。

さらに、民主的な社会を維持していくためには、行政機関が保有する情報を国民が「みる権利」と、行政機関にとっては「みられる義務」が必要である。通常、この種の権利義務は「知る権利」といわれている。「知る」ことは、視覚情報に高次の認知機能が働いた結果でもあるため、「知る権利」の前提として「みる権利」を本章では想定する。それに関わる法律に、「行政機関の保有する情報の公開に関する法律」（情報公開法）がある。本章では、以上の法律の概略を紹介しつつ、同時にそれらがどのような方向に向かっているのかについての、読者の意識を喚起したい。

## 第二節　著作権と肖像権

### 一　著作権の基本

ある法律の根幹を知るには、第一条を読むのがよい。そこにはその法律を作った目的が書かれてある。著作権法の第一条を読んでみよう。

この法律は、著作物並びに実演、レコード、放送及び有線放送に関し著作者の権利及びこれに隣接する権利を定め、これらの文化的所産の公正な利用に留意しつつ、著作者等の権利の保護を図り、もつて文化の発展に寄与することを目的とする。

法律の条文によくあることだが、ひとつの文が長くて理解しづらい。そこで、主部と述部だけにしてみると「この法律は、［中略］もつて文化の発展に寄与することを目的とする」になる。では、「文化の発展に寄与する」ためにどうするのかは、「もつて」[1]の直前に書いてある。すなわち、「著作者等の権利の保護を図」ることで、「文化の発展に寄与する」のである。では「著作者等の権利」の中身はというと、「著作物並びに実演、レコード、放送及び有線放送に関し著作者の権利及びこれに隣接する権利」になる。

これで著作権法の目的は概ね理解できたが、なかほどの重要な一節がまだ残っている。そこには「著作権者等の権利の保護」は、「これらの文化的所産の公正な利用に留意しつつ」行うとある。文化的な所産の公正な利用の観点から、著作権は一部制限されるということだ。著作権保護で最も重要かつ最も難しい、「保護と利用のバランス」が、ここにうたわれている。

## 二　保護される権利

「著作物並びに実演、レコード、放送及び有線放送に関し著作者の権利及びこれに隣接する権利」が何なのかは、すべて条文で列挙されてある。「みる／みられる権利」に関係する代表的なものを拾い上げると、公表権、複製権、上映権、公衆送信権、展示権などがある。

公表権は、作品を公表する権利である。著作者人格権と呼ばれるもののひとつで、譲渡はできず著作者の没後も期間を定めず保護されている。たとえば、作家の没後にプライベートな手紙を公表され、それによって作家の人格的利

［1］著作権法の条文では「もって」ではなく、いまでも旧仮名遣いの「もつて」が使われている。

益が損なわれた場合は、孫までの遺族が公表の差止や、新聞への謝罪広告の掲載などの名誉回復の措置を求めることができる[2]。

前述の複製権以下は、著作財産権と呼ばれるもので、これらは契約によって譲渡ができる。複製権はコピーを作る権利のことで、コピー機で本のコピーをとることだけでなく、本や雑誌の印刷やCDに入った曲をコピーする行為、静止画・動画ファイルのデジタル・コピーなども含まれる。複製が多くなればなるほど、人びとに「みられる」機会が多くなる。一方で、出版社や音楽・映像会社は、複製を販売することで収益を得ている。彼らは、対価を払う契約をして著作者から作品の複製権を譲渡してもらい、同時に無許諾のコピーが出回ることを阻止しようとする。

上映権とは、著作物を公に上映する権利のことである[3]。これには映画だけでなく、ゲームの画面も含まれる。また、著作権のある写真やイラストを、プレゼンソフトの画面に無許諾でコピペして、営利、有料、または報酬を支払うイベントで公に投影することも上映権の侵害になる。

公衆送信権は、代表的な例をあげるならばネットにアップロードする権利のことだ。ブログやＳＮＳへの投稿もアップロードになる。新聞記事を撮影した写真や記事の文字起こしを、無許諾かつ引用の範囲を超えてＳＮＳに掲載すると、公衆送信権の侵害になる。この権利は、メディア報道の保存やアクセス容易性の確保、報道の検証をするさいに、しばしば障害となる。権利を厳格に行使すれば、世の中で起きていることをネットで「みる」機会が大きく下がってしまうだろう。

展示権は、美術の著作物と未発行の写真の著作物の原作品を公に展示する権利である。これは、作品が公衆に「みられる」ようにできる権利ということもできよう。

## 三　著作権の制限

しかし、著作権をただ保護するだけでは文化の発展は望めない。どのような作品も先行する作品の影響を受けているものであり、すでにある表現要素をまったく使わずに何かを表現することなどできないからである。また、学術研究や批評・報道が著作権を理由に必要以上の制限されてしまうと、社会の衰退を招くことになる。著作権法第一条に「文化的所産の公正な利用に留意しつつ」とあるのは、そういうことだ。どのような場合に著作権が制限されるのかは、条文で個別に列挙されている。「みる／みられる」ことに関連するものには、私的使用のための複製、図書館等における複製等、引用、時事の事件の報道のための利用、美術の著作物等の原作品の所有者による展示などがある。[4]

私的使用のための複製は、個人的に、または家庭内などで複製を行うことである。この制限規定があるので、買ったCDから自分や家族の携帯音楽プレイヤーに曲をコピーすることが合法的にできる。しかしこの制限規定は、近年その範囲が狭められつつある。録音・録画に限って違法にアップロードされたものを、それと知りながらダウンロードすることは、家庭内での行為であっても違法であり、一部には刑事罰も設けられていた。二〇二一年からは、それを録音・録画に限定せず、すべての種類の著作物に広げられた。ただし、SNSのアニメアイコンがスクリーンショットに写り込む場合など、軽微な侵害は対象外になった。とはいえ、ネットでの情報収集行動が全体的に萎縮し、あとから「みる」ために情報を保存することをためらうようになることが危惧されている。

図書館等における複製等は、図書館の資料を図書館員が利用者の求めに応じてその一部を複製し提供することである。これは図書館に集められた情報を国民が自宅などで「みて」後から活用するために必要な行為で、それが国民の知識を高め、ひいては民主的な社会を作ることにもつながる。

引用は、公正な慣行にもとづいて著作物の一部を許諾なしに利用することである。論文やレポートのなかに他人の

［2］ただし、公表権の侵害に損害賠償請求権はない。民法に基づいて請求することは可能。
［3］「公」には、不特定の者に加えて特定多数の者も含まれ、その範囲は人的結合関係の強弱や社会通念などから判断される。
［4］著作権法は、おもに複製を対象に著作物の利用行為を制限するものであるが、それが間接的に「みる／みられる」ことに影響することは先述のとおりである。

文章を書いたり、あるいは著作権があるものを無許諾でネットにアップロードしたりするさいには、それが引用の範囲にあるかどうかを気にしておかなければならない。何が引用にあたるのか、あたらないのかは、それだけを解説した本があるくらい奥が深いので、本章ではこれ以上のことは触れないでおく。

時事の事件の報道のための利用とは、たとえばアート作品をめぐって抗議や訴訟が起きたときに、報道機関がその作品の画像を掲載するような場合である。この権利制限がないと、問題を指摘された著作者が、著作権を盾に当該作品を「みられない」ようにすることができるし、市民がそれを「みて」、何が問題なのかについて社会的な議論を深めることもできなくなる。

美術の著作物等の原作品の所有者による展示とは、美術や写真の著作物の原作品の所有者またはその同意をえた者ならば、その作者の許諾をえずにそれを展示して、「みられる」ようにすることができる規定である。ただし、美術館のなかなどではなく、街路や公園などの屋外に恒常的に設置して「みられる」ようにする場合には適用されない。ここだけみても、著作権法の複雑さがわかるだろう。

## 四　肖像権

以上が「みる／みられる」に関係する著作権の概説である。ここで、著作権とは異なる肖像権のことについても、少しだけ触れておきたい。肖像権とはいま生きている人が自分の肖像を勝手に利用されない権利のことをいう。ただし、肖像権を定めた法律はなく、あくまで判例で認められている権利である。これは、自分の顔写真や映像を「みられない権利」といえるだろう。プライバシーの保護の観点では重要な「権利」ではあるが弊害もある。たとえば児童や生徒の集合写真を載せている学校史が公共図書館の書架から消えたり、災害時の状況を記録した写真アーカイブを公開できなかったりといったことだ。肖像権と公益との関係はまだ議論が未成熟であり、制度をどのようにすべきかは、この本を読んでいるあなたが考えてほしい。

## 第三節　個人情報と情報公開

つづいて、「みる／みられる権利と義務」に関わる制度として、個人情報保護法と情報公開法についても述べておきたい。まず個人情報保護法について、著作権法と同様に第一条をみておこう。

この法律は、高度情報通信社会の進展に伴い個人情報の利用が著しく拡大していることに鑑み、個人情報の適正な取扱いに関し、基本理念及び政府による基本方針の作成その他の個人情報の保護に関する施策の基本となる事項を定め、国及び地方公共団体の責務等を明らかにするとともに、個人情報を取り扱う事業者の遵守すべき義務等を定めることにより、個人情報の適正かつ効果的な活用が新たな産業の創出並びに活力ある経済社会及び豊かな国民生活の実現に資するものであることその他の個人情報の有用性に配慮しつつ、個人の権利利益を保護することを目的とする。

これも長い文だが、主な部分を取り出せば「この法律は、〔中略〕個人情報の適正な取扱いに関し、〔中略〕個人の権利利益を保護することを目的とする」となる。その背景は、「高度情報通信社会の進展」であり、個人についての情報が電子的に蓄えられることにある。何を定めているかは「基本理念及び〔中略〕義務等を定めることにより」の部分に書かれている。さらに、「個人情報の適正かつ効果的な活用が〔中略〕個人情報の有用性に配慮しつつ」の部分に、新たな産業の創出と活力ある経済社会の実現への配慮がある。じつはこの部分は二〇一五年の法改正で付け加えられたもので、個人情報をただ守るだけではなく、ビッグデータとして活用し、産業振興に一層役立てる方向に舵を切ったことを反映している。

個人情報とは生きている人を識別できる情報のことで、氏名、誕生日、住所、電話番号、電子メールアドレス、顔写真、指紋、パスポートや運転免許証の番号などが含まれる。個人情報保護法では、これらを取り扱う事業者（自治会やＰＴＡなどの非営利団体を含む）の義務、換言すれば、情報を「みる」者の義務が定められている。すなわち個人情報を集める際に、利用目的を特定して同意を取ることや、集めた個人情報を第三者に提供する場合の制限などである。

なお、個人情報保護法の規制を直接受けるのは、個人情報データベース等を事業に使っている「個人情報取扱事業者」で、国や地方公共団体、独立行政法人などはそれぞれ別の法律や条例で個人情報を保護している。ところが、この法律と関連法ができたことで、様々な過剰反応が起きている。自治会やＰＴＡで構成員の名簿が配付されなくなり、運営に支障をきたすようになっている。大きな災害があっても被災者名が公表されず、知人の安否がすぐにわからなくなってもいる。[5] 絵馬に書いた名前を隠すシールを配る神社や、「個人情報」だからと表札を掲げない世帯も増えてきた。

これらの多くは個人情報保護ではなく、プライバシー保護の適否の問題とみるべきだろう。個人情報とプライバシーは異なるものであるが、現代社会においてはひどく混同されている。[6] 個人情報保護法によって、氏名や住所は当然のように秘匿すべきものとの社会通念が生まれた。しかし、それによって近隣に誰が住んでいるのかを「みる」ことができず、地域社会の防災・防犯機能の低下につながりかねない問題も生まれている。[7]

つづいて情報公開法の第一条もみておこう。

この法律は、国民主権の理念にのっとり、行政文書の開示を請求する権利につき定めること等により、行政機関の保有する情報の一層の公開を図り、もって政府の有するその諸活動を国民に説明する責務が全うされるようにするとともに、国民の的確な理解と批判の下にある公正で民主的な行政の推進に資することを目的とする。

この法律のエッセンスは「行政機関の保有する情報の一層の公開を図り、国民の的確な理解と批判の下にある公正で民主的な行政の推進に資すること」にある。そして、どのようなことを定めてそれを達成するかが、これ以外の箇所に書かれてある。つまり、国民には行政機関が保有する情報を「みる権利」があり、行政機関には裁量の範囲で「みられる義務」がある。それによって、政府の国民への説明責任がはたされるのだ。民主的な社会を実現するためには、この法律が機能しなければならないことを、改めて言う必要はないだろう。

## 第四節　制度の「いま」を知る

本章で紹介した法律は、高度情報化にともなう時代の変化の影響を受けやすいものばかりである。著作権法は私的使用の幅が狭められつつあると同時に、検索エンジンやＡＩなどの産業振興のための著作物の利用に便宜をはかる改正がされている。個人情報保護法でも産業界が利用しやすくするための改正がされたことは、先述のとおりである。

しかし、政府が取り扱う情報については、むしろ秘匿性が強化されつつある。二〇一三年には「特定秘密の保護に関する法律」（特定秘密保護法）が、大きな論争を呼ぶなか国会で強行採決され成立した。この法律では日本の安全保障上特に秘匿が必要なもの（特定秘密）について、取扱者の適性評価や漏洩に対する罰則が定められている。安全保

［5］東日本大震災を受けた二〇一三年の災害対策基本法改正により、自治体の判断で安否情報を開示することができるようになった。しかし、この改正の趣旨が全国の自治体で徹底されていなかったり、自治体の判断に時間がかかったりするケースがある。

［6］企業のウェブサイトの個人情報保護方針のことを「プライバシー・ポリシー」と表記するのがその一例である。

［7］内閣法制局で個人情報保護法を担当したという官僚と、あるパーティーで話をする機会があった。こうした過剰反応が起きていることをどう思うかと聞いてみたところ、それは法律を誤解した国民に責任があり、法の趣旨を伝えるのは広告代理店の仕事だと彼は言い放った。エリート官僚の意識が垣間見えるエピソードである。

障のためにはこうした法律は必要とする意見がある一方で、特定秘密を政府が決め、何がそれに指定されたのかすら国民にはわからないという問題がある。

公文書をめぐっては、さらに深刻な問題が起きている。二〇一六年には自衛隊の南スーダンでの活動の詳細を記録した日報の情報開示請求を行なったジャーナリストに対して、日報は廃棄したと自衛隊が回答した問題（「自衛隊日報問題」）も起きた（実際には廃棄されていなかった）。自衛隊の南スーダン派遣は、一九九二年に成立した「国際連合平和維持活動等に対する協力に関する法律」（ＰＫＯ協力法）にもとづくもので、日報廃棄の虚偽回答は、同法の運用を検証することを妨害する行為である。また、二〇一七年に発覚した「森友学園問題」では、財務省が都合の悪い公文書の書き換えや廃棄をし、国会で虚偽答弁を行なったにもかかわらず、誰も罪に問われなかった。また、情報公開法にもとづいて情報開示請求を行なった大学教授に対して、財務省はほとんどが黒塗りされた、「のり弁」のような文書を「開示」した。[8] さらに、同時期に発覚した「加計学園問題」では、メモやメールは公文書ではなく、信頼性も保存の義務もないとして、責任を逃れようとする姿勢が政府にあった。[9]

こうした近年の状況はすべて、国民の「みる権利」と政府の「みられる義務」を損なうものである。では問題を受けて文書管理と情報公開は改善したかというと、まったく逆のことが起きている。ＮＰＯ法人情報クリアリングハウスの調査によると、大臣の行動を記録した日程表は、いつのまにか即日廃棄されるようになっている。[10] 行政文書管理ガイドラインが示す保存期間は「一年未満」なので、その要件は満たしてはいるものの、「みられる義務」を逃れる行為だといわざるをえない。そもそも保存期間が「一年未満」とは、文書をいつでも合法的に廃棄できるということである。こうした当日廃棄を問題ない行為にしてしまう力が権力なのだともいえる。

民主主義社会は多数決を基本原理としている。そして多数決が機能するための条件は、第一に決定への参加者が十分に多いこと、第二に参加者に情報が公開されそれを理性的に判断すること、第三に個々の参加者が他の参加者に影響されずに意思を決定することであるとされる（酒井 二〇一五：六二–六八）。集合知が有効なのは、そうした条件下においてである。情報公開が後退すると第二の条件が成立しなくなり、結果的に民主主義が後退してしまう。

さらに国外に目を移すならば、アメリカ国家安全保障局が、個人間の通信を含めインターネットを流れる情報を蓄積して「みて」いることや、同盟国首脳の電話を盗聴していたことが報じられている。国家がＩＴ技術を駆使して、世界の覇権を争う時代になっている。GAFA（グーグル、アマゾン、フェイスブック、アップル）と呼ばれる巨大プラットフォーマーは、サービスを利用するユーザーの行動を「みて」いて、わたしたちの日常的な行動や好み、思想などを、ほぼ把握していると思ったほうがよい。二〇一六年のアメリカ大統領選挙では、ケンブリッジ・アナリティカ社がフェイスブックの投稿から個々のユーザーの行動や関心を解析し、トランプ支持に仕向ける情報を流して投票行動を誘導したことが疑われている。そのようなことが手法化しているなかで、個人の意思はどこまで自由でいられるだろうか。

## 第五節　結びにかえて

本章では、主として「みる権利」と「みられる義務」を取り上げ、それが文化的な活動や民主主義の根幹に関わることを述べた。しかし反対に、「みる義務」「みられる権利」というものも想定できよう。いったいどのようなことがそれに相当するのか、考えてみてはどうだろうか。

［8］黒塗り文書については、後に非開示の判断に不適切な部分があったとして裁判になり、財務省に賠償が命じられた。ちなみに開示された文書に黒塗りがあっても、一件あたりの手数料（三〇〇円）は変わらない。

［9］個人的な経験を紹介するならば、アメリカの政府系博物館の司書と訪問のアポ取りを電子メールで行なったさい、同館ではすべてのメールが永久保存されるとの告知を受けたことがある。

［10］https://clearing-house.org/?p=3012（最終確認日：二〇二一年三月二五日）

## ◉引用・参考文献

酒井豊貴（二〇一五）『多数決を疑う――社会的選択理論とは何か』岩波書店

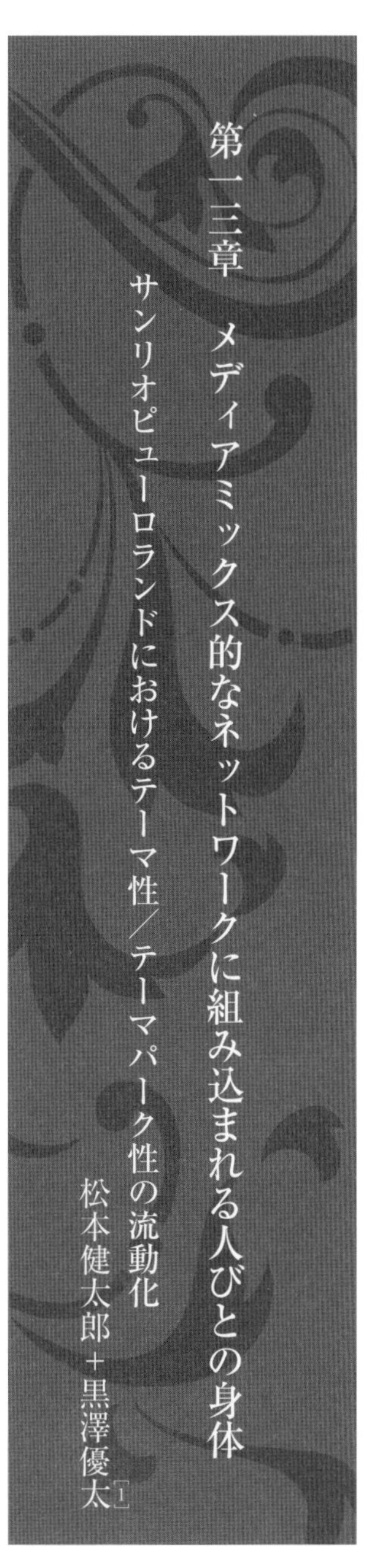

# 第一三章　メディアミックス的なネットワークに組み込まれる人びとの身体

## サンリオピューロランドにおけるテーマ性／テーマパーク性の流動化

松本健太郎＋黒澤優太[1]

## 第一節　はじめに：ピューロランドとその周辺

東京都の多摩地域に所在するサンリオピューロランドは、株式会社サンリオの子会社、サンリオエンターテイメントが運営する屋内型テーマパークである。サンリオといえばハローキティ、マイメロディ、シナモロール、ポムポムプリンなど、数々の人気キャラクターたちを世に送り出したことで有名だが、ピューロランドではそれらのキャラクターが登場するパレードや舞台などのコンテンツにより、多様なファンの人気を獲得している。しかも本章で後述するように、このテーマパークは一九九〇年に開園して以降、その形態を大きく変化させながら今へと至っているのだ。

なお、そのテーマパークの周辺、すなわち多摩センター界隈を歩き回ると、面白い光景に出くわす。というのも街のあちらこちらで、サンリオキャラクターを描いたモノ、たとえば案内板やマンホールなどに遭遇するのだ（図13-1）。また、駅からまっすぐ伸びるメインストリートのパルテノン大通りや、そこを左折してピューロランドへとつづくハ

[1] 本章の執筆に際して、第二節を黒澤が担当し、それ以外を松本が担当した。

**図 13-1　ピューロランド周辺に設置されたキャラクター**
（筆者撮影）

ローキティストリートでは、サンリオキャラクターに関連したモニュメントやフォトスポットが常設され、また時期によっては、さらにイルミネーションやフォトスポットが仮設される。付言しておくと、二〇一六年には京王電鉄とのコラボにより京王多摩センター駅[2]において、さらに二〇一八年には小田急電鉄とのコラボにより小田急多摩センター駅[3]において大規模な改装工事が施され、キャラクターが描かれたステンドグラスや壁、案内表示などにより、それぞれの駅の空間イメージが一新されている（図13-2）。ともあれ、現在では二つの駅を中心とする多摩センターエリアの全体がハローキティをはじめとするキャラクターのイメージによって装飾されており、テーマパークとしてのピューロランドの垣根を越えて、あたかも〝テーマパーク的な空間〟が駅周辺へと溢れでているようにさえみえる。

そもそも「テーマパーク」とは何か。アラン・ブライマンによると、テーマパークの根拠たる「テーマ化」とは、「対象となる施設や物体をそれとはほとんど無縁のナラティブで表現すること」だと規定される（ブライマン 二〇〇八：一五）。ここでいうナラティブとは「物語」のことであり、たとえばディズニーランドでは「第一に、各テーマパークそれ自体が包括的なナラティブで統一されている点でテーマ化されている」のであり、「第二に、各ディズニー・テーマパークは、テーマ化され、独自のテーマ上の一貫性と統一性をもっている「ランド」に分けられている」とされる（ブライマン 二〇〇八：四六-四七）。

たしかに前者に関しては、ディズニーランドは「魔法の場所」として、あるいはアメリカ文化を称揚する場所としてのナラティブが付与されているといえるし、後者に関しては、「ウエスタンランド」や「トゥモローランド」といっ

図13-2　京王多摩センター駅／小田急多摩センター駅のデザイン（筆者撮影）

たかたちでそれぞれテーマが設定され、それにしたがってキャスト（従業員）の衣装、建物やグッズなどがデザインされている。ブライマンによると、エンターテイメント経済に生きる現代人にとって、「テーマ化は愉快で、奇抜な経験を楽しむ機会を提供」（ブライマン 二〇〇八：四〇）するものと解説される。

ディズニーランドと比べるとだいぶ小規模ではあるものの、ピューロランドもやはり〝テーマパーク〟であることは確かである。しかし上記のように、近年ではピューロランドのパーク内に加えて、本来であればテーマパークとは表現しがたいその外側のエリアもまた「テーマパーク化」されているようにみえる。実際に多摩市は「ハローキティにあえる街」というより上位のテーマを掲げ、ピューロランドを中心に据えつつ、多摩センター周辺の「テーマ化」もしくは「テーマパーク的空間の拡張」に向けたプロジェクトを推進している。[4]

［2］https://www.puroland.jp/new_keio_tama_center/（最終確認日：二〇二一年三月二五日）

［3］https://www.puroland.jp/information/odakyu_tama_center/（最終確認日：二〇二一年三月二五日）

［4］多摩市のＨＰには、次のような記載がある――「多摩市では平成一四年度から、多摩センター地区の立地施設であるサンリオピューロランドのキャラクターであり、日本国内だけではなく世界中に愛されているキャラクターであるハローキティを活用した「ハローキティにあえる街」を多摩センター立地企業等と協力・協働し活性化に取り組んでおります。その一環として多摩センター駅周辺では、サンリオキャラクターによるさまざまなイベントを開催しています」（https://www.city.tama.lg.jp/0000002603.html（最終確認日：二〇二一年三月二五日））。

かつて多摩センター周辺は、のどかな里山の風景がひろがる地域であったが、スタジオジブリ制作のアニメーション映画『平成狸合戦ぽんぽこ』（一九九四）にも描かれる都市開発を経て、今ではキティが支配する空間となっている。とくにピューロランド周辺では、各種の「モノ＝イメージ」によって、テーマパーク的な空間が拡張しつつあるともいえるのだ。そしてゲストたちは、ときにサンリオのグッズを身に着け、ときにコスプレをしながら、ピューロランド内外の各所に設置されたフォトスポットの前で写真を撮り、それを友人と共有したり、ＳＮＳにアップロードしたりする。本章ではそのような、ピューロランド周辺をめぐる空間消費の現状をとりあげながら、それをテーマ性／テーマパーク性の流動化という観点から考察してみたい。

## 第二節　ピューロランドにおけるテーマ性とその変遷

しばしば「仕事を選ばない」と揶揄されもするキティだが、彼女を主役とするピューロランドは、たとえばアメリカ文化の象徴としてのディズニーランドとはそのあり方が異なる。ディズニーランドの場合、そもそもパーク全体のイメージが「テーマ化」されており、また、その主役たるミッキーマウスのイメージも厳格に管理されているが、他方でピューロランドの場合には、その世界観を構成するテーマは統一感を欠き、歴史をつうじて不変ともいいがたい。それは「訪れるたびに世界観が変化するテーマパーク」といっても過言ではないかもしれない。

とりわけピューロランドは二〇一〇年代以降、シアタータイプのアトラクションに注力しており、二〇二〇年一月現在では、パーク内のメルヘンシアターではミュージカルショー「KAWAII KABUKI ～ハローキティ一座の桃太郎～」が上演され、外国人を含む多くの観光客を惹きつけている。また、フェアリーランドシアターでは、マイメロディおよび男性俳優のみの二・五次元ミュージカル「MEMORY BOYS～想い出を売る店～」が上演され、若い女性ファンを惹きつけている。さらにディスカバリーシアターでは、ぐでたま監督による参加型アトラクション「ぐでたま・

ザ・ム～ビ～ショ～」が上演され、子供連れのファミリー層に人気である。しかも期間限定の特設会場では、「ミキハウスサンクスバザール」などが開催されることもあり、これら多様な指向性をもつ諸要素をかろうじて繋ぎとめているのは、パーク全体を貫く「テーマ」というよりも、むしろキティをはじめとする「キャラクター」だという印象すらある。

とはいえピューロランドは、当初からこうしたテーマパークとして開園したわけではない。現在こそ忘れ去られてしまった感があるが、もともとピューロランドにも確固たるコンセプトが介在し、明確な理想を掲げていた時期が存在したのである。それは当時、テーマパークの絶対的な象徴であったディズニーランドを意識した、挑戦的な試みだったともいえる。しかしその「理想」は次第に崩れ去り、その後コンセプトを大きく改変しながら、現在のあり方へと移行していったのである。本節では一九九〇年における開園当時の状況を振り返りながら、ピューロランドを支えていたテーマとその変遷に目を向けてみよう。

株式会社サンリオの創業者である辻信太郎は、ピューロランド設立の理念について次のように語っている。

> テーマ・パークとはある特定のコンセプトをもつレジャー施設のことです。世界にはテーマ・パークの原型ともいわれている、一五〇年の歴史をもつデンマーク・コペンハーゲンのチボリ公園を初めとして、米国カリフォルニア州のディズニーランドやフロリダ州のディズニーワールド等その数は多々ありますが、サンリオピューロランドは〝コミュニケーション〟に徹底的にこだわったテーマ・パークと言えます。［中略］サンリオピューロランドはお祭り広場を原点に、みんなが楽しくあそべる場所を提供し、そこに集まった人たちがより楽しく、幸せな時間をもてることを目的とした〝愛と友情のコミュニケーション〟施設なのです。（吉川 一九九一）

辻によると、ピューロランドは「愛と友情のコミュニケーション」をコンセプトにしたテーマパークだとされる。

図 13-3　ピューロたちのプロフィールやピューロランドの誕生物語

もともとサンリオはその以前から、独自のキャラクター商品やプレゼント用品、グリーティングカードの企画・販売を手掛けており、それを「ソーシャル・コミュニケーション・ビジネス」と命名してきた。そしてそのビジネスとは、「人が思いやりや感謝の心を伝えることを手助けする仕事」だと位置づけられる。そしてピューロランドは、そのような理想のうえに構想されたテーマパークだったのである。

では、ピューロランドにおける「テーマ」とは何だったのだろうか。そのパークの名称に含まれる「ピューロ」とは、もともとはサンリオが独自に考案した計八体のキャラクターであり、「ピュア」と「ピエロ」からなる造語だとされる。彼らは宇宙の調和をつかさどる不思議な存在とされ、それぞれ「キングハッピー」「メロディー」「ティンカー」「トワイライト」「チックタック」「ツゥインクル」「キャプテン」「ヤムヤム」と命名されていた。ピューロランドとは「彼らが調和を失い始めた地球へと降り立ち、人びとに愛と調和をもたらすため創りあげた場所」という設定のもとに構想されたのである。

開園当初こそ、こうした設定が強く意識されていたため、園内では当時の人気キャラクター、たとえばハローキティ、たあ坊、けろけろけろっぴなどの存在は強調されていない。実際に一九九〇年一月五日付および二月五日付の「いちご新聞」[5]を参照するならば、そこではピューロたちのプロフィールやピューロランドの誕生物語が仔細に解

図13-4 「ディスカバリーシアター」のショー（吉川 1991）

説されており、「ピューロの国」というそのテーマパークのコンセプトを浸透させようとする意図が随所に認められる（図13-3）。

付け加えておくと、このような設定は、各アトラクションにおいても色濃く反映されていた。当時、パーク内の「ピューロアドベンチャー」（現在の「サンリオキャラクターボートライド」）、「メルヘンシアター」、「ディスカバリーシアター」（図13-4）、「フェアリーランドレストラン」[6]、「夢のタイムマシン」（現在の「サンリオタウン」）、「ゴールの伝説」（現在の「エンターテイメントホール」）で演出されていたものは、いずれも上記のコンセプトに依拠したものであり、なおかつ教育的要素もそなえていた。

当時のピューロランドにおける徹底された世界観の具体例として、「時間」をめぐる独自の設定にも言及することができよう。というのも、ピューロランドの中心に位置する「ピューロビレッジ」は、「ピューロ時間」なるものによって時間が進行しているとされ、午後二回おこなわれていた「サンリオスターライトパレード」の開始時刻にあわせ館内を次第に暗くすることで、「ピューロの国」に夜が訪れたことを

［5］いちご新聞編集局によって発行されているサンリオの月刊機関紙。サンリオキャラクターや関連グッズの最新情報などが紹介されている。

［6］当初は「フェアリーランドレストラン」としてオープンし、食事をしながらショーを楽しめる施設だった。それが現在は「フェアリーランドシアター」として、ショーのみを楽しむ施設となっている。

図 13-5　「キティズハウス」の様子（高橋 1999）

ゲストに体感させる、という独特な仕掛けが用意されていた。つまり館内の時間もまた、虚構的な水準でコントロールされていたのである。

ともあれ以上のように、サンリオ独自のコンセプトを基軸として創出された時空間が当時のピューロランドを「テーマパーク」たらしめていたわけであるが、問題はそれがゲストたちに伝わらなかった点にある。ゆえにそこを訪れる人びとからは「ピューロが何かわからない」とか、「なぜハローキティやけろっぴがいないのか」といった不満の声が噴出することになった。また、高額な入園料や閉塞的で薄暗い館内に対しても失望の声があがり、ピューロランドは開園からわずか数か月で、「評判倒れ」の烙印を押されてしまったのである。

開園後のそのような状況から脱却するために、ピューロランドは思い切った方向転換に踏み切る。ピューロたちを強調した従来の運営方針を転換し、既存のサンリオキャラクターを表舞台に登場させることで、世界観の再構成をはかったのである。開園以来、ディスカバリーシアターやフェアリーランドシアターで上演されていたショーは、その転換によって、ばつ丸やマロンクリームといったサンリオキャラクターたちが活躍する演目へと変更された。また、唯一のライドアトラクションであった「ピューロアドベンチャー」も「サンリオキャラクターボートライド」へと姿を変えた[7]。なかでも注目すべきは、ハローキティに会うことができる空間として、一九九八年に「キティズハウス」を新設した点である。

この「キティズハウス」は、キティが「ゲストを自宅に招き、一緒のひと時を過ごしたい」との設定をもとにつくられた空間である。キティの家というその名にふさわしく、そのエリアにはキッチンやリビングルーム、バスルームといったプライベート空間が作り込まれており、そのなかで、来園客はキティと一緒に記念撮影をすることができた。現在における「レディキティハウス」の先駆けとなるこの施設を誕生したことにより、ピューロランドは「ピューロの国」ではなく、ハローキティをはじめとする「サンリオキャラクターの国」として生まれ変わったのである。そして今では、パーク内の各施設で上演されているショーやアトラクションは、ほぼ全てサンリオキャラクターが活躍するものとなっており、既存のコンテンツに依拠しないピューロランド独自のアトラクションは姿を消したのである。[8]

テーマパークとは、何らかの「テーマ」に依拠して人為的に構築された記号世界だといえる。しかしサンリオピューロランドの場合、その開園当時から変わらず継承されてきたテーマがあるかといえば、既述のとおり、そうとはいえない。ピューロランドでは「ピューロの国」というその当初のテーマ性が後退し、今ではそれに代わって、「キャラクター優位」の世界観が展開されている。むろんそれは現在でも「テーマパーク」であることには違いないが、実情からいえば、「キャラクターパーク」[9]といったほうが適切であるような気さえする。

[7] 一九九九年一一月にリニューアルオープンし、二〇〇七年にはシナモン等の新キャラクターを加えた「サンリオキャラクターボートライド シナモンとキティパーティに行こう！」へ変更された。

[8] その最たる例として、「知恵の木」をあげることができるだろう。「ピューロビレッジ」中央に聳え立つ巨木である「知恵の木」は、ピューロたちがピューロランドを創りだした際に蒔いた「調和の種」が成長したものであり、ピューロの王様である「キングハッピー」が地球に滞在する際の自宅としての役割を兼ねていた。しかしピューロの存在が追いやられてしまってからは、「知恵の木」には「ハローキティの幸せの鐘」が置かれ、恋愛成就のための「社」として再利用されている。

## 第三節　モノとイメージのメディアミックス的なネットワーク

前節ではピューロランドの歴史を振り返りつつ、そのテーマをめぐる非一貫性に目を向けたが、そもそも、その主役ともいえるキティもまた、無節操に、様々なものとコラボすることで知られている。たとえばガンダム、エヴァンゲリオン、貞子、デヴィ夫人など……世間を驚かせるそのコラボレーションには枚挙に暇がない。

近年、ハローキティはユーチューバーとして活動するなかで、各地の土産物とのコラボレーションを念頭において自らをそれらにとりつく「憑依型女優」[10]と位置づけているが、たしかにサンリオが産出するキャラクターイメージは様々なモノや場所へと憑依し、国内外のあらゆるところに遍在している印象がある。もはやキティとはメディアミックス社会である日本を象徴する記号と化している感すらあるが、それは各種の媒体をつうじて商品展開されるのみならず、たとえば観光領域に限って考えても、様々なモノ（グッズ、電車、飛行機）や場所（空港内の施設、自治体、テーマパーク）のイメージと組み合わされて人びとに認知され消費される傾向にある。

サンリオは自社開発した四〇〇種を超えるキャラクターをもとに、数多くのグッズの企画・販売を手掛けている。また上述のテーマパーク事業のほかにも、映画製作、出版事業、外食産業などにも参入しており、多様な経路をつうじて無数のキャラクターたちのイメージを社会的に流布している。それは、ある作品やそのキャラクターを様々なメディアをつうじて流通させる戦略、いわゆる「メディアミックス」の現代的な事例を供するものといえよう。

マーク・スタインバーグの著書『なぜ日本は〈メディアミックスする国〉なのか』によると、メディアミックスとは「表現の形式であり、複数の異なる断片からなる、より大きなメディアの世界を構築するための方法」（スタインバーグ 二〇一五：四三）だとされる。また、それは「ある特定のキャラクターや物語や世界観を中心とするメディア上のモノや要素のシステムとして現れ」、また、「メディアの周辺に構築された社会的関係のネットワークであり、それゆえキャラクターの周辺に発生するある種の社会性の土台になる」とも指摘される（スタインバーグ 二〇一五：三五）。

ポケモン、ミッキー、マリオなど、それこそ多種多様な事例がありうるが、現代においてあるキャラクターやそれに付随する物語は、各種メディウム——たとえば漫画、アニメ、ゲーム、グッズなど——の差異を越境しながら流通し、それをもとにした「社会的関係のネットワーク」を構築しうる。そしてそのようなネットワークが顕著にあらわれる場として、既存のコンテンツをもとに形成されたテーマパーク、たとえばディズニーランドやユニバーサルスタジオなどを思い浮かべることもできるだろう（基本的にいって、前者のアトラクションは、ディズニー・アニメーションの世界観を物理的空間のなかでシミュレートしたものであり、後者のアトラクションは、ハリウッド映画の世界観を物理的空間のなかでシミュレートしたものである。それらはともに、ゲストの身体をメディアミックス的なネットワークへと組み込むために設計されているのだ）。

むろんピューロランドもテーマパークであり、そのような「社会的関係のネットワーク」を見出しうると考えられるが、しかし前節で詳述したとおり、もはやそこは「テーマ優位」の空間というよりも、むしろ「キャラクター優位」の空間として成立している。しかも（これも既述のとおりだが）ピューロランド周辺では各種の案内板やフォトスポットなどのモノ＝イメージによって、そのテーマパーク的な空間が拡散しつつあるともいえるのだ。

多摩センター界隈に配された壁面や案内板やマンホールなどは、自治体の公式的なプロジェクトとして、サンリオキャラクターが描かれることによって「モノ」であると同時に「イメージ」と化している。そして、それらは個々のモノ＝単体として意味作用をもつというよりも、それらが集合しネットワーク化されることで、多摩センターという

［9］ピューロランドの姉妹施設であり、やはりサンリオエンターテイメントによって運営される屋外型テーマパーク、ハーモニーランド（大分県）は、その公式サイトでは「サンリオキャラクターパーク」として紹介されている（https://www.sanrio.co.jp/themepark/#harmonyland（最終確認日：二〇二一年三月二五日））。

［10］https://www.youtube.com/watch?v=bKYID40htY&feature=emb_logo（最終確認日：二〇二一年三月二五日）

空間を「ハローキティにあえる街」として再編成する――そのネットワークの中心に鎮座しているのがキティなのである。そのようなメカニズムを考えるにあたって、スタインバーグによる次のような言説が参考になるだろう。

モノとメディアがコミュニケートする関係性は、キャラクターの「つなげる力」を通じて発達し、そこにメディアミックスの本質を見出すことができるだろう。キャラクターのイメージ単体でモノの変換が起きたと捉えるのではなく、モノとイメージは双方向に変換され、コミュニケートしあう同一のネットワークに乗ったと考えるべきだ。（スタインバーグ 二〇一五：一二〇）

ピューロランドにおいても、案内板やフォトスポットなど各種の「モノ＝イメージ」は、憑依力をそなえたキャラクターとしてのキティがもつ「つなげる力」によってネットワーク化される。そして、それらが「メディアミックスの本質」であると指摘されるのだ。

他方、クリスティン・ヤノはその著書『なぜ世界中が、ハローキティを愛するのか？』のなかで、キャラクターをもちいた街のテーマパーク化、すなわち「〈キャラクター〉によってこの世のすべてがテーマパークのように目に映ってしまう事態」について言及している（ヤノ 二〇一七：四四八）。その彼女によると、「サンリオは実際にハローキティのテーマパークを運営している。〈キャラクター〉による生活環境のテーマパーク化のメカニズムが、そのまま本当にテーマパークとして成り立っている」と述べられている（ヤノ 二〇一七：四四九）。[11] そう考えてみると、キャラクターによる「モノ＝イメージ」のネットワーク化は、スタインバーグが語る「メディアミックス」の問題に関連するだけでなく、ヤノが語る「テーマパーク化」の問題とも関連しそうである。次節ではゲストによる「パフォーマンス」の次元に目を向けながら、さらに、これらの関係性について考えてみたい。

図13-6　キャラクターを模したカチューシャ[12]

## 第四節　媒介する撮影行為と、拡散するテーマパーク

ピューロランド内のショップで販売されているグッズをみてみると、来場者たちにちょっとしたコスプレを促すためのモノが多いことに気づく。たとえばキャラクターのデザインを模したカチューシャ（図13-6）などはその一例だが、それらは公式ホームページにおいて「エンジョイグッズ」として分類され、「ピューロランドで身に着けて楽しいグッズ」として紹介されている。それらはゲストを「みられる客体」もしくは「撮影される被写体」へと変換するための装置だといえるだろう。

他方、ピューロランド内をくまなく歩いてみると、フォトスポットと呼べる場所が多いことにも気づく。実際、園内の至るところにフォトスポットがあるし、それ以外にも、たとえばレディキティハウスのように、複数のフォトスポットが集合することで成立しているアトラクションもある。さらにパーク内の各所で、人気キャラクターたちと対面的なコミュニケーションを楽しめる「キャラグリ」[13]の機会が設定されており、ファンたちにとってはそれも撮影のための重要なタイミングとなっている。他方でテーマパークの外部に目を向けてみても、多摩センター駅の周辺に

［11］これに関連して付け加えておくと、スタインバーグはキャラクターがもつ性質として「複数のメディアが織り成す関係性を通じて外部へ拡大していこうとする傾向」、すなわち「新しいメディアや商品を通して消費者の生活する環境へキャラクターが拡散していく」という傾向に言及している（スタインバーグ 二〇一五：八五）。
［12］https://www.puroland.jp/goods/enjoygoods/（最終確認日：二〇二一年三月二五日）
［13］「キャラクターグリーティング」の略。

**図 13-7　テーマパーク内外に設置されたフォトスポット**（筆者撮影）

は常設型の、あるいは仮設型の各種フォトスポットが点在している（図13-7）。

テーマパークの内外に配置されたこれらのフォトスポットはすべて、それらを背景にした撮影へと人びとを誘導する役割をそなえている。ちなみに上記のグッズとは、一定のロールプレイのもとで望ましい現実を写真として切り取るための小道具であり、またフォトスポットとは、それをプロデュースするための舞台でもある。そして撮影とは、ゲストがテーマパークの世界観に入り込むための媒介行為として機能するのだ。

ところで、ロラン・バルトによると「「写真」は、自分自身が他者として出現すること、自己同一性の意識がよじれた形で分裂することを意味する」と語られていた（バルト 一九八五：二一）。ここで写真とは「自己を他者として眺めること」を可能にするメディウムとして把捉されているが、ある意味でその撮影とは、既存の自己像を揺るがし、自己と他者との関係性さえ揺るがす媒介行為として理解しうるのではないだろうか。

ピューロランドの来場者に期待されているのは、「エンジョイグッズ」なるものを買い、それをロールプレイの道具として装着し、友人やキャラクターとコミュニケートしながらセルフィや記念撮影をおこない、さらにその画像データを友人と共有したり、SNSにアップロード＝発信したりする、というその一連の営為である。そして、それを誘発するためにデザインされた「撮影中心」の空間構成のなかで、人びとの多くはデジタル写真を介したコミュニケーション、すなわち「写交性」（角田 二〇一六：一〇九）を享受することになる。むろん第二節で言及したように、ピューロランドでは設立当初に掲げられていた「愛と友情のコミュニケーション」というコンセプトは後退し、それに代わって「キャラクター優位」の世界観が展開されたわけであるが、しかしその一方で、現在そこは本来のテーマ性からは乖離したところで、撮影行為を介した人びとの、愛と友情を演出するための「コミュニケーション」を量産する場になりえているのだ。

ともあれ、ピューロランドの内外に設置された数々のフォトスポットによって、見方によっては、多摩センターそのものが「拡張的なフォトスタジオ」と化している感さえあるが、それらもまた、メディアミックス的なネットワークを構成する要素の一つにすぎない。各所のフォトスポットのみならず、案内板、駅の外壁、キャラクターの着ぐるみ、来場者のグッズなど、「モノ」であり「イメージ」でもある様々な要素が関連しあい、相互に結びつき、さらにはネットワーク化されることによって、ピューロランドを含む多摩センター界隈の全体が「拡張的なテーマパーク圏」をなしている。そこでは、本来的にはテーマパークとは呼びえないエリアを含めて「テーマパーク化」されている、と解することもできよう。

それではなぜ、人びとはテーマパーク内外のフォトスポットにおいて、ときにコスプレをしながら、セルフィや記念撮影をおこなうのか。スタインバーグによる次の主張を手掛かりにしながら考察をすすめてみたい。

> モノとモノとのコミュニケーションを媒介するのはキャラクターのイメージであり、それが人とのコミュニケーションをも可能にしていく。〔中略〕人間同士のコミュニケーションは、ハローキティグッズを介したコミュニケーションが作る土台の上に築かれている。（スタインバーグ 二〇一五：一三二）

この引用に付随してスタインバーグが言及するのは、親が子に対して、「今日はキティちゃんの歯ブラシで歯を磨きましょうね！」と話しかける例である。ここでは「歯ブラシ＝モノ」を介した親子間コミュニケーションが成り立っているわけだが、より注意深くみてみると、その前提として介在しているのは「靴やノートやぬいぐるみなどの、ハローキティグッズのネットワーク」なのである（スタインバーグ 二〇一五：一三二－一三三）。つまり「キティちゃんの歯ブラシ」が単体として価値をおびるというよりも、むしろ「モノとモノとのコミュケーション」の次元として、キティちゃんの「歯ブラシ＝靴＝ノート＝ぬいぐるみ」などによるネットワークが基盤として介在することによりはじめて、人間同士のコミュケーションが成立しうるのである。

これは多摩センター界隈の風景、および、そこで展開される人びとのパフォーマンスを理解するうえでも有用な視点である。スタインバーグの主張をふまえるなら、キティとは様々な「モノ＝イメージ」をネットワーク化するための結節点のようなものである。そしてキティがもつキャラクターとしての「つなげる力」によって、それが描かれた「フォトスポット＝案内板＝駅＝着ぐるみ＝グッズ」が連結されてネットワークを構成し（＝「モノとモノとのコミュニケーション」の次元）、さらにそれをインフラとして活用しながら、コスプレやその撮影を含む人びとのパフォーマンス（＝「人間同士のコミュケーション」の次元）が実現されるのである。

なお、このような構図をもって捉えなおしてみるならば、フォトスポットにおいてセルフィを撮ることの意味や、グッズをもってテーマパークの世界観に没入することの意味がより明瞭に可視化されうるのではないだろうか。バルトは「自己の他者化」を実現するメディウムとして写真を理解したが、写真の撮影やグッズの着用が自己の「モノ化＝イメージ化」を少なからず促進させると洞察するならば、それらのパフォーマンスは、キャラクターを中心とする「モノ＝イメージ」のネットワークに対して、人びとが自らの身体を組み込んでいく、そのような営為として把捉しうるのである。

## 第五節　結びにかえて

ジャン・ボードリヤールは一九八一年の著作『シミュラークルとシミュレーション』において、「シミュラークル」

概念をもちだしつつ、ディズニーランドの空間性を次のように論じている。

> ディズニーランドは、錯綜したシミュラークルのあらゆる次元を表わす完璧なモデルだ。それはまず錯覚と幻影の遊びだ。［中略］ディズニーランドの外側に駐車し、内側で行列をつくり、出口では完全に放り出される。この空想世界の唯一の夢幻は、といえば、それは群衆をつつむやさしさとあふれるばかりの愛情、という夢幻であり、群衆の情動をある状態に保つためだけに存在するガジェットの数量が必要十分であり、なお過剰なまでにあるような気分にさせることだ。強制収容所としか言いようのない駐車場の隔絶した孤独との対比は完璧だ。というよりむしろ、内側では多様なガジェットが予定通りの流れに群衆を引きつけ、外側には孤独に導く唯一のガジェット、つまり自動車がある。（ボードリヤール　一九八四）

ここでボードリヤールは、人びとの情動をコントロールするガジェット（＝アトラクション）、および人びとを孤独に導くガジェット（＝自動車）の対比を際立たせながら、テーマパークの内と外とを隔絶したものとして描写していたが、しかしそれはあくまで、今から数十年前の話であろう。現在では、各種のテクノロジーや手法の発達によって、「テーマパーク的」なるものも姿を変えつつあり、また、「テーマパーク化」を喚起するアプローチも多様化しつつあるように思われる。

実際、現代社会において「テーマパーク」は空間画定的な概念としてではなく、より柔軟性をおびたものとして語られる傾向にある。たとえば鈴木涼太郎は「「小江戸」というテーマのもとに空間が統一され、［中略］江戸時代にタイムスリップしたかのような体験ができる場所」として川越の街をとりあげ、「テーマパーク小江戸」が成立する仕

［14］https://www.youtube.com/watch?v=tbp9V_uA6_U（最終確認日：二〇二一年三月二五日）

図 13-8　テーマパーク的な空間を惹起するドラクエウオーク

掛けについて分析を展開している（鈴木 二〇一九：七四）。もともとディズニーランドの場合、「園内からは外の風景が見えず、全体が周囲から切り離された世界を構成している」という点において「その空間的な閉鎖性・自己完結性」を特徴としている（吉見 二〇〇七：七七）が、他方の川越の場合、鈴木が指摘するように「いくらテーマパーク的な場所であっても、一般住民の出入りは自由」（鈴木 二〇一九：七八）であり、空間的な閉鎖性はない。

別の例をあげるならば、東浩紀はさらに大きな規模で、地球そのもののテーマパーク化に論及している。すなわち彼によると、「現代世界はかつてなくフラットになりつつある。世界のどこでも同じ仕事ができ、同じ生活ができる、そのようなインフラが整いつつある。〔中略〕ぼくたちはいまや、つい数十年前までは命を落とす覚悟でしか赴けなかったような場所に、あるていどの金さえ出せばいともたやすく行ける時代に生きている。ツーリズムのフラットな視線が引き起こすその変化を、地球のテーマパーク化とでも呼んでみよう。そう、ぼくたちはいま、地球全体がテーマパーク化しつつある時代に生きているのだ」と語ってみせる（東 二〇一九：二六–二七）。ともあれ、これらの言説で触れられる「テーマパーク」は、当然ながら、語の本来の意味におけるそれとは異なるはずである。

それ以外にも「空間のテーマパーク化」は、様々なテクノロジーにより惹起されうるものとして理解できるかもしれない。身近な例として、G

ＰＳやデジタル地図と連動した位置情報ゲーム――たとえば「ポケモンＧＯ」（二〇一六）や「ドラクエウオーク」（二〇一九）など――をあげることもできよう。架空のモンスターたちを現実世界へと召喚するそれらのスマホゲームは、見方によっては、既存のコンテンツとの関係のなかで、私たちが生きる空間を「テーマパーク化」するものとして解釈しうるかもしれない（「テーマパーク化」に関連するとともに、これも「メディアミックス」の現代的事例である）。実際、ゲームのリリース直前に公開されたドラクエウオークのプロモーションビデオ[14]をみてみると、日本の有名な観光地にモンスターたちが出現するその光景は、あたかも「テーマパーク」のようにもみえる（図13-8）。

むろん上記の位置情報ゲームでいえば、それをプレイしている人とそうでない人とでは、同じ空間に生きていたとしても、それぞれ認識する世界は異なる。それは本章でとりあげた多摩センター周辺の事例においても同様であり、グッズを着用して自撮りし、キティを中心とするメディアミックス的（かつ、テーマパーク的）なネットワークへと積極的に参入していく人もいれば、むろんそうでない人もいる（サンリオコンテンツに関心のない住民やビジネスパーソンは、まさにそれを素通りしながら同じ空間に共存することになる）。拡張的テーマパークとでも呼べそうなその都市は、人によって立ちあらわれる意味世界が異なる多層的な空間であるともいえるのだ。

## ◉引用・参考文献


東　浩紀（二〇一九）『テーマパーク化する地球』ゲンロン

斎藤賢治（一九九一）「遊園地は、今（三）サンリオピューロランド」『子どものしあわせ』六月号

神保裕子（一九九一）「サンリオピューロランド オープン 日本初の全天候型テーマパーク」『月刊 販売革新』一二月号

鈴木涼太郎（二〇一九）「舞台としての観光地――「小江戸川越」を創造する空間とパフォーマンス」西川克之・岡本亮輔・奈良雅史［編］『フィールドから読み解く観光文化学――「体験」を「研究」にする一六章』ミネルヴァ書房

スタインバーグ、Ｍ／大塚英志［監修］／中川　譲［訳］（二〇一五）『なぜ日本は〈メディアミックスする国〉なのか』ＫＡＤＯＫＡＷ

A
高橋憲正［編］（一九九九）『サンリオピューロランドガイドブック'99』サンリオ
角田隆一（二〇一六）「コミュニケーションをつくる映像文化」長谷正人［編］『映像文化の社会学』有斐閣
富川怜子（一九九一）「特集 箱に凝縮されたファンタジー　「サンリオピューロランド」に見る、新しいテーマパークの手法」『月刊 アミューズメント産業』二月号
日本ショッピングセンター協会編集部（一九九〇）「特集 テーマパークにみる演出方法、モノの売り方 記念になるモノ、参加性を高めるモノが物販の基本コンセプト――サンリオピューロランド」『ショッピングセンター』五月号
バルト、R／花輪　光［訳］（一九八五）『明るい部屋――写真についての覚書』みすず書房
ブライマン、A／能登路雅子・森岡洋二［訳］（二〇〇八）『ディズニー化する社会――文化・消費・労働とグローバリゼーション』明石書店
ボードリヤール、J／竹原あき子［訳］（一九八四）『シミュラークルとシミュレーション』法政大学出版局
ヤノ、C／久美　薫［訳］（二〇一七）『なぜ世界中が、ハローキティを愛するのか？』作品社
吉川隆治［編］（一九九一）『サンリオピューロランドガイドブック』サンリオ
吉見俊哉（二〇〇七）「メディア環境のなかの子ども文化」北田暁大・大多和直樹［編］『子どもとニューメディア』日本図書センター
「企業最前線――売れ筋商品の戦略研究――サンリオ――サンリオピューロランド」『月刊 財界人』（一九九一）四月号
「ニュースの断面「ピューロランド」二年連続不人気で囁かれる「辻信太郎」の責任」『月刊 実業界』（一九九三）三月号
「特集 体験学習と感性教育の新しい学習プログラム 全天候型屋内テーマパーク サンリオピューロランド」『月刊 社会教育』（一九九四）四月号
「特集 白熱するテーマパーク開発――その成立条件を探る《特集事例》サンリオピューロランド」『月刊 レジャー産業資料』（一九九〇）十一月号

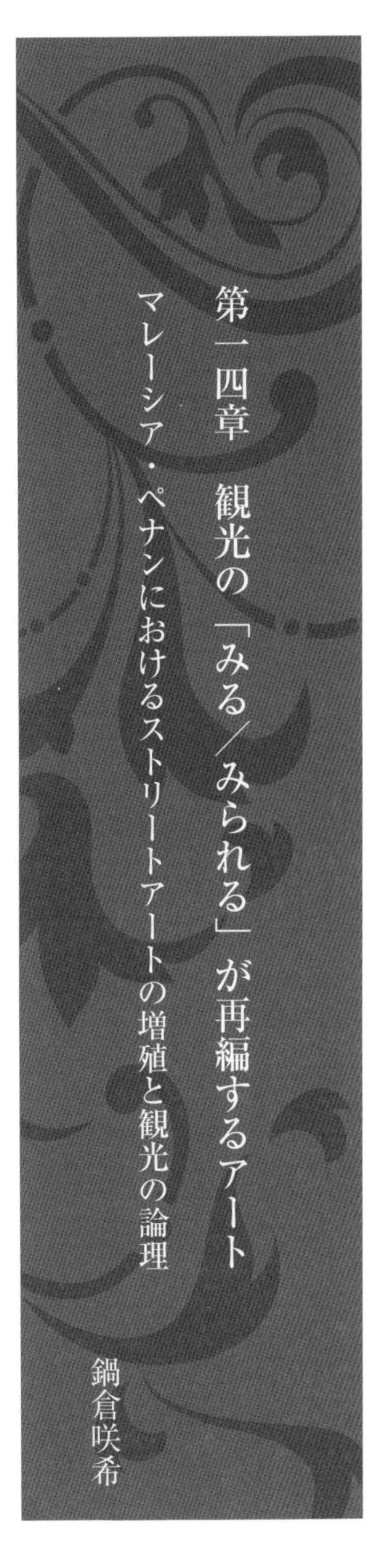

# 第一四章　観光の「みる／みられる」が再編するアート

## マレーシア・ペナンにおけるストリートアートの増殖と観光の論理

鍋倉咲希

## 第一節　はじめに

マレーシア、ペナン州の州都ジョージタウンを訪ねると、人びとがあちこちの「壁」に向かってカメラを向ける光景に出くわす（図14-1）。二〇〇八年に世界文化遺産に登録されたジョージタウンの町並みには、現在、多くのストリートアートが描かれており、観光目的地として注目を集めている。ストリートアートは何らかの絵として描かれ、題材はペナンの生活文化や歴史、動物や映画の人気キャラクターなどさまざまだ。

ジョージタウンのストリートアートはGeorge Town Festival（以下ＧＴＦ）という、ペナンで行われているアートプロジェクトをきっかけに増加した。二〇一六年九月の時点で作品数は八〇以上であったが、実はその多くはＧＴＦのものではない。作品のほとんどは作者やタイトルが必ずしも明らかではなく、州政府やＧＴＦの管理を越えて、無秩序に、また匿名的に増殖していることが特徴である。

公共空間や私的な建造物などを舞台にする「ストリート」の表現は、活動として、そして学術的な議論においていくつかの流れを形成してきた。それはたとえば、カウンター・カルチャーとしての意味合いが強いグラフィティ／ス

**図 14-1　ストリートアートと写真を撮る観光客**（2017 年 12 月 26 日筆者撮影）

トリートアート文化や、政府の公共事業として始まったパブリックアート、そして一九九〇年代以降活発に行われている現代アートのフェスティバルやプロジェクトなどである。

ジョージタウンのストリートアートは、後述するような作品の性質から、一見するとこれまでの枠組みや議論から分析できるように思われる。しかし、この事例は、既存の領域からだけでは捉え尽くすことのできない、ストリートの表現活動をめぐる現代的な状況を示している（鍋倉二〇一八）。本章では、観光という「みる／みられる」の力に注目することで、ストリートアートの新たな展開と脱領域的な状況を論じたい。

## 第二節　ジョージタウンのストリートアート

### 一　ジョージタウンという「キャンバス」

ペナン州の州都であるジョージタウンの歴史的町並みは、「マラッカ海峡の歴史都市──マラッカとジョージタウン」として二〇〇八年に世界文化遺産に登録された。ジョージタウンはかつてイギリスの植民地として、マラッカ海峡を行き来する貿易船や商人が立ち寄る港町として栄えた歴史をもつ。一七八六年からはじまるイギリス統治期には、海峡植民地として都市の整備が行われ交易の要所となり、中国やインドから数多くの移民が流入した。こうした歴史により、ジョージタウンでは多民族的な生活文化が時代を越えて育まれ、特徴のある歴史的景観が築かれることになった。世界遺産として指定されている地区には、狭い範囲に教会やモスク、寺院、華人の豪奢な別荘、インド人街などが密集しており、観光客は歴史的な建築物を利用した観光施設を覗き、町中をそぞろ歩いてジョージタウンを楽しんでいる。

しかし、ここで見落とせないのは、いまや同地区が世界遺産の町並みであるだけでなく、ストリートアートの「キャンバス」になっていることだ。観光客はジョージタウンの歴史的景観を楽しむと同時に、壁に増殖し続けている無数のストリートアートを探し回ってもいる。

## 二　ストリートアートの発展経緯

冒頭に示したとおり、今や人気の観光目的となっているストリートアートのはじまりは、二〇一二年に行われたGTFの企画にある。GTFはジョージタウンを中心に、二〇一〇年から毎年実施されている州政府公認のアートフェスティバルである。毎年、約一か月の会期のなかで、ダンス・演劇などのパフォーマンスやアート作品の展示など様々な企画が行われており、東南アジアでは先駆的な現代アートフェスティバルであるとされている。フェスティバルのコンセプトは、アートを通じて、人びとに日常的な考え方とは異なる価値観をみせることや、ペナンという場所の歴史、物語を示すことだ。こうした方針は、後述する現代アートの特徴と多くの部分で共通し、アートと社会との接続を重視している点に特徴がある。

ストリートアートははじめ、二〇一二年の企画〝Mirrors George Town〟で描かれた。この企画はリトアニア人の作家、アーネスト・ザカレヴィク（Ernest Zacharevic）が「ペナンの日常生活」をテーマに、世界遺産コアゾーン内に九つの作品を設置するものであった。同企画は盛況を呼び、その後もGTFではたびたびストリートアートを描く企画が行われていく。しかし、二〇一三年以降、GTFとは異なる回路をたどり、ストリートアートがさらなる拡大をみせることとなった。その担い手となったのはジョージタウンでカフェやレストラン、宿泊施設、土産物屋を営む観光事業者たちである。

ストリートアート観光の中心地であるアルメニアンストリートでレンタサイクル店を営む男性によると、世界遺産に登録された際には観光客の著しい増加はみられなかったが、〝Mirrors George Town〟を契機として観光客の数が増え始めた。当時、観光客がストリートアートを写真に撮る様子を見たその男性は、自店舗にもストリートアートを設置すれば観光客が喜び、集客にもつながるのではないかと考えたという。そうして事業者らは、店舗の居候や友人の美術教師に依頼し、自店舗の外壁にストリートアートを設置していった。

この状況は二〇一五年を境としてさらに加速をみせる。筆者が同年三月に訪れたときには、アルメニアンストリートの賑わいも観光関連の店舗もそれほどみられなかったが、八月に訪れた際には状況が一変していた。というのも、アルメニアンストリート周辺からは空き家がほとんどなくなり、観光関連の店舗が急増していたのである。そして驚くべきは、新しい店舗にほとんど例外なくストリートアートが描かれていたことだ。従業員に話を聞くと、店舗のオーナーが開店に合わせて作品を設置したという。彼らの話から分かるのは、個人的な交友関係により作品が描かれた二〇一三年ごろとは異なり、二〇一五年以降は、作家との金銭的な契約や作家側からの依頼を通じて、作品が計画的に設置されていったという変化である。

このように、ジョージタウンのストリートアートは二〇一二年のＧＴＦをきっかけに生まれたが、二〇一三年以降にはＧＴＦの手を離れて個々の観光事業者により「勝手に」設置され増殖していった。現在、図14-1の作品の前には写真を撮るために並ぶ観光客の長蛇の列がみられ、インターネット上には作品の場所や写真の撮り方を指南するページが溢れている。

では、こうしたジョージタウンの動向は、ストリートの表現活動をめぐる既存の議論からいかに捉えることができるだろうか。ストリートアートはＧＴＦの一環としてはじまったため、まず、アートプロジェクトの議論から分析することができるだろう。また、作者の匿名性の高さ、世界遺産の町並みを「破壊」するように無秩序に拡がりをみせている性質を踏まえれば、グラフィティ／ストリートアート文化からも理解できるかもしれない。次節では、こうした既存の表現活動の展開とそれに関する議論を簡単に確認したい。

## 第三節　ストリートにおける表現活動とその議論

### 一　グラフィティ／ストリートアート文化と「落書きの想像力」

最初に取りあげたいのは、グラフィティおよびストリートアート文化である。グラフィティとは移民の街ニューヨークで一九六〇年代末に萌芽した、公共・私有空間の壁に「落書き」をする表現活動である。その活動の根底には、自らの「名前」を記号化して公共空間にかくことを通じ、有名性（フェイム）を獲得しようとする意識がある（大山 二〇一五）。高架下やガードレール、電車の車体などにスプレーで独特の文字がかかれているのをみたことがある人も多いだろう。

グラフィティは公共物や私有物を破壊するヴァンダリズムや違法性という性質をもち、一般に反体制的な文化として理解される。その歴史を紐解くと、黎明期は単純に「名前」を拡散させるゲーム性が強かった。しかし、最盛期である一九八〇年代にニューヨーク市政との対立が激化したことで、グラフィティは市の治安を乱す逸脱的な行為として負のレッテルを貼られることになった。メッセージの内容にかかわらず、地下鉄や町中の壁に「何か」をかく行為は、それ自体が体制に対する異議申し立てだったのだ。

グラフィティ文化はライターが独自のスタイルで有名性を獲得していく競争であると同時に、現行の体制に抵抗する戦いとしての意味ももっていた。ライターたちは二つの争いをときに楽しみながら、そのゲームに没頭していったのである。同時期には、ラップやブレイク・ダンスなどのヒップホップと結びつき、カウンター・カルチャーとして世界中に拡がっていく。

一方、ときを同じくしてグラフィティはアート業界とも結びつきを強める。アート業界からのグラフィティの「発見」は、ストリートアートという新しいジャンルを生むことになった。自身もグラフィティ・アーティストであり、美術批評家でもある大山エンリコイサムは、ストリートアートを「グラフィティ文化から枝分かれし、それと同じではないが感性やコミュニティを一部シェアする地続きの関係に」（大山二〇一五：四）あるものだと指摘する。両者は、文字か図像かという表現形式や屋外か屋内かという活動拠点などで相違がみられ、地続きとはいえ批判や分断が生じていることもたしかである。しかし大山は、そうした個別の実践が距離を保ったまま共振しうる可能性を「落書きの想像力」（大山二〇一七：一一一）と呼び、カウンター・カルチャーや既存のアート制度に回収し尽くされない活動であることを強調した。

グラフィティからストリートアートへの流れを整理すると、記号のゲームであった黎明期のグラフィティは徐々にカウンター・カルチャーとして確立し、ストリートアートとしてアート業界で地位を得て、現在では脱領域的な表現として拡がりをみせている。アートとの接続に対する根強い批判はみられるものの、マクロな視点でみれば「落書きの想像力」はいまも共有され、グラフィティ文化のダイナミズムを生み続けている。

## 二　地域社会とつながる現代アート

次に現代アートの特徴をみてみよう。前述のとおり、ジョージタウンのストリートアートの隆盛は、ＧＴＦを契機にはじまった。こうした地域社会に根差すアートプロジェクトは、とりわけ一九九〇年代以降、世界中でみることができる。一九六〇年代、アートの分野では美術館の制度やアート・マーケットの先鋭化に批判が高まり、芸術活動が美術館の外に開かれ、より社会にかかわろうとする動きが強まっていった。そこでは芸術表現の多様化がみられ、とくに作品のコンセプトやアイデアが重視されるようになっていった（松井二〇〇二）。こうしたアートの地殻変動により、今日の「現代アート」と呼ばれる流れが登場する。

アートの多様化を背景として、一九九〇年代ごろには「関係性のアート」（Relational Art）（Bourriaud 1998=2002）と呼ばれる表現が注目を集めるようになる。そこではアートに、作者と鑑賞者、あるいは鑑賞者同士のコミュニケーションを引きだすことが期待された。アートを媒介としたコミュニケーションの誘発は、アートと社会とのつながりをさらに深めていく。そうして二〇〇〇年前後からは「ビエンナーレ」「トリエンナーレ」などと呼ばれる国際展や「アートプロジェクト」「アートフェスティバル」などの名称がつく、地域社会を舞台にしたイベントが国際的に盛りあがりをみせ、地域の社会問題の解決をはかる文化活動としてより活発化することとなった（小泉二〇一二）。

地域社会と結びついて実施される作品の製作・展示は、美術館など限定された場で行われるものと明確に異なる。大きな特徴は、作品の展示場所が公共空間や古民家、廃校舎などに開かれていること、それによってその場所の歴史や特徴が重視されることだ。また、多様な方法でアートの製作・展示が行われることにより、住民や来訪者、アーティストなど様々な属性の人びとの協働が目指されている。加えて、アートの製作・鑑賞を通じて、観る人が普段の生活に気づきを得る＝日常に対する批判性を感じることも重要な点となっている。

一方で、美術批評などの分野では、地域社会に寄り添う現代アートがしばしば予定調和になり、日常に対する批判性をもたないことが批判的にも論じられている。今日、現代アートは、ある意味で分かりやすいものとして社会に開かれつつも、日常に対する批判性をもつべきものとして高度な役割を期待されているといえよう。

## 第四節　ジョージタウンにおける観光の論理

### 一　観光のなかでみること／みられること

グラフィティ／ストリートアート文化は、表現の幅や舞台を広げながら「落書きの想像力」を核とし作品製作を続けている。現代アートも、美術館の外で作品を製作・展示することによって人びとのコミュニケーションを誘発し、日常の捉えなおしを迫っている。では、ジョージタウンのストリートアートもまた、こうした活動と意識を共有する動きとして位置づけられるだろうか。

結論を先取りすれば、ジョージタウンにおいて観光事業者らが生みだしたストリートアートは、前節のような既存の活動や議論とは異質のものだ。なぜなら、ジョージタウンにて「作品」が生みだされる原動力となっているのは、「落書きの想像力」でもなければ、日常への批判性でもなく、まさに観光の力だからである。

ストリートアートと観光の関係を深く探るために、本節では観光をめぐる「みる／みられる」の作用に注目しよう。ここでは三つの点から、観光の「みる／みられる」がジョージタウンにもたらした影響を明らかにする。

まず設置理由をみてみよう。ストリートアートの発展経緯で説明したとおり、ジョージタウンのストリートアートは、観光事業者の手によって拡大を遂げた。事業者らは、ＧＴＦの企画によって設置されたストリートアートの役目を「観光客が喜ぶ」という視点で再解釈し、自ら設置を試みていた。ストリートアートが「観光対象」としてみられたことにより、ＧＴＦとは異なる回路で作品が増加したことは、すでに確認したとおりである。

次に作品の評価基準をみてみると、事業者らがもつ独自の評価軸が浮かびあがる。現代アートの価値や方法に通じているＧＴＦに対し、観光事業者のなかには、専門的な美術教育を受けた人びとはいなかった。しかし、そこで彼らは「観光客がいかにインタラクトできるか」という独自の観点から作品の質について語った。ここでいうインタラクトとは、観光客が作品と相互に作用し合い、結果として作品に「参加」して写真を撮ることを指している。観光客が一緒に写真撮影ができる等身大の作品は、人びとの自由な発想を引きだすことから、作品として「良い」と判断される。他方、サイズが大きすぎる場合は、いくら絵がうまくても、ただ写真を撮るだけになってしまい「良くない」ものになる。事業者らの発言からは、ストリートアートの作品としての良し悪しが観光の文脈のなかで判断されていることがわかる。

こうした作品の評価軸は、ストリートアートの製作段階にも影響を及ぼしている。二〇一五年以降に新しく設置された作品には、はじめから観光客の参加が見込まれているものが多く、あらかじめ絵のなかに隙間や仕掛けが組み込まれていた。ここでは、観光客が作品を「みる」こと、そして作品を通して作者や事業者が「みられる」ことにより、作品の評価基準のみならず、作品製作の方針すらもGTFの思惑からずれている様子がみてとれる。

最後に観光客のまなざしを取りあげよう。ジョージタウンにおいて、観光客はストリートアートを探し、眺め、参加して写真を撮り、それをSNSに載せる一連の作業を繰り返す。観光社会学の古典である『観光のまなざし』において、ジョン・アーリらは、視覚的な経験だけでなく、観光における身体的な経験も観光客がもつまなざしの一部であるとした（アーリ＆ラースン二〇一四）。ジョージタウンにおいても、観光客の一連の行為が「観光のまなざし」となり、地域をまなざすことで影響を与えていると考えられる。

以上を踏まえると、ジョージタウンでは観光客の「みる」行為によって、作品数が増加しただけでなく、作品の内容自体が「観光化」したことがわかる。観光の文脈における「みる／みられる」は、グラフィティ／ストリートアート文化や現代アートとは異なる次元において作品を生産し、消費させる回路を生むこととなった。

## 二　観光アトラクションとしてのストリートアート

繰り返すように、ジョージタウンのストリートアートを特徴づけているのは、ストリートや批判性を志向する想像力ではなく、むしろ観光の力であり、専門的な美術教育を受けていない人びとによる、まとまりのない偶発的で非‐集合的な動きである。これはグラフィティや現代アートを成立させている歴史的な背景や評価の基準、作品製作の手順など表現にかかわる「規則」が共有されず、「絵」という形式だけが踏襲された状態を示している。GTFのファウンダーは、ジョージタウンのストリートアートを「アートではなく単なるペインティング」だと批判した。ジョージタウンのストリートアートは、一見グラフィティや現代アートと同様に「作品」なるものを作りだしているようにみえるが、それを生みだしているのは従来の「規則」からは乖離した、観光の論理である。

極端にいえば、ストリートアートは観光客を喜ばせるための観光アトラクションであり、そこでは個別の作者性や作品の意図は後景化し、写真を撮る楽しさのみが前景化している。また、観光客の参加を誘導したり、ペナンあるいは地域に暮らす人びとの文化を描きだしたりする作品は、ジョージタウンの場所やお店を宣伝する広告や看板に近い。こうしたストリートアートの役割は、もはやグラフィティや現代アートの思想とは、遠いところにあるようだ。

## 第五節　おわりに：グラフィティと現代アートの観光化

ジョージタウンの現象、そしてそこに働いている観光の力を明確化するために、前節まではストリートにおける表現活動を意図的に区別して別々のもののように書いてきた。しかし、グラフィティ／ストリートアート文化と現代アート、そして観光の場でつくられるストリートアートは、はたして全くの別物なのだろうか。

映画『Banksy Does New York』（二〇一四、監督：クリス・マウカーベル）は、ストリートで活動する著名なアーティストであるバンクシー（Banksy）が、二〇一三年一〇月にニューヨークで行なった製作活動とそれを追う市民の「宝さがしゲーム」を描いたドキュメンタリーである。バンクシーは一か月の間、毎日ニューヨーク市内に作品を設置し、それをSNSに投稿した。映画には次のようなセリフがある。「毎日〝観光名所〟がNYに誕生しています」。バンクシーは、自らは隠れて作品を製作しながら、作品の写真を拡散することで市民のまなざしを誘導する。記者は言う「まさに一種の宝さがしだ　写真をみたあと実物がある間に探さなければならない」。映画のなかでアイロニカルに描かれるのはバンクシーの作品が数時間のうちに探し当てられ、一瞬にして〝観光名所〟となり、たくさんのカメラが向けられるさま、そして大きな混乱が生まれる様子である。また、バンクシーの出身地であるイギリスのブリストルにおいても、初期の作品が観光目的化され、地域活性化に一役買っている状況がみられる（毛利 二〇一一）。

そして、地域社会と結びつく現代アートもまた、もはや観光と切り離して考えることはできない。いまや地域アートプロジェクトに参加するために、現地を訪れる観光客も少なくない。アートは地域の課題解決のために用いられるが、そこに参加する人びとは地域内の住民に限られない。むしろ地域外からの流動人口を「上手く」誘致して、経済的効果や社会的効果を得なければ、イベントが「成功」したとはみなされない実状がある。

こうした状況を考えると、観光によって生みだされるストリートアート、あるいは地域の公共空間に置かれたまま「商品化されるアート」は、ジョージタウンに限った話ではない。グラフィティ／ストリートアートも現代アートも、観光という「みる／みられる」を通して、従来とは異なる消費の文脈に巻き込まれていく。

したがって、観光によって作られるストリートアートは、決して既存の表現活動と全く別種のものではなく、むしろ観光の力がそれらを侵食すらしていると考えられる。観光の「みる／みられる」がもつ力は、ジョージタウンのように新たな回路でストリートアートを生むだけでなく、グラフィティ／ストリートアート文化や現代アートなど既存の領域をも貫き、従来のやり方を再編し、その境界をあいまいにさせる可能性をもっている。

アーリは、現代において「人びとはほとんどの時間をツーリストとして過ごしている」（アーリ 二〇〇三：二四三）と述べ、観光の社会への拡がりを示唆した。観光という「みる／みられる」行為は、いまや狭義の観光においてだけではなく、社会全体に浸透しつつある。ストリートを舞台にした表現活動に限らず、いまや観光の論理は社会のあらゆる面に漏れだし、既存の文化的な領域そのものをゆるがせ、文化の動態的な変容をもたらしているのだ。

### ◉引用・参考文献


アーリ、J／吉原直樹・大澤義信［監訳］／武田篤志・斎藤綾美・高橋雅也・松本行真・末良　哲［訳］（二〇〇三）『場所を消費する』法政大学出版局（Urry, J. (1995). *Consuming places*. New York & London: Routledge.）

アーリ、J・ラースン、J／加太宏邦［訳］（二〇一四）『観光のまなざし〔増補改訂版〕』法政大学出版局（Urry, J., & Larsen, J. (2011). *Tourist gaze 3.0*. London: Sage.）

大山エンリコイサム（二〇一五）『アゲインスト・リテラシー――グラフィティ文化論』ＬＩＸＩＬ出版

大山エンリコイサム（二〇一七）「アルタースフェア――落書きの想像圏」『美術手帖』二〇一七年六月、六九（一〇五四）、一一〇-一一五

小泉元宏（二〇一二）「地域社会に「アートプロジェクト」は必要か？――接触領域（コンタクト・ゾーン）としての地域型アートプロジェクト」『地域学論集』九（二）、七七-九三

鍋倉咲希（二〇一八）「観光によるアート概念の再編成――マレーシア・ジョージタウンのストリートアートを事例に」『観光学評論』六（一）、一九-三四

松井みどり（二〇〇二）『アート――「芸術」が終わった後の「アート」』朝日出版社

毛利嘉孝（二〇一一）「ブリストルのバンクシー――都市の記憶は誰のものか？」『ユリイカ』二〇一一年八月、四三（九）、一八六-一九二

Bourriaud, N.（1998）. *L'esthétique relationnelle.* Dijon: Les presses du réel.（Pleasance, S., & Woods, F.（trans.）（2002）. *Relational Aesthetics.* Dijon: Les presses du réel.）

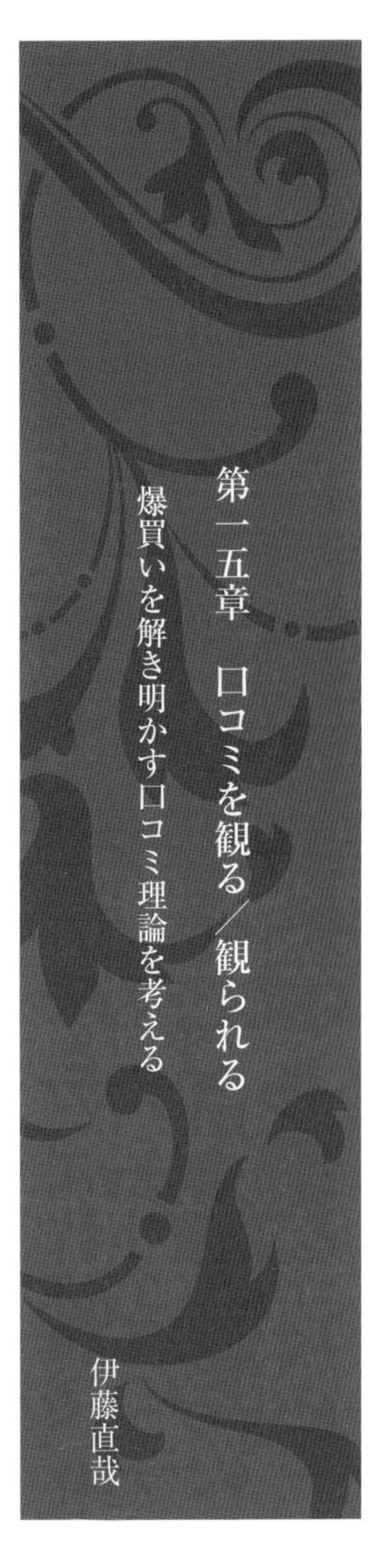

# 第一五章　口コミを観る／観られる

## 爆買いを解き明かす口コミ理論を考える

伊藤直哉

## 第一節　はじめに：インターネット時代の観る／観られる

近年、コミュニケーション・メディアとしてのインターネットは、マスメディアとは全く異なる機能を有していることが一般にも知られるようになってきた。テレビと視聴者、新聞と読者、雑誌と購読者等々、巨大なマス情報の送り手と受け手の間には常に圧倒的な情報能力格差があり、受け手は常に不均等に分化した小さな存在であった。ところが、コミュニケーション・メディアとして登場したインターネットの技術は、このような力関係を一変させている。送り手と受け手の双方向性、受け手が利用可能な強力な情報探索機能、受け手が発信する爆発的情報量、即時性からストック性への時間構造のシフト等々。これらの出来事が、同時に、一気に進行しているのは興味深い。最も画期的点をひとつに絞れば、現代の情報の送り手は巨大マス産業ではなく一般の消費者であり、常に発信者と受信者が同一人物であるという点である。

インターネットは、このような「誰でもが参加するメディアの世界」をもたらしたが、同時にメディア効果論の世界へも劇的な変化をもたらした。マスメディア時代のメディア効果研究は、固定的な送り手から受動的受け手へと、情報の一方向的流れを想定した単純な因果関係の解明であった。しかしながらインターネット時代においては、情報の受け手が特定の番組や雑誌、特定の情報サイト等の特定のコンテンツに縛られる度合いは極端に低い。さらに、発信者と受信者が入れ替わることを考慮すれば、一方向的因果関係の単純な効果論はほとんど成立しない。その結果、受信者効果研究は複雑化し、外観から観察し、単純な「観る」行為からでは本質に到達できないのは当然の帰結だとも思われる。

本章では、発信者と受信者が入れ替わるインターネット時代の「能動的受信者」を、「ネット上の情報＝口コミ」を出発点として、能動的受信者の口コミ説得コミュニケーション効果分析を試みることになる。ネット上の口コミをめぐり、「観察（観る）する者＝受信者」と「観察（観られる）される者＝発信者」の二つの立場が交互に入れ替わるこの交代が頻発する能動的受信者の説得効果を、どのような理論をもちいて、どのような方法によって捉えればよいのであろうか。本章では、訪日中国人消費者の爆買い消費行動という、かなり特殊な事例から出発しつつ、ネット時代を背後で支配している「一般的」消費者の消費行動理論を解明する。本章の記述は、最新の学術研究の成果をもとに、一般向けに、分かりやすく内容を解説する。より細部や、学術的により正確な分析に興味をお持ちの読者は、是非とも元となっている学術論文、伊藤・張（二〇一九）を参照していただきたい。

## 第二節　訪日中国人爆買い消費行動

オリンピック年を間近に控え、日本政府や産業界のインバウンド（訪日外国人観光客）向上戦略には目を見張るものがある。二〇〇三年以降にはじまったVisit Japan政策は、一連の政策として継続し、近年では最も成果をあげている政策の一つである、という声も聞かれる。オリンピック開催の二〇二〇年はインバウンド数四〇〇〇万人を政府目標として掲げ、この実現も夢のまた夢という、遠い存在というわけではなさそうである。このような強気の政府目標を支えているのは、毎年確実に増加実績を積み上げているインバウンド数である。

日本政府観光局（二〇一八）が発表している国籍別訪日外客数データをグラフ化してまとめたのが図15‐1である。図15‐1から見てとれるように、二〇一四年周辺を境に、中国人外客数の急激な伸展が観察され、現在もインバウンド数ナンバーワンを誇っている。また国土交通省（二〇一八a）によれば、二〇一〇年のインバウンド数を一〇〇とすると、二〇一七年でアジアは四八二・六、欧米は二三二・八となり、欧米に比較して圧倒的にアジアの伸び率が高いとも報告されている。さらにそれらの諸国のなかでも図15‐1からわかるように、中国のインバウンド増加率は極めて高かったことがわかる。

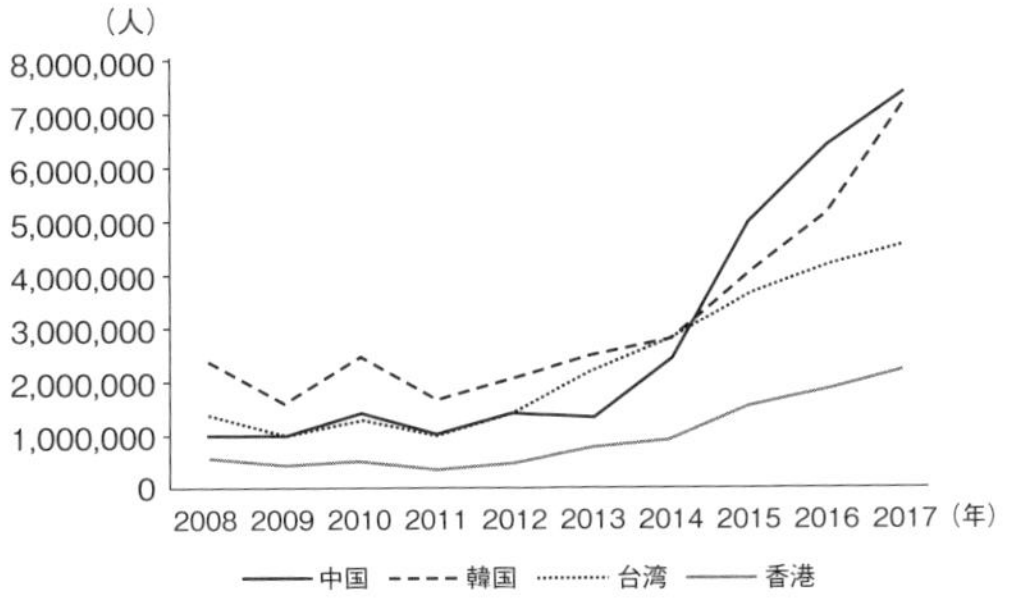

**図 15-1　国籍別訪日外客数**
（日本政府観光局（2018）より筆者作成）

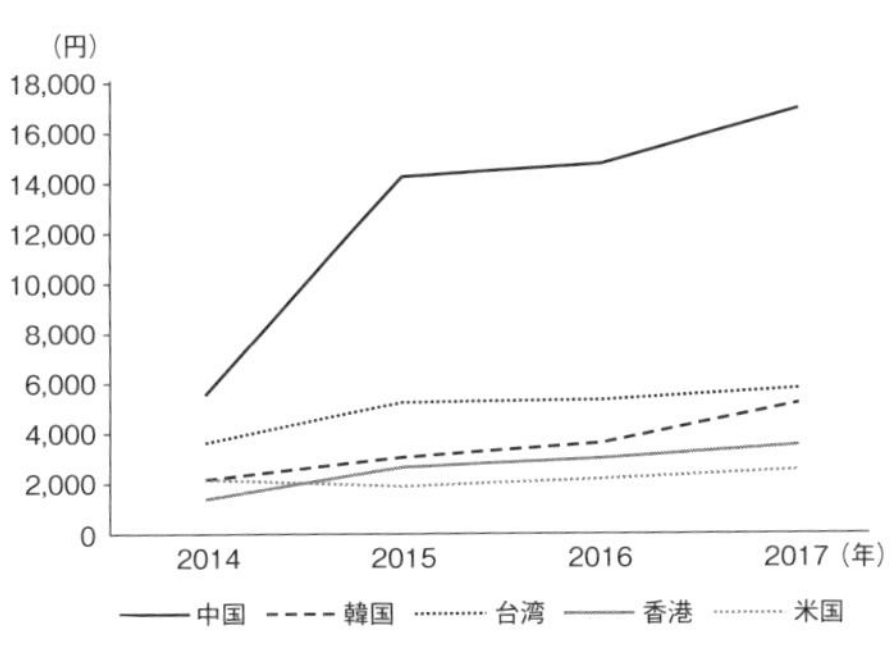


**図 15-2　国籍別旅行消費額推移**
（国土交通省（2018b）より筆者作成）

さて、本章がとくに注目したいのは、図15‐2の旅行消費額推移である。国土交通省（二〇一八b）によれば、訪日外国人旅行者観光消費による経済効果は大きく、すでに二〇一七年度で四兆四千億円を超えている。そのなかでもとくに中国の旅行消費額が突出して多く、他国を大きく引き離している。一般的にアジア観光客は欧米客に比べ旅行消費額が大きいが、そのなかでも中国の旅行消費額が二〇一五年位から群を抜いているのがわかる。さらにいえば、特異なのはその消費額の大きさだけではなく、特定のブランド品や商品を、特定の店で大量に購入している。いわゆる「爆買い」という現象も、二〇一四～五年頃から社会現象となっており、図15-2の増加とも一致する。このような中国人の特異な消費行動は、いくつかの先行研究で「口コミ」によって行われていることが知られている。口コミには対面とネット上の二者の存在が知られているが、現代の消費行動において口コミの強い影響力は既知の事実である。とくに中国人消費者への影響力は大きく、少し特徴がある。したがって特徴が上手く反映するモデルを選択し、実際にデータをとり、分析を行なった。その結果は伊藤・張（二〇一九）として刊行されている。この研究で選択されたモデルの紹介とともに、中国人観光客の特性をみてみよう。

## 第三節　ＥＬＭと口コミ説得コミュニケーション

社会心理学では人間の行動を説明するため、行動の背後にある心的構造や関係をデータ分析から明らかにし、それによって一つ一つの行動を説明しようとする。人間の思考や情報処理に関していえば、大別して二通りのルートがあることが知られている。一つは「ヒューリスティック処理」と呼ばれる自動処理であり、迅速で簡便な表層的トップダウン処理である。人間の処理能力には限界があるので、人間はなるべく処理に関わるコストをかけないように働く本性を有している。人間は情報処理に関していえば、生来の「怠け者＝倹約家」なのである。同じカテゴリーのものは同じ性質を有しているとみなす「カテゴリー化」と呼ばれる処理や、「A型の人は生真面目だ」のように、ある特徴と特性を強く結びつけようとする「ステレオタイプ」等がその代表例であり、豊富な研究蓄積を有している。

その一方で「システマティック処理」と呼ばれているもう一つの処理方法がある。労力のかかる統制的処理であり、入念に考えるので、時間や労力、動機等の「認知的処理コスト」が多くかかるボトムアップ的処理である。人間が有するこの二つの処理方法を念頭におき、ブリューワーは「二重処理モデル（dual process model）」を提唱した。二重処理モデルではヒューリスティック処理として「カテゴリー依存処理（category based processing）」を、システマ

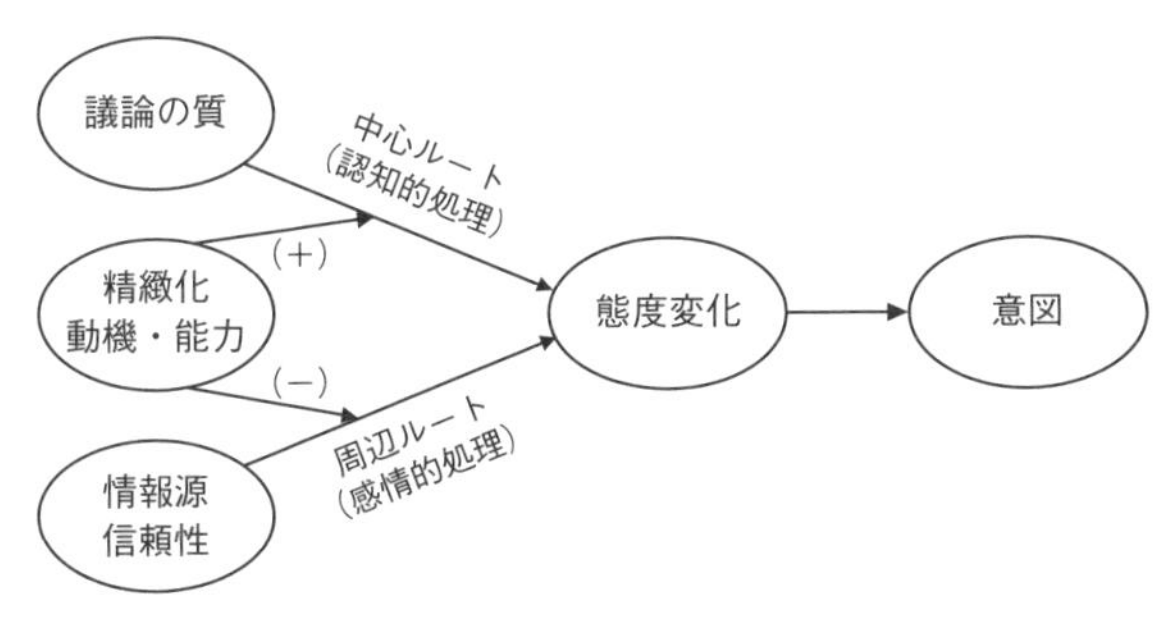


**図15-3　精緻化見込みモデル**
（Petty & Cacioppo（1986）を基に筆者作成）

ティック処理として「ピースミール処理（piecemeal processing）」をとりあげ、簡易型処理と入念型処理がどのようなとき、どのように行われるのかを検討している（Brewer 1988）。

ブリューワーとほぼ同時代に、人間の二つの処理方法を説得コミュニケーションに応用したのがペティ&カシオッポである。彼らの一連の研究は「精緻化見込みモデル（Elaboration Likelihood Model: 略してＥＬＭ）」と呼ばれているが、簡易型ヒューリスティック処理が「周辺ルート（peripheral route）」、入念型システマティック処理が「中心ルート（central route）」と名付けられている（Petty & Cacioppo 1986）。ＥＬＭにおいても二重処理モデル同様、情報を簡略的に見極めたい者、また見極めの能力を有していない者は周辺ルートを経由して態度が形成される。周辺ルートは比較的容易に態度変化が起こる（＝情報に説得される）が、その効果はあまり持続しない。その一方で、情報を見極めたいという動機を有し、その能力も有している者は中心ルートを経由して態度が形成される。中心ルートは態度変化が起こる（＝情報に説得される）のが難しく、時間がかかるものの、一度変化した態度は継続性を有し、持続的であるという特徴を有している。ＥＬＭが解明した情報処理の二ルートを図示すると、図15-3のようにまとめられる。

図15-3において、上段の「議論の質」→「態度変化」という流れが中心ルート、下段の「情報源信頼性」→「態度変化」という流れが周辺ルートである。心的構造を形成している構成概念は○で書き、そのなかに名前が入れ

られている。また矢印は因果関係を表し、矢印の出発点概念は矢の先の概念に強い影響を与えている。中心ルートをとる入念な処理を行う人は「議論の質」を出発点にとり、「精緻化動機や能力」がある（＋）で示される、中心ルートを選択するという意味になる。周辺ルートをとる簡易型処理の人は、「情報源信頼性」を出発点にとる。この人は「精緻化動機や能力」がない（－）ので、簡単な手がかりとして情報をだしている人の信頼性で判断しようとする。周辺ルートを選択している人は「精緻化動機や能力」が少ない、めんどくさがり屋（＝認知的コストの倹約家）である。

さて、図15-3を見ながら中国人旅行者の「爆買い」を説明してみよう。一般的に、爆買いをする気質を有している消費者は、周辺ルートに強く支配されている。ネット上の膨大な情報や、様々な人びとの多様な口コミ情報を仔細に検討するのは煩雑で、めんどうくさい。このように考えている消費者は、信頼のおける家族や友人、自分の好きなスターやインフルエンサーの情報を容易に受け入れ、感情的・衝動的消費行動を行う傾向にある。中心ルートの消費者は慎重で、じっくり時間をかけて検討を繰り返す。当然、高価なものや自分に関心がある商品（高関与商品という）を購入する場合は、消費者は自然と中心ルートを選択する傾向がある。したがって爆買いをする気質は、ある程度、中心ルートと周辺ルートの依存度を調査することにより予見することが可能なのである。次節では、その調査を実際に行なった結果をみてみよう。

## 第四節　二つの調査結果

図15-3のＥＬＭを組み込んだ購買行動の調査は世界中で数多く繰り返されてきたが、旅行の意思決定やお土産の購入など、中国人の観光情報に関する消費行動に関しての調査実例はあまり存在していない。よって筆者と研究協力者等は、爆買いが社会問題となっていた二〇一六年、爆買いの終焉が語られていた二〇一九年の二度、中国本土在住の中国人を対象に調査を行なった。ＥＬＭ以外の要素も組み込んでの調査ではあったが、本章ではＥＬＭの部分のみ

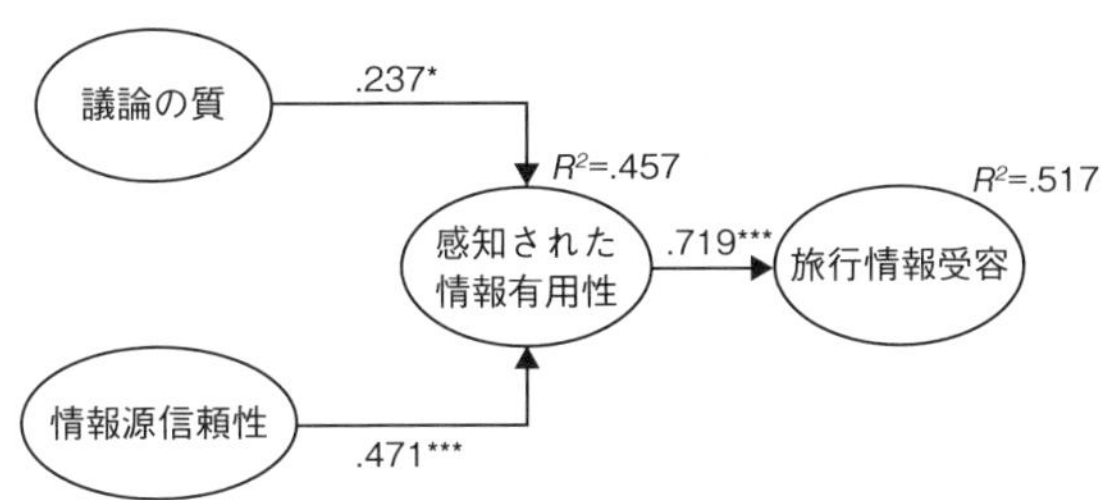


**図 15-4　第一回調査（2016 年）の結果**

*$p$ < .05, **$p$ < .01, ***$p$ < .001（N＝357）

（出典：Zhang et al.（2017）を基に筆者により翻訳修正）

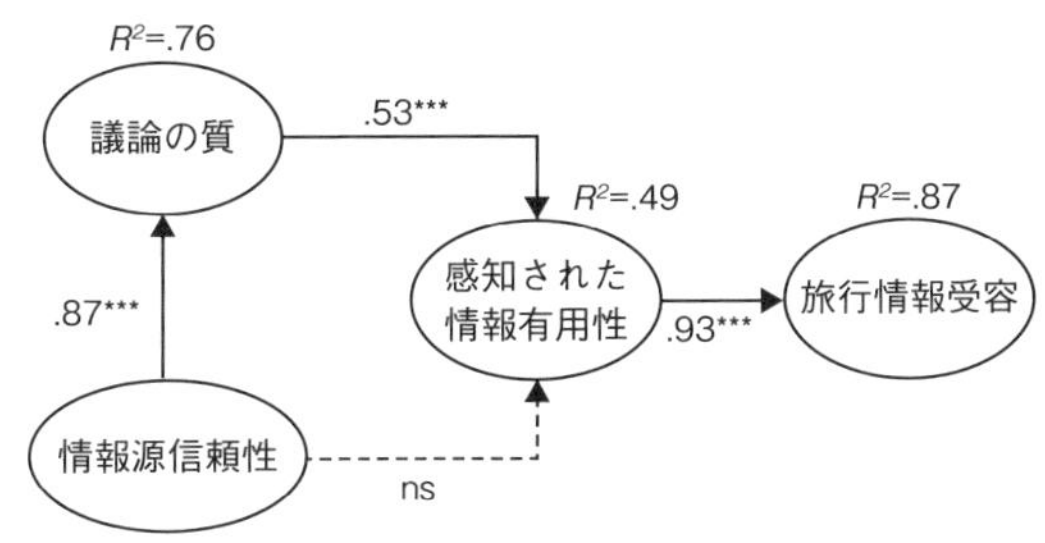


**図 15-5　第二回調査（2019 年）の結果**

***$p$ < .001（N＝173）

（出典：伊藤・張（2019））

焦点を当て、二つの調査結果を比較してみる。なお、両調査の正確な詳細と調査方法は、是非ともオリジナル論文を参照して頂きたい。

図15-4の第一回調査は二〇一六年一月、図15-5の第二回調査は二〇一九年五月に実施されている。三年少々の時間経過のあいだに、かなり大きな二点の相違が観察された。一点目は周辺ルートの消失である。図15-4では有効な影響力を有していた「情報源信頼性」→「感知された情報有用性」という矢印関係が、図15-5の第二回調査では消えている。つまり、情報源の信頼性に頼った簡易的情報処理ルートが消失しているのである。第二の相違点は、この周辺ルートの消失に代わりに、「情報源信頼性」から「議論の質」への新たなルートができあがってい

る。口コミによる説得、つまり「旅行情報受容」へ至るルートは、「議論の質」→「感知された情報有用性」である中心ルート以外は存在していない。つまり、すべての消費者は「情報源信頼性」を確認し、その後「議論の質」の中心ルートに入り込み、慎重な議論の検討を経て最終的に情報の有用性を確認し、口コミの旅行情報を受容するという認知的ルートをとることになる。第一回調査では、たしかに観察された「簡易型消費行動＝爆買い」は影を潜め、三年後の第二回調査では、中心ルートによる「議論の質」を経た「旅行情報の受容」へのルートのみとなっている。たった三年の月日により、中国人消費者の爆買い現象が影を潜めた理由は、どうやら中国人消費者のこのような消費行動変化によって説明が可能なようである。

## 第五節　「口コミを観る／観られる」の新たな時代

ペティ&カシオッポが提示したＥＬＭ理論は、人間の購買行動の決定には中心ルートと周辺ルートという二つの情報処理ルートが存在していることを明らかにしている。人間はどのような時、中心ルートを支配的にし、どのような時周辺ルートを支配的にするのか。多くの研究者が探求を重ねてきたが、本章で紹介した第二回調査が示すところによれば、人間の情報処理は時に「中心／周辺」の二ルート選択ではなく、周辺ルートを契機に中心ルートへ至るという、「二段階一ルート処理」に変化していることが想定される。中心ルートは理性的処理、周辺ルートは感性的処理ともいわれるが、周辺ルートによる感性判断を行いつつも、時間をかけた理性的処理も同時に行う。つまり、全体としてよりコストをかけた慎重な判断をしようとしている中国人消費者の姿が浮かびあがる。この数年間でますますネット上の口コミ情報は多様化・肥大化し、氾濫する情報に慎重になる消費者。そんな姿が、消費者の奥底に光を当てた消費構造変化から読みとれるのである。

実は、本章で紹介している第二回調査と同時に、世界中複数の地域に居住する中国人、さらには日本を含むアジア諸国の消費者を対象に、本調査と同じ調査を行なっている。その全てをここに紹介することはできないが、カナダ在住の中国人調査、シンガポール在住の中国人調査、さらには、札幌や東京の日本人消費者の調査も、本章の第二回調査とほぼ同様に、「二ルート型」ではなく「二段階一ルート型」の消費構造であるという結果が出ている。予め「二ルート型」と「二段階一ルート型」を分ける分岐点を述べておくと、調査前に想定していた地理的要素、文化的要素、人種的要素ではなく、どうやら世代的相違の可能性が高い。一九九五年生まれを境に（ジェネレーションZと呼ばれている）若い消費者は二段階一ルート型をとっている。興味深い議論の方向性であるが、より多角的で複数の実証データによる追加的検証が必要だと思われる。

本章の考察は、中国人観光客の消費行動の特異性を出発点に、ＥＬＭを活用しながら、その根底に隠された消費構造の変化をとらえようとした考察である。爆買いの裏側は部分的に透けて見えるものの、当然のことではあるが、その全てを本考察や筆者の論文だけで説明することは不可能である。ただ一ついえることは、本章で概観したように、中国人の消費行動は急激なスピードで変化を遂げている。伝統的二ルート理論の微調整では収まらず、二段階一ルートへの劇的な構造変化の最中なのかもしれない。一時流行した中国人観光客の爆買いは既に形を変え、新たな消費行動の特性が誕生する新ステージにあがっているようにも見受けられる。また、本章の執筆は新型コロナの世界的パンデミック前の状況を基に行われているが、ポスト・コロナ時代の消費も大きく異なっているのは容易に想像される。

さて、本論考が最後に問いただしたいのは、この新ステージ上にあがっているのは中国人消費者だけではないということである。アジアにとどまらず、欧米の消費者はどのようになっているのであろうか。地域的限定はどの程度有効で、世代的限定はどの程度有効なのか。またネット環境の限定性や外部情報環境の限定性はどの程度有効なのであろうか。これらの疑問は即答は不可能であるが、少しずつ明らかになってきている。本論考を含め、今後の継続的研究進展が求められているところである。

## ◉謝　辞

本章の内容及び引用されている筆者を含む研究論文の成果は、以下の日本学術振興会科学研究費助成事業のおかげである。日本学術振興会の研究支援に関してはこの場を借りてお礼申し上げたい。基盤研究（Ｂ）「拡張精緻化見込モデルによる東アジア・インバウンド観光者の情報消費行動研究」（課題番号 18H03456）期間Ｈ30－Ｒ４


## ◉引用・参考文献


伊藤直哉・張俊嬌（二〇一九）「訪日中国人観光客消費行動の変化と進展――拡張精緻化見込モデル（ＥＬＭ）から見る「爆買い」の裏側」『情報文化』二六（一）、三一一〇

国土交通省（二〇一八ａ）『（巻末資料一）インバウンド観光の現状と動向と課題』〈http://www.mlit.go.jp/common/001225872.pdf（最終確認日：二〇二一年三月二五日）〉

国土交通省（二〇一八ｂ）『訪日外国人の消費動向　平成29年年次報告書』〈https://www.mlit.go.jp/common/001230775.pdf（最終確認日：二〇二一年三月二五日）〉

日本政府観光局（二〇一八）『国籍／月別 訪日外客数』〈https://www.jnto.go.jp/jpn/statistics/visitor_trends/（最終確認日：二〇二一年三月二五日）〉

Brewer, M. B. (1988). A dual process model of impression formation. In T. Srull, & R. S. Wyer (eds.), *Advances in social cognition, Vol. 1.* Hillsdale, N. J.: Erlbaum, pp.1-36.

Petty, R. E., & Cacioppo, J. T. (1986). The elaboration likelihood model of persuasion. *Advances in Experimental Social Psychology, 19*: 124-129.

Zhang, J., Ito, N., Wu, W., & Li, Z. (2017). "Don't let me think!" Chinese adoption of travel information on social media: Moderating effects of self-disclosure. *Information and Communication Technologies in Tourism 2017.* pp.639-653.

## 人名索引

事項索引

## 執筆者紹介（執筆順・編者は*）

松本健太郎*（まつもと けんたろう）
所属：二松學舍大学文学部教授
担当：はじめに，第13章

大黒岳彦（だいこく たけひこ）
所属：明治大学情報コミュニケーション学部専任教授
担当：第1章

宮本真也（みやもと しんや）
所属：明治大学情報コミュニケーション学部専任教授
担当：第2章

田中洋美（たなか ひろみ）
所属：明治大学情報コミュニケーション学部専任准教授
担当：第3章

高岡文章（たかおか ふみあき）
所属：立教大学観光学部教授
担当：第4章

和田伸一郎（わだ しんいちろう）
所属：立教大学社会学部教授，（兼担）人工知能科学研究科（2020年〜）
担当：第5章

山口達男（やまぐち たつお）
所属：明治大学大学院情報コミュニケーション研究科博士後期課程
担当：第6章

塙幸枝（ばん ゆきえ）
所属：成城大学文芸学部専任講師
担当：第7章

石田佐恵子（いしだ さえこ）
所属：大阪市立大学大学院文学研究科教授
担当：第8章

高馬京子*（こうま きょうこ）
所属：明治大学情報コミュニケーション学部専任准教授
担当：第9章

柿田秀樹（かきた ひでき）
所属：獨協大学外国語学部教授
担当：第10章

大久保美花（おおくぼ みか）
所属：明治大学大学院情報コミュニケーション研究科博士後期課程
担当：第11章

山田奨治（やまだ しょうじ）
所属：国際日本文化研究センター教授
担当：第12章

黒澤優太（くろさわ ゆうた）
所属：二松學舍大学大学院文学研究科博士前期課程（執筆当時）
担当：第13章

鍋倉咲希（なべくら さき）
所属：立教大学大学院観光学研究科博士後期課程
担当：第14章

伊藤直哉（いとう なおや）
所属：北海道大学大学院メディア・コミュニケーション研究院教授
担当：第15章

〈みる／みられる〉のメディア論
理論・技術・表象・社会から考える視覚関係

2021年4月30日　　初版第1刷発行

編　者　高馬京子
　　　　松本健太郎
発行者　中西　良
発行所　株式会社ナカニシヤ出版
〒606-8161　京都市左京区一乗寺木ノ本町15番地
Telephone　075-723-0111
Facsimile　075-723-0095
Website　http://www.nakanishiya.co.jp/
Email　iihon-ippai@nakanishiya.co.jp
郵便振替　01030-0-13128

印刷・製本＝ファインワークス／装幀＝白沢　正

ISBN978-4-7795-1546-0